"十四五"职业教育国家规划教材

新编21世纪高等职业教育精品教材
市场营销系列

推销实务与技巧

学习情境　案例分析　项目训练

第五版

主　编／谢和书　陈　君
副主编／王　艳　廖　珊　周丽梅　李文贵
参　编／何函翊　高陈陈　吴　莹　赵松伯

中国人民大学出版社
·北京·

图书在版编目（CIP）数据

推销实务与技巧 / 谢和书，陈君主编. --5 版.
北京：中国人民大学出版社，2025. 8. --（新编 21 世纪
高等职业教育精品教材）. -- ISBN 978-7-300-34331-0

Ⅰ. F713. 3

中国国家版本馆 CIP 数据核字第 2025N0J295 号

"十四五"职业教育国家规划教材
新编 21 世纪高等职业教育精品教材·市场营销系列
推销实务与技巧（第五版）
主　编　谢和书　陈　君
副主编　王　艳　廖　珊　周丽梅　李文贵
参　编　何函翊　高陈陈　吴　莹　赵松伯
Tuixiao Shiwu yu Jiqiao

出版发行	中国人民大学出版社		
社　　址	北京中关村大街 31 号	邮政编码	100080
电　　话	010－62511242（总编室）		010－62511770（质管部）
	010－82501766（邮购部）		010－62514148（门市部）
	010－62511173（发行公司）		010－62515275（盗版举报）
网　　址	http://www.crup.com.cn		
经　　销	新华书店		
印　　刷	北京七色印务有限公司	版　　次	2010 年 10 月第 1 版
开　　本	787 mm×1092 mm　1/16		2025 年 8 月第 5 版
印　　张	18	印　　次	2025 年 8 月第 1 次印刷
字　　数	388 000	定　　价	48.00 元

前言

本教材是“十四五”职业教育国家规划教材，自出版以来受到了全国高等职业院校市场营销类专业师生的广泛好评，众多读者对经过调整后的教材内容、体系、结构和质量给予了充分肯定。基于这种认识，我们本次修订没有变动教材的基本框架结构和体系，而是根据现代市场营销环境的变化以及部分读者提出的建议，重点对学习情境1、学习情境3、学习情境5中的案例进行了重新梳理，删除了个别内容陈旧的案例，增补了内容新颖、真实、实战性强的案例，同时在学习情境1中增加了目前比较实用的直播推销的内容。

修订后的教材，主要有以下特色：

1. 坚持“三聚焦三着力”的“133”育人理念

本教材结合党的二十大精神和深入推进习近平新时代中国特色社会主义思想进教材、进课堂、进头脑，坚持“133”育人理念，即以立德树人、工匠精神培育为一条主线，实现“三聚焦三着力”：聚焦理想理念，聚焦社会主义核心价值观，聚焦工匠精神；着力提升学生政治素质，着力提升学生公民素质，着力提升学生职业素质。因此，教材设置了育德目标，并在每一学习情境结束后增加了素养提升栏目，以培养学生诚实守信、爱岗敬业、团结合作的职业素养和品质，潜移默化地实现价值引领、育人功能。

2. 以培养市场需要的高素质技能型人才为导向

本教材建立在高等职业院校培养高素质技能型人才的办学理念基础上，从编写指导思想到构建课程内容体系，都以培养学生的综合推销技能与素质为出发点和落脚点，努力打造充分体现高等职业教育特色的实用教材。

3. 教材构架新、模拟训练具有可操作性

本教材每个学习情境都建立了三维学习目标（育德目标、知识目标和能力目标），并用学习导图直观展示教学内容，以“走进推销”引出教学内容，中间根据需要穿插同步案例、拓展阅读；每个任务完成后设计了“操作平台”，具体包括“训练目的与要求”“训练内容与步骤”“成果体现与检测”等，力图探索一种集“教、学、做”于一体的新型教材模式；在每个学习情境后建立了学习情境小结、素养提升和作业单等模块，使教材的可操作性大大加强。同时，推销实务中的三大关键能力贯穿于推销行为全过程；八个学习情境全部内容学习完后，又设计了“综合模拟演练”，培养学生理论联系实际，综合分析问题、解决问题的能力。这样构建教材体系符合高等职业教育人才培养要求，可操作性强，便于模拟训练，提高了学生的动手能力。

4. 内容完整、简洁、够用、适度

本教材从够用和适度的原则出发，按照高职人才培养目标的要求，对学生所应掌握的推销基本理论和内容进行编排，理论体系完整，内容简洁，知识量适中，深浅适度。

本次教材修订工作由绵阳职业技术学院、四川电子机械职业技术学院、四川天一学院、中国移动四川绵阳分公司等单位长期从事营销专业教学的教师和企业高管组成编写团队共同完成。本教材由谢和书（四川电子机械职业技术学院）、陈君（绵阳职业技术学院）教授担任主编，王艳（四川电子机械职业技术学院讲师）、廖珊（绵阳职业技术学院讲师）、周丽梅（四川天一学院副教授）、李文贵（绵阳职业技术学院副教授）担任副主编。具体分工是：学习情境 1 由吴莹修订撰写，学习情境 2 由王艳修订撰写，学习情境 3 由何函翊修订撰写，学习情境 4 由廖珊修订撰写，学习情境 5 由谢和书修订撰写，学习情境 6 由周丽梅修订撰写，学习情境 7 由李文贵修订撰写，学习情境 8 由吴莹修订撰写，综合模拟演练由赵松伯修订撰写，素质提升的资料由高陈陈负责收集、整理和编写，陈君、李文贵、何函翊、廖珊四人负责配套资料的制作，最后由谢和书、王艳校正，谢和书对全书进行了统稿和定稿。

在本教材编写与修订过程中，我们参考了国内外许多学者、专家的著作、教材和其他文献资料以及读者对本教材提出的意见、建议，在此一并表示衷心的感谢。

尽管编者做了很大努力，但由于水平有限、时间仓促，书中难免存在疏漏和不足之处，恳请各位专家和广大读者批评指正。

编者

目录

学习情境1　推销准备

学习导图

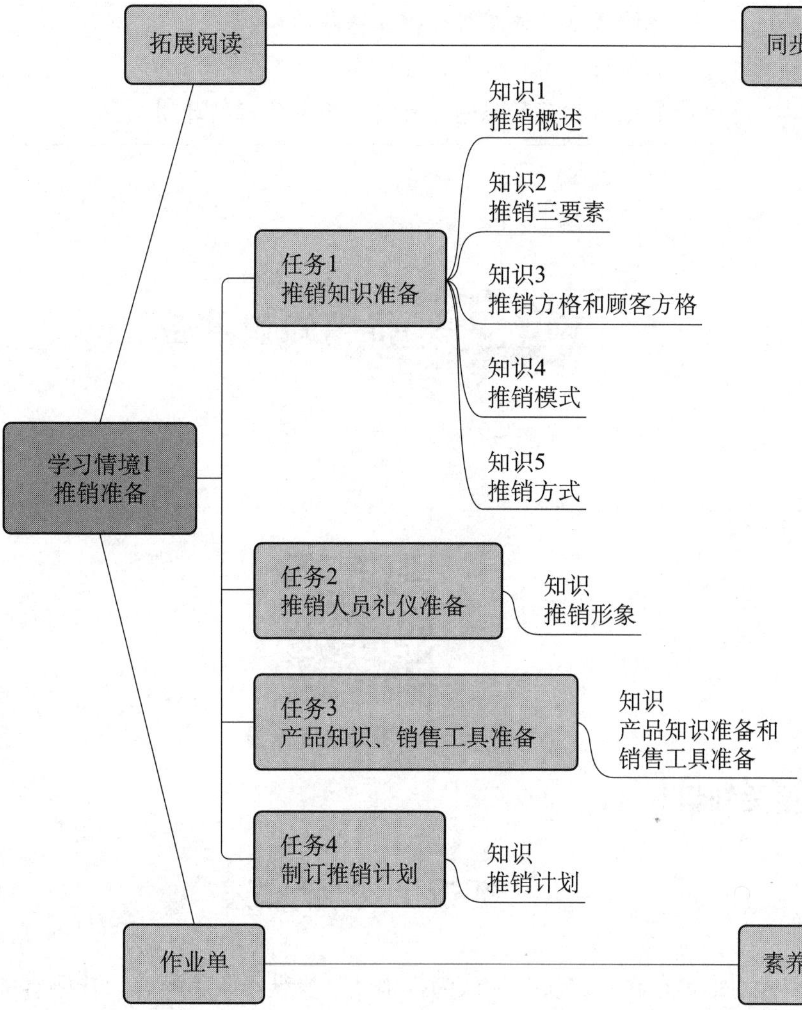

学习目标

● **育德目标**

1. 培养爱岗敬业的精神和责任心。
2. 树立坚定的信念和自信心。
3. 养成良好的工作习惯，讲诚信，树立积极、健康的工作态度。

● **知识目标**

1. 认识推销的基本程序和推销要素。
2. 了解推销方格和推销的基本模式。
3. 理解推销形象和推销准备的重要性。
4. 掌握制订推销计划的相关知识。

● **能力目标**

1. 能运用推销模式进行推销实践活动。
2. 能运用基本礼仪知识与顾客交往。
3. 能运用相关知识制订可行、规范的推销计划。

任务 1 推销知识准备

【走进推销】

三个小贩的推销差异

【任务相关知识】

知识 1 推销概述

许多人对推销存在一定误解，认为推销就是操纵和欺骗顾客，让顾客去购买不需要的商品或服务的行为。实际上，商品经济发展到今天，推销在经济活动中日益起着其他营销手段不可代替的作用；同时，推销员也将成为一种很时尚的职业。

一、推销的概念

推销是推销人员实现事物转移的运动过程。从广义的角度讲，推销是指提出建议、说服别人相信并采纳自己意见的过程，或者给予潜在顾客在商业上富有建设意义的想法。从狭义的角度讲，推销指的是企业营销组合策略中的人员推销，即企业推销人员通过传递信息、说服等技术与手段，发现顾客需求，帮助顾客认识商品或服务并激发顾客购买欲望，实现商品或服务转移的一系列活动。现代推销学正是从狭义的角度研究推销活动及其规律的。

对这个定义的理解我们要重点把握以下几点：

（1）推销目的：说服、帮助、吸引、刺激顾客采取购买行动。

（2）推销实质：满足顾客需求。

（3）推销核心：说服顾客。

（4）推销主体：既可以是工商企业或企业系统，也可以是经营者个人。

（5）推销客体：有产品，也有服务、观念等，包括商品贸易和服务贸易。

（6）推销过程：包括推销准备、寻找顾客、接近顾客、推销洽谈、顾客异议处理、达成交易六个步骤。

拓展阅读

推销人员称呼变迁

二、推销的特点

就人员推销而言，推销具有以下五个显著的特点。

（一）双向性

推销是一个信息双向沟通的过程。一方面，推销人员向顾客传递有关商品的信息及售后服务和本企业的相关信息，促使顾客采取购买行动；另一方面，推销人员必须通过对顾客的观察和与顾客交谈，了解顾客的需求，听取顾客对推销商品及本企业的意见与建议，以便及时反馈给企业。这与广告等促销方式有明显区别。

（二）完整性

人员推销从寻找顾客开始，到接近顾客、面谈、说服诱导顾客、达成交易，完成商品所有权的转移，还要从事售后服务、信息反馈等一系列活动，从而构成一个完整的推销过程。

（三）特定性

推销是企业在特定的市场中，为特定的产品寻找特定对象，通过沟通、洽谈等方式力求达成交易的活动过程。因此，必须先确定谁是特定产品的潜在顾客，然后再有针对性地向推销对象传递信息并进行说服。这种特定性，要求推销人员从推销产品的实际出发，具体问题具体分析，切忌千篇一律。

（四）灵活性

虽然推销具有特定性，但在实际推销工作中，推销人员在与顾客面对面的接触中，还要根据不同时间、地点，各类顾客不同的需求和动机以及对推销的不同反应，有针对性地采取灵活多样的推销方法和推销技巧，及时调整推销策略，解答顾客的疑问，处理各种问题，满足顾客的不同需求。

（五）高成本性

与其他促销方式相比，人员推销的成本要高得多，仅推销人员的招聘、培训、差旅、公关交际、工资奖金、福利等就是一笔不小的开支，如果市场竞争激烈，目标市场比较分散，花费就更多。

三、推销的作用

推销大师乔·吉拉德说："每一个推销人员都应以自己的职业为骄傲。推销人员推动了整个世界，如果我们不把货物从货架上与仓库里面运出来，美国整个社会体系就要停摆了。"这段话足以说明推销的重要性。具体地说，推销对社会、企业及个人都有着巨大的作用。

（一）推销对社会的作用

推销对社会的作用具体表现在以下两个方面。

1. 有利于新产品的研究与开发

一方面，推销人员可以利用自身特殊的地位更清楚地了解和认识顾客的需求并及时地与生产企业沟通，生产企业从推销人员那里获得大量真实可靠的市场信息，可以更有针对性地开发和研制满足顾客特定要求的新产品。另一方面，由于顾客对刚投入市场的新产品不愿意接纳和购买，所以，有时需要直接向顾客宣传和介绍，帮助顾客了解新产品的特性、使用方法以及新产品可能给顾客带来的利益。产品越复杂，顾客越需要了解有关的信息后才能最后做出购买决定。所以说，推销人员在向社会推广新产品及新服务、增加整个社会财富方面扮演着十分重要的角色。

2. 推销人员创造了产品的效用

在工厂里，制造商对原材料进行加工，制造出能更好地满足顾客需要的产品，我们称之为成品。成品为顾客提供了更多的效用与价值，因此，生产过程增加了产品的形式效用，而人员推销对其他三个效用——地点效用、时间效用和支配效用都会产生积极影响。

（二）推销对企业的作用

有人曾经这样描述推销的重要性：无论是矿山、农场，还是旅游行业，每一个企业的成功与否都是以最终销售额的多少来衡量的，推销是减少企业在生产、转换、分销中成本的催化剂，它是利润、投资、生产和员工水平的最有效的控制因素，可以说企业如果没有销售，就没有生存的希望。

1. 推销是企业生产劳动价值得以实现的主要手段

在市场经济条件下，任何人的劳动成果都是在市场交换中获得承认和实现的。产品能否销售出去，销售收入的多少，决定了企业前期生产过程所耗费掉的物化劳动和活劳动是否可以得到充分的补偿并获得利润。产品成功销售，企业就将兴旺发展；反之，企业就将衰退，甚至倒闭。

2. 推销是企业与顾客进行直接沟通的主要渠道

企业的所有促销手段都具有传播信息的功能，都可以把企业产品的有关信息传递给顾客。但只有推销人员的促销，才可以做到直接面对面地向顾客传递有关信息，真正实现与顾客的双向沟通，才可以立即实现企业产品与货币的市场交换，这对企业的经营决策、市场竞争、产品开发等各项市场营销活动都有重大的作用。

3. 推销是提供销售服务、实现产品差异化的重要途径

随着科学技术的进步，整体产品的实体部分日益趋于同质化，市场竞争的焦点越来越集中到整体产品的附加部分。作为整体产品主要内容的销售服务不仅是企业利润的来源之一，而且是企业实现产品差异化，为产品进行不同定位的基本手段。

4. 推销是建立、维持顾客关系的重要纽带

通过推销活动，推销人员向顾客提供各种服务，保持与顾客之间的良好人际关系。这是维护与发展企业和顾客之间良好关系的主要形式和途径。推销人员可以不断发展新的顾客关

系，协调企业与顾客之间的矛盾与利益，排除各种障碍，使企业产品有一个稳定的市场。

（三）推销对个人的作用

推销是充满吸引力的职业。除了努力工作获得丰厚的经济收入外，工作本身的快乐、成就感、工作的独立性等都是吸引你从事这一职业的理由。

1. 推销是发挥个人潜能的最好职业之一

推销工作的一个突出特点，是要求推销人员全面掌握有关推销的知识，并将这些知识用于推销。推销工作的又一个特点是，提供了与各色人物相识的机会，这不仅有助于提高推销人员的交际能力，也有助于推销人员建立有利的人际关系，获得更多的帮助。另外，推销工作可以独立于直接的管理约束之外，因此，推销人员无须别人告知该什么时候开始工作，该访问什么人，更无须别人要求他们预先准备向顾客说些什么。他们设定自己的工作目标，通过组织、指挥以及控制等活动来实现自己的构想。这对个人来讲无疑是极大的快乐。

2. 推销是极具挑战性和刺激性的工作

推销人员大多单独行动，经常是一个人去解决一些处于变化与未知中的难题。推销工作丰富多彩，总是面对新人、新事、新问题。如果你永不满足，勇于超越自我，愿意尝试新的东西，那么推销工作对你来说就是极具挑战性和刺激性的工作。

3. 推销能获得丰厚的经济收入

如果你是一名成功的推销人员，你的收入将比很多从事其他职业的人增长得快。你的收入将依赖于你自身的努力。

4. 推销人员有较多的晋升机会

从事推销工作对以后的晋升是一个良好的出发点。市场经济越发达，由推销走向成功的人越多，这已成为一个规律。李·艾柯卡（Lee Iacocca）正是在做了 14 年汽车推销工作以后，凭借着对汽车购买者的了解和对汽车市场的熟悉，才升任克莱斯勒汽车公司总裁的。

四、推销程序

推销程序大致分为六个步骤（见图 1-1）。这六个步骤既是对每次推销活动全过程的描述，也构成了本教材和本课程学习内容的框架。

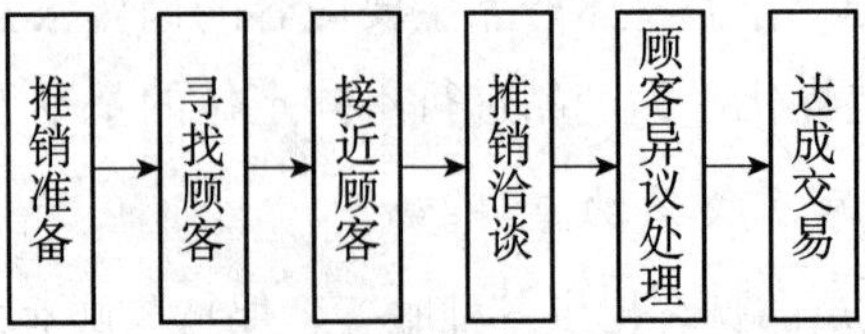

图 1-1　推销程序

（一）推销准备

在推销前，推销人员应对他们所处的行业、公司、产品或服务、竞争对手和顾客都非常熟悉。推销人员不可以毫无准备地开始面谈，缺乏准备就会导致失败。推销人员准备得越充分，成功的可能性就越大。

（二）寻找顾客

寻找顾客是指寻找本企业所提供的产品有可能满足其需要的潜在顾客。推销人员必须鉴别潜在的顾客，并使他们成为真正的顾客。在这一过程中，推销人员可以采用电话、信件、见面接触等方式，在尽可能详细地收集目标市场顾客相关信息资料的基础上，建立顾客档案，并根据支付能力和特定需要加以筛选和分类，寻找最有可能购买的顾客。

（三）接近顾客

在本阶段，推销人员与顾客第一次见面，有些人称之为销售中最为重要的30秒钟。推销人员必须吸引顾客的注意力和兴趣，否则，推销人员以后的行动可能会起不到作用。因此，推销人员在接触顾客之前应仔细准备，对潜在顾客、推销品、本企业状况及市场行情的资料加以熟悉，对洽谈程序做周密计划，对可能出现的障碍和解决方案做一些设想，并练习产品展示的技巧。

（四）推销洽谈

推销洽谈是推销过程的一个重要环节，是推销人员本着利益与友谊并存的原则，运用各种方式、方法、手段与策略去说服顾客购买的过程，也是推销人员向顾客传递信息并进行双向沟通的过程。

（五）顾客异议处理

推销人员接近顾客后，顾客对来自推销人员的建议、观点，不可能毫无疑问地全盘接受。他们会提出各种形式的意见、问题，并以此作为拒绝购买的理由。正确处理顾客异议是推销过程中的一项重要工作，也是保证推销成功的重要前提。

（六）达成交易

达成交易是推销的直接目的，无疑也是推销活动的高潮。推销人员在确保顾客愿意购买的前提下，要注意捕捉成交信号，及时成交，同时要做好合同签订与后续工作。

知识 2　推销三要素

同步案例 1-1

【场景】一家电子产品专卖店内，推销人员小李正向一位顾客介绍最新款的智能手机。

小李（推销人员）：您好，欢迎光临！看您对智能手机挺感兴趣的，我们这儿刚上了一款新手机，我给您详细介绍一下吧！

顾客：哦，好啊，我最近确实想换个新手机，不过得看看功能怎么样。

小李（推销人员）：没问题，这款手机是我们品牌的最新款，它采用了最先进的处理器，运行速度非常快，而且电池续航也很强，正常使用一天完全没问题。您看，这屏幕显示效果也很棒，色彩很鲜艳。

顾客：听起来不错，拍照功能怎么样？我平时喜欢拍照。

小李（推销人员）：拍照功能可是这款手机的一大亮点！它配备了高像素的摄像头，还有多种拍照模式和美颜功能，拍出来的照片既清晰又漂亮。我给您演示一下……（小李拿起手机，打开相机应用，展示拍照效果）

顾客（看着拍照效果）：嗯，确实不错。那价格方面呢？

小李（推销人员）：这款手机的价格是 4 999 元，虽然比一些手机的价格稍高，但考虑到它的卓越性能和优质体验，绝对是物有所值的。而且，我们现在还有促销活动，购买的话可以赠送您一套高品质的耳机，怎么样，您觉得合适吗？

顾客（思考片刻）：好吧，听起来确实挺吸引人的，我决定买这款手机了。

小李（推销人员）：太好了，感谢您的选购！我相信您一定会喜欢这款手机的。我会帮您完成购买手续，并给您详细讲解一下手机的使用方法和注意事项。

顾客：好的，那就麻烦你了。

思考

这个对话案例展示了推销过程中哪三个关键要素？

推销要素是指使商品推销活动得以实现的一系列相互影响、相互作用的因素。这些因素主要包括三个方面：推销人员（推销主体）、推销品（推销客体）和顾客（推销对象）。这三个要素在整个推销过程中互相依存、互相关联、互相作用。推销人员通过各种方法和技巧，对顾客施加影响；顾客通过识记、认知，感知理解推销人员的这种影响力。推销人员作为推销主体，其影响力的大小，不仅受其主观因素的影响，还受推销品这一因素的影响。比如：一个口齿伶俐、能说会道的推销员纵然有天大的本领，也很难把质次价高、不为顾客所需的商品推销出去。因此，推销人员应努力协调好三者之间的关系，保证推销目标的实现。

一、推销主体

（一）推销主体的含义

推销主体即推销人员，是主动向推销对象销售商品的主体，是商品推销活动得以实现的关键，在推销要素中居于首要位置。

（二）推销人员的职责和工作内容

推销人员的职责是指推销人员担负的工作及责任。明确推销人员的职责，不仅对推销人员提出了具体要求，也为企业挑选、培养推销人员提供了挑选条件、培养目标和方向。不同类别的推销工作，其工作职责与内容不尽相同，这里以最主要的推销人员类型——业务员为例，简单说明推销人员的基本职责与工作内容，见表1-1。

表1-1　推销人员的基本职责与工作内容

销售程序	售后服务与跟进工作	管理性工作	其他行政工作
销售前工作	提供包装、分类等商品化支持	需求、竞争等信息管理	参加会议
销售接近	配备货架、协助陈列等	向公司反馈信息与建议	经验交流
业务洽谈	检查存货水平、建立合理存量	顾客网络管理	受训与学习
排除障碍	催收货款、监督合同执行	维系顾客关系	专业协会
成交签约	办理退货、处理投诉等	市场秩序控制	
收款取款	提供促销、管理等商务计划	制订销售市场开发计划	

从表1-1中可以看出，推销人员的职责与工作内容主要有四个方面：一是完成销售任务；二是做好售后服务及跟进工作；三是承担一定的市场管理性工作；四是其他行政工作。具体来说，主要包括以下几个方面。

1. 销售企业产品

推销人员最基本的职责是销售产品。推销人员主要通过寻找潜在顾客、接近顾客、推销洽谈、处理异议、确定价格及交货时间、签订合同等一系列活动来完成交易，销售商品。此外，推销人员的职责还包括推销产品所必需的辅助性活动，如推销调研、商务旅行、商务交际等。据一项调查，推销员在旅途及等待会见的时间占全部工作时间的26%，花在调研及案头工作上的时间占23%，而真正与顾客接触、说服顾客购买的时间则占全部工作时间的51%。

2. 建立企业形象

在顾客面前，推销人员就代表企业形象。推销人员通过推销过程中的个人行为，使顾客对企业产生信赖和好感，并促使这种信赖和好感向市场扩散，从而为企业赢得广泛的声誉，树立良好的形象。

3. 反馈市场信息

推销人员不仅要将有关商品、企业的信息传递给顾客，而且要将消费者需求状况、购买状况、市场供求关系的现状及变化趋势、同类产品竞争状况、产品经营状况等信息反馈给企业。推销人员是企业通往市场的桥梁，直接与市场、消费者接触，能及时、准确地捕捉市场信息，因此，他们的活动是企业收集信息的重要途径，也是企业情报的主要来源之一。

4. 与顾客建立联系

商品售出后，推销人员还要运用各种管理手段和人际关系与顾客建立长期、稳固的联系，定期接触，了解他们对产品使用情况的满意程度，以便培养顾客对企业的忠诚度，扩大企业产品的市场份额。

5. 提供服务

推销人员应做好推销前、推销过程中以及推销后的服务。因为在竞争激烈的市场上，服务往往成为销售成功的关键因素。推销前的服务通常包括：帮助顾客确认需求或要解决的问题、为顾客提供尽可能多的选择、为顾客的购买决策提供必要的咨询等，这些工作为成交奠定了基础。推销过程中的服务主要包括：为顾客提供运输、保管、装卸以及融资、保险、办理各种手续等方面的帮助，这些能为顾客带来额外利益的服务项目常常成为决定成交的主要因素。推销后的服务一般包括：产品的安装、调试、维修、保养、人员培训、技术咨询、零配件的供应以及各种保证或许诺的兑现等。这些服务不仅能消除顾客抱怨，增强顾客满意度，而且有助于建立良好的企业形象，巩固与顾客的关系。

拓展阅读

推销人员的层次

同步案例 1-2

郑州某品牌纯净水厂在某社区设点销售，宣称其水质纯净、无污染，含多种有益元素，实行送水上门服务，其价格也较市场同类产品低三分之一。王先生当场买了一年的水票。当天，卖方送水工按王先生要求的时间把水送到。送水工穿着肮脏的工作服和皮鞋，径直走进王先生铺着木地板和地毯的客厅，动作幅度很大地把水桶放在饮水机上，溢出的水从饮水机溅到地上，一不小心又把黑乎乎的手印印在王先生家洁白的墙面上。王先生恼怒地说了送水工几句，双方争执起来。王先生一怒之下要求退票，卖方不允。后几经交涉，卖方才退回了八成票款。王先生接受教训后，转而购买了另一知名品牌纯净水。这一品牌的送水工进门之前，拿出自带的塑料袋套在脚上走进房间，小心而熟练地将水放在饮水机上，然后又拿出挎包里自带的洁净的抹布擦拭干净饮水机和水桶。做完这一切，送水工礼貌地告辞。这一次，王先生开心地笑了。

思考

是什么原因使得王先生中断了与某品牌纯净水厂已经发生的购买行为，转而去购买另一知名品牌纯净水?

（三）推销人员的职业素质

推销人员的职业素质一般由思想、知识、智能、个性心理和身体五个要素构成。

1. 推销人员的思想素质

（1）职业道德——诚实守信。推销人员的职业道德，指的是推销人员在处理与企业、顾客、竞争对手等关系时应遵循的行为准则与规范。推销人员最重要的职业道德要求就是诚实和守信，即诚信。在“信用危机”的背景下，诚信是获取顾客信任最有效的手段。当今市场上确实存在一定程度的信用危机。许多顾客在缺乏诚信的推销人员及企业面前吃尽了苦头，许多推销人员和企业也频频陷入不怀好意的顾客的交易陷阱。在相当多的场合下，买卖双方都不敢轻易相信对方。因此，在这种背景下，哪个推销人员能够做到诚信，就能获取对方的信任。对推销人员来说，坚持诚信，就意味着赢得顾客的信赖，就有可能获取长期的交易。

（2）职业态度——态度决定一切。人们常说，“态度决定一切”。良好的职业态度是推销人员取得事业成功的重要前提。

在认识上，推销人员必须正确认识推销事业的价值。如果推销人员在思想上对推销职业价值没有正确的认识，根本就不可能有“热爱推销事业”的情感，因而，也更不可能有“热衷于推销事业”的行为倾向。

在情感上，推销人员要由衷地喜欢推销工作。要培养对推销工作的感情，推销人员需要以正确的职业认识为基础，同时，树立积极向上的人生观，培养强烈的事业心，并且在工作中逐步积累成功的经验，培养工作成就感。

在行为倾向上，推销人员要具有高度的敬业精神。要做到这一点，推销人员就要在推销工作中有责任心，积极主动地勤奋工作。

2. 推销人员的知识素质

一般来说，推销人员的知识结构包括以下三个方面：

（1）基础知识。这些知识体现在职业教育的有关学科上，包括数学、计算机、物理、化学、地理等自然科学知识和历史、文学、哲学、美学、社会学、经济学等社会科学知识。

（2）专业知识。专业知识主要由专业理论和业务知识组成。

1）专业理论：主要由市场营销、企业经营管理和推销谈判三个领域的专业知识构成。其中，市场营销知识包括市场调查分析、市场营销与策划、广告、公关等；企业经营管理知识包括企业管理、商业业态管理、物流配送等；推销谈判知识包括推销技术、谈判技术等。

2）业务知识：一般包括企业知识、产品知识、工作规程知识、顾客知识、专业销售技术知识、市场知识等。业务知识需要在工作中积累。

（3）社会知识。推销工作是一项接触面很广的工作，要跟各种各样的顾客打交道。因此，推销人员需要了解和掌握国家宏观经济、法律、心理学、教育学、伦理、领导艺术、交际等多方面的社会知识。

3. 推销人员的智能素质

所谓智能素质，就是推销人员智力和能力的潜质。以下这些智能要素对推销人员特别重要：

（1）基本的思维能力。它通常用“智商”来衡量。推销人员一般要具有较强的记忆力、逻辑思维能力、想象思维能力、创造性思维能力等。一般而言，推销人员的智商越高，在其他同等条件下，推销工作就会做得越好，特别是复杂程度高的推销业务。

（2）沟通能力。提起沟通能力，人们大都想到的是推销人员的口才。其实，口才只是沟通能力中的口头表达能力之一。推销是双向沟通的过程，仅有口头表达能力是远远不够的。推销人员除了说话之外，更重要的是要善于观察、倾听和发问，洞察顾客的心理和动机，找出共同的话题，让顾客说话。这一切，需要推销人员具备观察、倾听、发问等多种沟通技能。

（3）行动力。这里所讲的行动力，是指推销人员的动手能力，就是想到事情就去行动、贯彻实施的行为特性。推销工作主要是“做”出来的，而不是“想”出来的。

（4）观察力。观察力也叫洞察力，是对人、环境及情景等外界因素进行观察判断，捕捉有用信息的能力。观察力是推销人员在实际业务洽谈中“随机应变”的最重要素质基础。观察活动贯穿推销的全过程，推销的任何阶段都需要推销人员的观察力，即发现和理解“顾客的问题与愿望、需要与动机、购买要求”的能力。很多专家把这种观察能力称为移情能力，是一种及时寻找和获取潜在顾客信息的能力。在推销过程中，推销人员在许多情况下只能依靠个人的观察力来获取顾客线索，对顾客的资格，特别是购买力和信用状况做出准确的判断，并在正式业务洽谈阶段掌握顾客的心理变化状况，及时捕捉和判断成交的时机。

（5）组织协调能力。随着市场营销关系的发展，推销人员所承担的工作职责日益增加，如组织促销活动、联系大型销售展示、处理顾客投诉、维系顾客关系、催收货款、为下端顾客提供销售支持等。这些活动需要推销人员具备一定的组织协调能力。

（6）其他智能素质。社交能力、谈判能力等职业素质对推销工作的开展也是很重要的。

4. 推销人员的个性心理素质

个性心理素质在任何一个职业中都是决定事业成败的关键因素。任何一个成功的人士，都有某些非同常人的个性特征，推销行业的成功人士更是如此。以下这些个性心理素质对推销人员事业的成功尤为重要：

（1）积极的人生态度。在各行各业中，只有具备了积极的人生态度，才能带来成功。推销人员每天都要承受来自公司、顾客和家庭的压力；每天几乎都是单兵作战，承受着成功与失败的喜怒哀乐；每天都竭尽全力让顾客满意，而压抑着诸多个人的委屈和看法……推销人员比谁都更需要积极的人生态度，坦然地面对成功与失败，沉着应对困难和挑战。

（2）坚强的意志与毅力。良好的意志与毅力品质在工作中可以表现出坚定的目的性、果断性、坚持性和自制性。推销工作的挑战性、艰巨性需要推销人员具有坚强的意志和毅力。这种意志和毅力表现在具体工作中，就是要具有很强的受挫力和坚持力。

推销人员的意志和毅力除了受个人先天的个性特征影响之外，大部分来自后天因素，如个人的人生信念以及工作、生活的磨炼。如果一个人能有积极向上的人生信念，他必然会自觉地在工作、生活中磨炼自己的意志与毅力。

（3）自信心。自信心是什么？自信心怎么来？推销专家杰佛里·加德纳给出了答案：相信公司、相信产品和相信自己，即后文讲述的吉姆模式。相信公司，就是相信自己的公司是声誉良好的，能够为顾客的利益着想；相信产品，就是相信自己的产品具有竞争力，是符合顾客需要的，能够给顾客带来利益和好处；相信自己，就是相信自己有能力说服顾客。只有自信的推销员，才会让顾客相信；只有自信的推销员，才会有战胜困难和失败的勇气。

对新推销员来说，开始时不会有多少自信心，因为自己根基太浅，尚未取得足够的经验，只有熟悉了业务、积累了经验，自信心才会逐渐增强。因此，推销人员需要不断提高自身综合素质，并在实践中磨炼自己，在不断获取成功经验和逐步做到办事胸有成竹的过程中建立起对自己能力的信任——自信。

（4）信念与决心。一个人如果有了某种坚定的信念和决心，就会产生强大的行为动力。推销人员在确立了自信心的基础上，要激发自己强烈的渴望成功的欲望和不达目的决不罢休的斗志。

拓展阅读

优秀推销员的素质

同步案例 1-3

【场景】一家初创的科技公司，推销人员小张正在尝试向一家大型企业推销他们的新型数据分析软件。

小张（推销人员，心中默念）：我知道这次推销很难，但这是我成长的机会。无论结果如何，我都会保持积极的人生态度，从中学习并前进。（体现人生态度）

小张（面对大型企业采购经理，自信地说）：您好，我是小张，来自××科技公司。我坚信我们的数据分析软件能够为您的企业带来前所未有的效率和竞争优势。（体现信心）

采购经理：哦，是吗？我们已经有很成熟的系统了，不太需要新的。

小张（鼓起勇气）：我完全理解您的考虑，不过请允许我给您简单介绍一下。哪怕只有一点点可能，我也愿意尝试，因为我相信我们的产品真的能够为您的企业创造价值。（体现勇气）

采购经理（略显不耐烦）：好吧，你只有五分钟。

小张（开始快速而精准地介绍产品，决心展现产品的价值）：非常感谢！我们的软件采用了最新的算法，能够实时处理大量数据，并提供精准的决策支持。我知道您的时间宝贵，但我决心让您看到这款软件的潜力。（体现决心）

采购经理（听完介绍后，略显兴趣）：听起来确实有些意思，你留下资料吧，我们会考虑的。

小张（微笑）：太感谢您了！我知道这只是第一步，但我有决心继续跟进，直到您真正看到这款软件的价值。再次感谢您的时间！

思考

这个案例对你有哪些启示？

（5）勇气。勇气是推销人员每次拜访顾客的心理起点，是战胜困难和失败的重要力量。世界著名的推销专家都是勇气过人的人，并且大都有过锻炼勇气的经历。日本著名推销员原一平在谈到自己年轻时的经历时这样说：“我经常囊空如洗。我曾告诉自己：午饭只好取消……那时，如果任自己气馁，就会觉得心情悲伤，精力全失。为了鼓起克服困难的勇气，每次在这种时刻我便大声呼喊、激励自己：‘原一平啊！切莫泄气，拿出更大的勇气来吧！提起更大的精神来吧！宇宙之大，只有你一个原一平啊！’当你如此呼喊，保证会从丹田涌起前所未有的勇气，令恐惧四散。”

（6）受挫力与持久力。受挫力就是承受挫折与失败打击而不丧失斗志的能力；持久力是不轻易放弃奋斗目标，坚持不懈、努力工作的能力。由于推销工作的特殊性，这两种心理素质在推销中显得特别重要。无数事实表明，推销人员事业成败大都与其受挫力和持久力直接相关。

拓展阅读

如何面对顾客的“不”

(7) 责任心。责任心是一个人做好任何事情起码的个性品质。推销工作是自主、自由的过程，推销人员能否养成良好的工作习惯以及能否自觉地按高标准来完成工作任务，很大程度上取决于推销人员自身的责任心。

5. 推销人员的身体素质

推销的职业特性要求推销人员具备良好的身体素质，它可以为推销人员提供以下几个方面的帮助：

(1) 可以为推销工作提供良好的体力。推销工作在很多时候需要付出大量的体力劳动，如长时间站立、长距离奔波等，没有好的体力是很难胜任工作的。

(2) 可以为推销工作提供旺盛的精力。推销工作需要进行长时间的脑力活动，如分析市场状况、策划推销方案、设计推销策略、解答顾客异议、撰写工作报告等，没有持久、旺盛的精力，一天下来就会筋疲力尽，长期下来怎么能应付?

(3) 可以为推销人员提供良好的形象。健康的身体是推销人员良好的个人形象的基础，面黄肌瘦、弯腰驼背的推销人员何来美好的形象?

二、推销客体

微课：

推销客体

(一) 推销客体的含义

所谓推销客体，即推销品，是推销人员向被推销主体推销的各种有形与无形商品的总称，包括商品 (Commodity)、服务 (Service) 和观念 (Idea)。因而，商品的推销活动，是对有形商品与无形商品的推广过程，是向顾客推销某种物品使用价值的过程，是向顾客实施服务的过程，是向顾客宣传、倡议一种新观念的过程。

(二) 产品整体概念

现代市场营销理论认为产品是一个整体概念，是指人们向市场提供的能满足顾客某种需求或欲望的任何有形物品和无形服务。它包含三个层次的内容：核心产品 (Core Product)、形式产品（Actual Product）、附加产品（Additional Product），如图 1-2 所示。

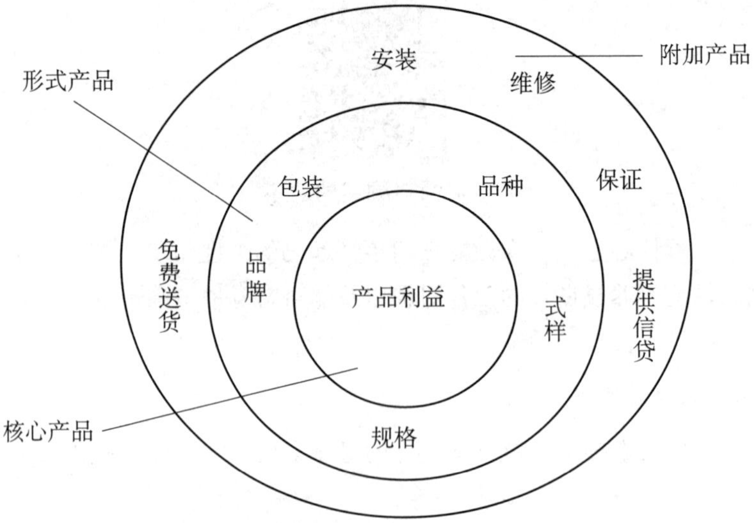

图 1-2　产品整体概念

1. 核心产品

这是购买者购买某种产品时所追求的主要利益，是消费者需要的中心内容。例如：顾客购买照相机，不是为了得到一个铁匣子，而是要丰富自己的业余文化生活和留下美好的形象以作纪念。核心产品是产品整体概念中最基本、最主要的部分。

2. 形式产品

产品的基本效用必须通过特定形式才能实现。形式产品就是核心产品借以实现的具体表现形式。它主要包括产品的品种、规格、式样、花色、形状、品牌、包装等方面的内容，是购买者需求的不同满足形式。

3. 附加产品

这是购买者在购买形式产品时所获得的全部附加服务和利益，能给购买者以更大的满足。其内容主要包括保证（如实行“三包”“三保”等）、安装、免费送货、维修、提供信贷等。

（三）整体质量观念

整体质量即大质量。产品整体概念确立以后，我们应提出另一个新的概念——大质量。与产品整体概念的三个层次相对应，大质量概念也包含三个层次：内在质量，即核心产品的质量，也称第一质量；外在质量，即形式产品的质量，也称第二质量；服务质量，即附加产品的质量，也称第三质量。

面对当今市场的激烈竞争，推销人员必须树立新的质量观念——大质量观念。所谓树立大质量观念，就是要求企业在经营中全面考虑产品的三层质量，既要抓好第一层次的质量，同时也不能忽视第二、第三两个层次的质量，做到以第一质量为重点、三层质量一起抓。在一定时期内，提高第一质量总是有限的，提高第二、第三质量则潜力无穷，因此，树立大质量观念就能够更好地解决产品适销对路的问题。

值得注意的是，当前国际市场上正出现一种新趋势，这就是许多消费者对商品的质量要求，从把“第一质量”放在首位转向“第一、第二质量”并举，部分商品的“第二、第三质量”已在或正在超过“第一质量”，成为消费者更注意的质量。例如：人们对时装、礼品等的第二质量比第一质量更看重。正是从这种趋势看，我们强调推销人员树立大质量观念具有更现实、更重要的意义。

同步案例1-4

iPhone 不仅是一款智能手机，更是商品整体概念应用的典范。以下从商品实质层、商品实体层、商品延伸层以及其他相关层次来详细分析 iPhone 如何体现商品的整体概念：

1. 商品实质层（核心产品）

定义与功能：iPhone 的核心产品是其强大的功能和效用，包括高质量的通话、短信服务，以及丰富的应用程序生态，满足用户在通信、娱乐、工作、学习等多方面的需求。

重要性：iPhone 通过不断的技术创新，如 iOS 操作系统、A 系列芯片等，确保用户获得流畅、安全、高效的使用体验，这是吸引和留住用户的关键。

2. 商品实体层（有形产品）

设计与品质：iPhone 以其独特的设计风格和卓越的品质著称。从经典的圆角矩形外观，到精致的制造工艺，再到不断升级的屏幕技术和摄像头系统，iPhone 在视觉上和功能上都给用户带来了极致的享受。

品牌与包装：苹果品牌本身就具有极高的知名度和美誉度，iPhone 的包装设计也简洁大方，既环保又符合高端产品的定位，进一步提升了产品的整体形象。

3. 商品延伸层（附加产品或服务）

售后服务：苹果提供了全面的售后服务体系，包括官方维修、技术支持、以旧换新等，确保用户在使用过程中遇到问题能够得到及时解决。

生态系统：iPhone 作为苹果生态系统的重要一环，与 iMac、iPad、Apple Watch 等设备无缝连接，为用户提供了跨设备的数据同步、文件共享、远程控制等功能，极大地提升了用户的使用便捷性和体验。

4. 其他相关层次

无形附加物：购买 iPhone 不仅意味着获得了一部手机，还意味着加入了一个高品质、高品位的社群。苹果的品牌文化和价值观吸引了大量忠实粉丝，他们通过分享使用体验、参加品牌活动等方式形成了紧密的社群联系。

期望产品：用户在购买 iPhone 时期望得到的是一款集时尚、科技、实用于一身的高端智能手机。苹果通过持续的技术创新和产品设计来满足用户的期望，甚至超越用户的期望。

潜在产品：随着技术的不断发展和用户需求的不断变化，iPhone 也在不断进化。未来的 iPhone 可能会集成更多前沿技术，如更强大的 AI 功能、更先进的生物识别技术等，为用户提供更加智能化、个性化的使用体验。

思考

什么是产品整体概念？它一般主要包括哪几个层次？

三、推销对象

（一）顾客的含义和类型

在现代推销活动中，顾客是被推销主体，即接受或购买推销品的个人或团体。在这一过程中，顾客并不是完全被动的，买与不买，最终由顾客自主决定。如果没有顾客的购买，推销品就不能卖出去，推销活动就不可能最终成功。因此，在开展推销活动之前，有必要对顾客进行深入细致的研究。

1. 个体购买者

个体购买者是为了满足个人或家庭生活的需要而购买或接受某种推销品的个人。他们购买的东西主要是消费品，所购产品或服务直接进入生活消费领域。推销人员必须研究消费者市场，因为只有消费者市场才是商品的最终归宿，即终端市场。

就消费者市场而言，个体购买一般以消费者个人和家庭为单位，在购买活动中，他们可能以各种不同的身份出现，扮演不同的角色。

（1）倡议者——第一个想到或提议购买某一产品或服务的人。

（2）影响者——其想法或建议对最终购买产品有直接或间接影响的人。

（3）决策者——对整个或部分购买决策有最后决定权的人。

（4）购买者——实际购买产品或服务的人。

（5）使用者——所购买产品或服务的实际使用或消费者。

例如：一个家庭要购买一台空调，首先提出建议的也许是女儿，具有影响力的是家中的老人，最终购买决策可能是夫妻双方共同商量，实际购买者可能由丈夫担任，最后全家享受使用。推销人员有必要认识以上这些角色，因为这些角色对产品设计、确定信息和安排促销方式是有关键意义的。

这五类购买参与者中，关键人物是决策者。

2. 组织购买者

组织购买者是指所购买的一切产品和服务将用于生产其他产品或服务，以供销售、出租或供应给顾客的所有组织和个人，如工商企业、政府部门、其他各种事业单位、群众团体等。组织购买者都具有组织购买、团体消费的共同特点。但法人购买中生产者和中间商的购买，都以营利为目的，其所购产品和服务进入生产或流通领域。只有政府及其他非营利机构的购买，与个体消费者购买相似，没有营利的目的，所购产品才能进入消费领域。

在任何一个企业中，除了专职的采购人员之外，还有其他一些人员参与购买者决策过程。所有参与购买决策者过程的人员构成采购组织的决策机构，称为组织购买中心。组织购买中心包括以下成员：

（1）使用者，即具体使用欲购买的某种产品或服务的人员。比如：公司办公室要购买计算机，其使用者是办公室的秘书。使用者往往是最初提出购买意见的人，对计划购买的产品品种、规格等有一定的影响力。

（2）影响者，即影响采购决策的人员。影响者通常在产品品质、性能等方面有决定性作用。企业的技术人员、财务人员、推销人员等均可能是影响者。

（3）采购者，即被企业正式授权具体执行采购任务的人。

（4）决策者，即在企业中有权批准购买产品的人。

（5）控制者，即能阻止卖方推销人员与企业采购中心人员接触，或控制外界与采购有关信息流入企业的人，如秘书、技术人员、接待员等。

当然，并不是每一个企业在采购任何产品时都必须有上述五种人员参与购买决策过程。企业采购中心的规模大小和成员多少会随着采购产品的不同而有所不同。如果一个企业采购中心的成员较多，推销人员就不可能接触所有的成员，而只能接触其中少数几位。在此情况下，推销人员应分析组织市场采购者对购买决策的参与度及影响力，采用解决问题导向型的推销方式。

（二）顾客的心理分析

俗话说：“人心不同，各有所好。”根据不同顾客心理“投其所好”，是对销售人员的基本要求。

同步案例 1-5

【场景】一家高端家居用品专卖店，推销人员小赵正在向一对年轻夫妇推销他们最新款的智能沙发。

小赵（推销人员，面带微笑）：您好，欢迎光临！看到您二位对家居用品很感兴趣，我们这儿刚上了一款智能沙发，非常适合像你们这样的年轻家庭。

年轻夫妇（有些好奇）：智能沙发？听起来挺新鲜的，给我们介绍一下吧。

小赵（针对妻子的消费心理，强调舒适与美观）：当然，这款沙发采用了最新的智能调节技术，可以根据您的体重和坐姿自动调整软硬程度，保证您坐上去就像躺在云端一样舒适。而且，它的设计非常时尚，颜色也可以根据您的家居风格进行定制，绝对能让您的客厅焕然一新。

妻子（眼睛一亮）：听起来真不错，我确实很注重家居的舒适度和美观度。

小赵（转而针对丈夫的消费心理，强调实用性与性价比）：而且，这款沙发还非常实用。它内置了USB充电口，您可以在沙发上边休息边给手机充电。另外，虽然它的价格比普通沙发稍高一些，但考虑到它的智能功能和长期使用的舒适度，其实是非常划算的。您想想，一款能用上十年都依然舒适的沙发，是不是比频繁更换普通沙发更划算呢？

丈夫（点头表示赞同）：嗯，你说得有道理。我确实更注重产品的实用性和性价比。

小赵（利用夫妇二人的共同消费心理，强调家庭幸福感）：最重要的是，这款沙发能让您二位在忙碌的生活中找到一个放松的港湾。想象一下，周末的时候，您二位坐在沙发上，享受着智能按摩功能，看着喜欢的电影，是不是觉得特别幸福呢？

年轻夫妇（相视一笑）：你说得对，我们确实需要这样一个能提升家庭幸福感的产品。

小赵（趁热打铁）：那太好了！如果您二位今天决定购买，我们还可以为您提供免费的家居搭配咨询服务，确保这款沙发完美融入您的家居环境。

年轻夫妇（毫不犹豫）：那我们就买这款沙发吧！谢谢你的推荐。

小赵（推销成功，面带微笑）：非常感谢您二位的信任和支持！我相信这款智能沙发一定会给您二位带来全新的家居体验。

思考

在这个案例中，推销人员小赵如何成功地利用了年轻夫妇的不同消费心理？

顾客的消费心理倾向大致可以归纳为以下15种：

（1）求实心理：重视商品的实际效用和质量，讲究经济实惠、使用方便、经久耐用，不求外形美观。

（2）选择心理：讲究“货比三家”，一般不急于购买。

（3）求好心理：以质量好为第一要求，而不太注重价格。

（4）求廉心理：注重价格是否便宜，因此对降价、残次、低档商品感兴趣。

（5）求快心理：讲究时间就是金钱、效率就是生命，要求服务快捷。

（6）求新心理：追求时尚和新颖，重视商品的款式、式样和格调。

（7）求鲜心理：讲究“吃鸡要吃叫的，吃鱼要吃跳的”，多见于食品购买。

（8）求名心理：只认名牌，其他却在其次，多见于耐用品、服饰及化妆品的购买。

（9）求美心理：特别注重商品的包装、造型、色彩和艺术美，重视商品对人体的美化作用、对环境的装饰作用以及对精神的陶冶作用。

（10）求奇心理：出于好奇而发生购买行动，多见于新产品推销之中。

（11）求异心理：讲究标新立异，以显示其特殊性。

（12）求全心理：尽可能通过一次购货买到所需全部物品。

（13）犹豫心理：由于某种原因，一时下不了购买决心，表现为拿不定主意。

（14）安全心理：对药品、化妆品、食物等极为敏感，害怕伪劣产品，强调安全第一。

（15）舒适心理：图舒适，讲安逸，不太注重产品的外形及价格。

顾客在购买过程中会经历七个阶段的心理变化，即注意、兴趣、联想、欲望、比较、信心、购买。在各个不同阶段，顾客的反应是不一样的，推销人员所采取的推销活动也应有所不同，应具体情况具体分析。

四、推销三要素的协调

现代商品的推销少不了推销人员（推销主体）、推销品（推销客体）及顾客（推销对象）三个基本要素。如何实现其协调，保证顾客实际需要得以满足，企业销售任务得以完成，成为广大推销人员共同关注的问题。

在推销的三个基本构成要素——推销人员、推销品、顾客中，如何把握与理解三者的地位与关系？怎样看待三者对推销活动的影响？三者分别扮演了什么角色？在推销活动中，实施成功的推销计划与推销战略应该是推销三要素的有机协调，少不了三要素中的任何一个。但在这三个要素中，推销人员在推销活动中起着关键的作用，是推销活动的主体，是联系企业与顾客的桥梁和纽带。推销人员要考虑顾客购买何种产品受益最大、实惠最多，为顾客解决实际问题，以此推动顾客做出有利于公司的购买决策。公司要依靠推销人员辛勤的创造性劳动，实现公司的销售目标，同时满足顾客的需要。因而，没有推销人员就不可能进行有效的商品推销活动。

五、吉姆模式

“吉姆”是三个英文单词——推销品（Goods）、公司（Enterprise）、推销人员（Man）第一个字母的组合 GEM 的译音。吉姆模式由推销专家杰佛里·加德纳提出。吉姆模式认为：在推销活动中，顾客接受推销品，采取购买行动，实现推销成交是推销品、公司、推销人员三个因素综合作用的结果。因此，推销人员必须相信自己所推销的产品，相信自己所代表的企业，相信自己能在推销活动中取得成功。吉姆模式强调培养推销人员的自信心，推销的成功与否与推销人员的自信心有密切关系。如果推销人员不相信自己所推销的产品，怎么可能说服顾客呢？推销人员对自己所代表的企业不相信，怎么可能去努力工作呢？推销人员对自己的推销能力不充满信心，怎么具备战胜困难的决心和毅力呢？推销成功是建立在相信产品、相信企业、相信自己的基础上的。

同步案例 1-6

在广州珠海，有一个家庭的祖孙三代三个人，同时都在一家医疗器械公司上班，同时都担任推销员职务，并且他们三个人的销售业绩占据了该公司的前三名。为什么会出现这样有趣的现象？原来，这个家庭的祖父，之前曾患有一种慢性病，医院无能为力。一个偶然的机会，祖父使用了这家公司生产的医疗器械，把病给治好了，解决了大问题。从此，他逢人便说这家公司的产品如何如何好，免费为这家公司做了很多宣传工作。公司得知这个消息，将这个老人聘为销售人员，由于老人对产品的功效深信不疑，并且以自己的实际体验为说服材料，当然是业绩斐然。之后，他的儿子、孙子都进了这家公司，一起从事推销工作，也一样对产品的功效深信不疑，一样成绩斐然。

思考

在推销产品时，为什么首先要相信自己推销的产品？

（一）相信自己所推销的产品

推销人员要相信自己所推销的产品能给顾客带来利益，认为顾客购买产品是幸运的，而不购买产品则是损失，只有这样才能打动顾客。推销人员若不能向顾客充分说明推销品为他带来的诸多好处，就无法说服顾客购买。因此，详细了解推销品的性能、特点、用途、设计原理、生产过程、成本利润及经营策略，亲自试用推销品并获得感性认识，与市场上的竞争产品进行比较，发现推销品的长处和不足，及时反馈其他推销人员的推销情况和市场信息等，这些活动都有助于推销人员对推销品价值的充分肯定，满怀信心地帮助顾客解决实际问题。

（二）相信自己所代表的企业

推销人员要建立对企业的深厚感情。企业对员工的关心和重视会激发他们的工作热情和责任心，而员工对企业强烈的归属感能使企业形成更强的凝聚力，增强员工的工作干劲。企业的发展要靠全体员工的共同努力，要让员工了解企业的声誉、历史、规模与发展等，让员工参与企业经营管理活动，使员工对企业保持认同感和忠诚。这样，推销人员在工作中就会充满信心，从而产生推销激情，并为自己所服务的企业和所推销的产品感到自豪。企业的产品质量和信誉是推销人员相信自己所推销产品的基础。企业要努力创造和谐的企业文化环境，树立良好的企业形象和个性，提供满意的售后服务，为推销活动铺就宽阔的大道，增强推销人员对所服务企业的信任感。

（三）相信自己

推销人员相信自己，就是对自己充满信心，相信自己只要想干好，就一定能干好。这样才能够在推销过程中以饱满的精神、高涨的热情去感染顾客，使他们产生信任感和依赖感，消除不安，采取购买行动。一个推销人员能否创造良好的业绩，关键在于能否战胜自己、相信自己。要做到这一点，首先，要热爱自己的工作，将推销视为一种为消费者造福、提供方便的职业，视为国民经济发展中不可缺少的一环，由此而产生爱岗敬业的动力。其次，要有坚强的意志，在推销活动中不怕艰难、不辞劳苦、坚忍不拔、百折不挠。再次，要勤奋多思，在推销活动中要勤学多问，不断丰富自己的知识，提高自己的推销能力。最后，要正确认识自己，只有清楚地认识自己，反省自己，知道自己有哪些缺点，才能对症下药，最终克服它、战胜它。

知识3　推销方格和顾客方格

一、推销方格

微课：

推销方格

（一）推销方格的含义

推销方格理论是美国管理学家罗伯特·布莱克和简·穆顿的管理方格理论在推销领域中的具体运用。他们在1964年提出管理理论，在1970年将这种理论应用于推销学中，形成一种新的推销技术理论，即推销方格理论。

推销方格理论可以帮助推销人员更清楚地认识自己的推销能力，看到自己在推销工作中存在的问题，以进一步培养自己的推销能力。此外，推销方格理论还有助于推销人员更深入地了解自己的推销对象，掌握顾客的心理特征。

任何一个推销人员在进行推销时，必然要明确两个具体目标：一是如何迎合顾客，与之建立良好的人际关系；二是如何说服顾客，达成交易，完成销售任务。这两个目标，前者注重的是“顾客”，后者关心的是“推销”。在具体的推销活动中，不同的推销人员对这两个目标的侧重点是不同的。罗伯特·布莱克和简·穆顿从推销学的角度出发，用平面坐标系图形来表示推销人员对这两种关系和两种目标的关心程度，其中纵坐标表示推销人员对顾客的关心程度，横坐标表示推销人员对推销的关心程度。纵横坐标各分为九等分，数字越大表示推销人员关心的程度越高。纵横坐标合成81个方格，每个方格表示一种关心程度组合，即推销心态。这个坐标方格图就是“推销方格图”，如图1-3所示。

简言之，推销方格是指用来描绘推销人员对顾客及完成推销任务的关心程度及相互关系、反映推销人员推销心理状态的推销方格图案。

（二）推销方格与推销心态类型

图1-3中，每一个方格均表示一种推销心态，推销方格图中的81个方格，对应81

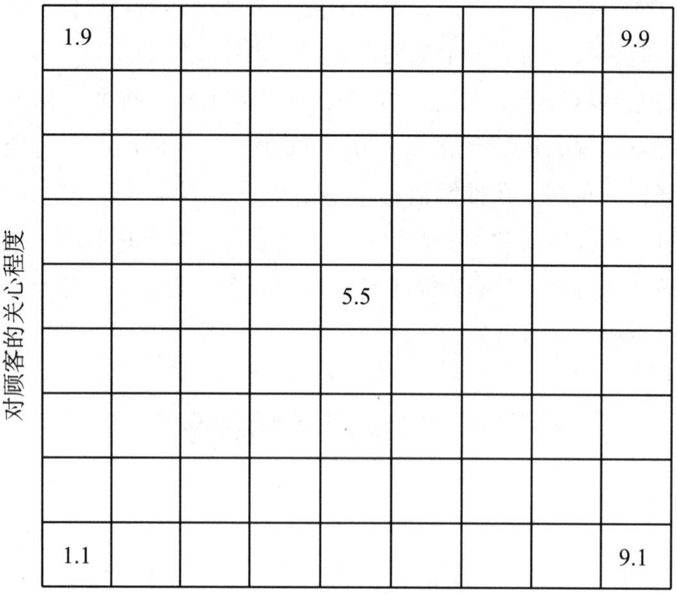

图 1－3　推销方格图

种推销心态。每个推销人员可根据自己的特征，从图 1－3 中找到对应的一个方格。罗伯特·布莱克和简·穆顿将其中五种推销人员的推销心态分为以下五种类型。

1. 事不关己型

事不关己型即图 1－3 中的（1.1）型。持这种推销心态的推销人员既不关心顾客，也不关心推销结果。他们对本职工作没有明确的目标，缺乏成就感；对顾客的实际要求漠不关心，对推销效果也毫不在乎。

2. 顾客导向型

顾客导向型即图 1－3 中的（1.9）型。持这种推销心态的推销人员只知道关心顾客，而不关心推销效果。他们在推销工作中过分顾及与顾客的关系，一味地顺从顾客，把建立和保持良好的人际关系作为自己推销工作的首要目标，而对推销工作的实际效果和公司的推销情况很少考虑或全然不顾。这类推销人员可能是理想的人际关系学家，但不能说是成功的推销专家。这种过分顺从顾客的态度，必然会损害公司的利益，而这种推销人员也是不称职的。

3. 强销导向型

强销导向型即图 1－3 中的（9.1）型。这种推销心态正好与顾客导向型推销心态相反。持这种推销心态的推销人员只知道关心推销效果，而不管顾客的实际需要和购买心理。他们一般都有较高的工作热情和较强的成就感，把推销任务作为自己的工作重点，把提高推销业绩作为自己的目标。他们在推销过程中，往往急于求成，采取高压政策，千方百计说服顾客购买，促成交易，但忽视了对顾客的关心和尊重。这类推销人员积极工作的态度虽然是好的，但由于其只顾推销而不顾顾客的实际需要，不尊重顾客的人格，一旦给顾客留下不好的印象，不仅眼前生意难以做成，而且还会断送与顾客的关系，损害公司的形象和声誉。因此，这类推销人员也不是理想的推销人员。

4. 推销技术导向型

推销技术导向型即图 1－3 中的（5.5）型。持这种推销心态的推销人员，既关心效果，也关心与顾客的人际关系。这类推销人员心理状态平稳，作风扎实，既不一味地取悦顾客，也不一味地强行推销，而是采取一种比较可行的推销战术，稳扎稳打，力求成交。在推销工作中，这类推销人员既不愿意丢掉生意，也不愿意丢掉顾客，当交谈中与顾客产生矛盾，顾客提出异议时，他们总是采取一种折中的方法，尽量避免不愉快情况的出现。持有这种推销心态的推销人员实质上是在一种和平的气氛中巧妙地运用推销技巧达成交易。其虽然注重顾客的购买心理和说服技巧，但忽视了顾客的实际需要。因此，从现代推销理论角度讲，这类推销人员可能是业绩卓越的成功者，但不一定是理想的现代推销专家。因为他们虽然照顾了顾客的购买心理，但却忽视了顾客的利益和实际需要，往往说服顾客购买了一些不必要的东西。因此这类推销人员也不是理想的推销人员。

5. 解决问题导向型

解决问题导向型即图 1－3 中的（9.9）型。持这种推销心态的推销人员既关心顾客，又关心推销效果，既尊重顾客的购买人格，也关心顾客的实际需要。他们善于研究顾客的购买心理，发现顾客的真实需要，把握顾客的问题，然后展开有针对性的推销，利用自己所推销的商品或服务帮助顾客解决问题、消除烦恼，进而完成自己的推销任务。在推销工作中，这类推销人员既了解自己，又了解顾客，既了解推销品，又了解推销方法，有强烈的事业心和责任感，真诚关心顾客，乐于帮助顾客，能够把自己的推销工作和顾客的实际需要结合起来，在最大限度地满足顾客需要的同时，取得最佳的推销效果。因此，这类推销人员是最理想的推销人员。

二、顾客方格

（一）顾客方格的概念

在推销活动中，顾客对商品推销活动的看法可以概括为两种情况：一是对推销人员的看法；二是对购买活动本身的看法。这两个方面形成了顾客购买过程中的两个目标：

（1）希望与推销人员建立良好的人际关系，为日后的长期合作奠定基础。

（2）通过与推销人员的讨价还价，为自己赢得较多的消费者利益，或者以其他有利条件达成交易。

每个顾客对这两个具体目标的关心程度的不同，表现在方格图上就称为顾客方格，如图 1－4 所示。

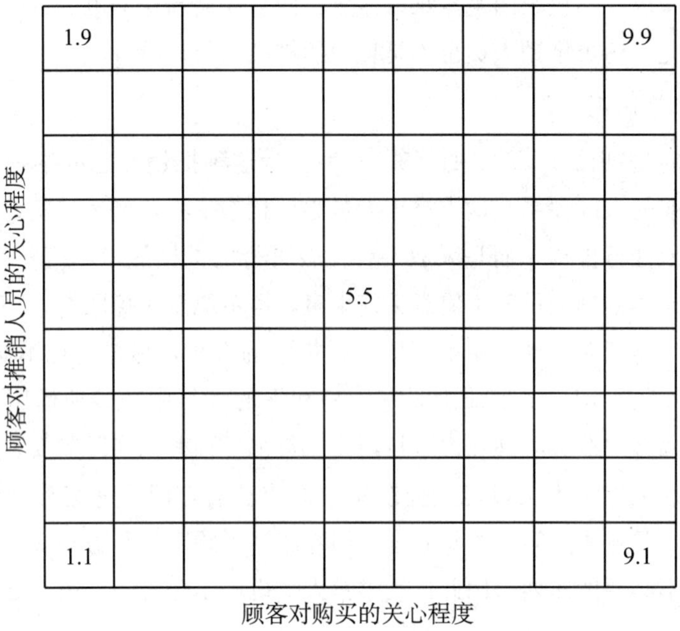

图 1－4　顾客方格图

（二）顾客方格与顾客心理类型

在图 1－4 中，横坐标方向用数字 1～9 表示顾客对购买的关心程度，纵坐标方向用数字 1～9 表示顾客对推销人员的关心程度。数字越大说明对某一方向的关心程度越高，数字越小说明对某一方向的关心程度越低。其中具有代表性的心态有五种，每一种心态都有各自的特征。

1. 漠不关心型

漠不关心型处在图 1－4 中（1.1）的位置上。持有这种购买心态的顾客既不关心购买结果，也不关心推销人员，认为“买不买与自己无关”，或者“买好买坏自己不负责任”。具体表现为尽量避免做出购买决策，经常躲避或敌视推销人员。在现实生活中，这类顾客通常没有购买决策权，一般受命于人。

2. 软心肠型

软心肠型处在图 1－4 中（1.9）的位置上。持有这种购买心态的顾客对上门的推销人员极为关心，对购买行为则不关心。他们极容易被推销人员说服，一般不会拒绝推销品。这类顾客往往感情重于理智，他们非常喜欢营造一种良好的推销氛围，但对购买决策却比较轻视。

3. 防卫型

防卫型处在图1-4中（9.1）的位置上。持有这种购买心态的顾客只关心自己的购买行为，而不关心推销人员，甚至敌视推销人员，认为推销人员都是些不诚实的人，对推销人员的态度十分冷淡，因此会本能地采取防卫态度。面对这类顾客，推销人员不要急于推销商品或服务，而应该首先推销自己，要以实际行动说服和感化顾客，消除顾客偏见，赢得顾客信任，在此前提下再引导顾客去分析可从购买中获得的利益。

4. 干练型

干练型处在图1-4中（5.5）的位置上。持有这种购买心态的顾客既关心自己的购买行为，也关心推销人员的推销工作。这类顾客购买商品时比较冷静、理智，也比较重视感情，有一定的自信心，他们的生活消费常受流行时尚的影响，属于勇敢型的购买者。对待这类顾客，推销人员应该以事实和证据说话，但必须让顾客自己去决策。

5. 寻求答案型

寻求答案型处在图1-4中（9.9）的位置上。持有这种购买心态的顾客既高度关心自己的购买行为，又能与推销人员保持很好的关系并与之合作。这类顾客的购买行为非常理智，不会凭感情冲动购买。他们清楚地知道自己的实际需要，希望购买到自己所需要的商品，欢迎能够帮助自己解决困难的推销人员。在现实生活中，这类顾客属于成熟型的消费者，他们会根据自己的实际需要来决定是否购买。

三、推销方格与顾客方格的关系

通过对各种不同推销人员推销心态和顾客购买心态的分析，我们可以看出其各具特点、各有所长。其中，（9.9）型推销人员推销心态和顾客购买心态是最成熟、最理想的，但不能强求所有的推销人员均以一种推销心态对待推销，也并非只有持解决问题导向型推销心态的推销人员才可能获得推销成功，更不可能期望顾客都是寻求答案型的。在实际推销活动中，持有任何一种推销心态的推销人员都可能接触到各种不同购买心态的顾客。因此，推销的成效不仅取决于推销人员的推销心态，还取决于推销人员的推销心态与顾客的购买心态是否协调。例如：一位顾客导向型的推销人员，虽然不是一位理想的推销人员，但若遇到一位软心肠型的顾客就可能创造出好的推销业绩。也就是说，不同推销人员的推销心态与不同顾客的购买心态的不同组合，将会产生不同的推销效果。罗伯特·布莱克和简·穆顿设计了一个简明的有效组合表（见表1-2），初步揭示了推销人员与顾客两种心态的组合与推销能否顺利完成的关系及规律。

表 1-2　推销有效组合表

顾客方格	推销方格				
	(1.1)	(1.9)	(5.5)	(9.1)	(9.9)
(1.1)	—	—	0	0	+
(1.9)	—	+	+	+	+
(5.5)	—	0	+	+	+
(9.1)	—	—	—	0	+
(9.9)	—	0	0	0	+

注：表中“+”表示可完成推销任务，“—”表示无法完成推销任务，“0”表示无法确定。

在现实的推销过程中，持有各种推销心态的推销人员都会遇到具有各种购买心态的顾客。推销过程中推销人员与顾客双方心态的有效组合是推销工作顺利进行的重要条件。值得注意的是，由于外界与内部多种条件的影响，推销人员与顾客的心态是十分复杂的，并没有绝对精确的划分。我们可以认为，世界上有多少个推销人员，就有多少种推销心态，相应的，有多少位顾客，就会有多少种购买心态。推销心态与购买心态也绝非简单地受关心对方与关心商品两方面因素的影响，故推销方格理论只是大致上概括出两种心理的组合，仅供我们分析时参考。现实中，我们还应该积累实践经验，不断加以充实和完善。但千百次推销实践反复证明着这样的理论：推销人员的心态越好，推销效果相对越好。

知识 4　推销模式

拓展阅读

爱达模式的应用

一、爱达模式

（一）爱达模式的含义

1. 爱达模式的由来及意义

爱达模式又称爱达公式，是推销学中一个重要的公式。它是世界著名的推销专家海因兹·M. 戈德曼在《推销技巧——怎样赢得顾客》一书中首次总结出来的推销公式。它是最具代表性的推销模式之一，被认为是国际上最成功的推销公式之一。爱达模式总结的四个步骤被认为是成功推销的四大法则。

2. 爱达模式的含义

“爱达”是四个英文字母AIDA的译音，分别代表推销的四个步骤：

（1）A指Attention，中文意思为注意，即引起顾客注意；

（2）I指Interest，中文意思为兴趣，即唤起顾客兴趣；

（3）D指Desire，中文意思为欲望，即激起顾客的购买欲望；

（4）A指Action，中文意思为行动，即促成购买行为。

它的具体含义是指一个成功的推销人员必须把顾客的注意力吸引或转移到产品上，使顾客对推销人员所推销的产品产生兴趣，这样顾客的购买欲望也就随之产生，而后再促使其采取购买行为，达成交易。

（二）爱达模式的特点

爱达模式从消费者心理活动的角度来具体研究推销的不同阶段，给推销人员发挥聪明才智、展示推销才华提供了极大空间，推销人员可根据具体的推销环境与推销对象自主发挥。这一模式中的每一步骤都可以根据推销人员的工作技巧与所推销的产品的性质而灵活变化。无论如何，达成交易的可能性总是存在的，这就是奉行这一模式的终极目标。

（三）爱达模式的适用性

爱达模式适用于一些易于携带的生活用品与办公用品的店堂推销。

（四）爱达模式的推销步骤

1. 引起顾客注意

（1）注意的意义。顾客的购买行为通常是由注意开始的。因此，推销人员对产品或服务的促销活动首先要引起顾客的注意。有人说如今是市场经济时代，也就是注意力经济时代，谁能更多地吸引目标顾客的眼球，谁就赢得了市场的先机，谁就会受到更多的关注。在产品和服务都供大于求的今天，尤其是全球经济一体化的今天，引人注意格外重要，明星蹭热度、小贩竭力吆喝都是这个道理。

（2）注意的心理机制。注意是心理活动对一定对象的指向和集中，以获得对该对象清晰而真实的反映。它是受客观事物的刺激，使大脑皮质的有关区域产生兴奋，从而对引起刺激的客观事物进行更清晰的反映。注意包含无意注意与有意注意。无意注意（不随意注意）是事先没有预定的目的，也不需要作意志努力的注意。它是由刺激物的特点和人本身的需要、兴趣、情绪和过去的经验引起的。有意注意（随意注意）是指有预定目的、需要一定意志努力的注意。它是由一定的目的与任务以及兴趣引起的。根据注意的生理机制，推销人员要通过一定的特殊活动，引起顾客更多的注意，使其产生良好的反应，以利于最终接受推销建议和要求。

（3）引起注意的方法。心理学研究显示，人们在最初 30 秒内获得的刺激信息，比在此后 10 分钟内获得的要深刻得多。因此，推销人员必须在特定的场所用极短的时间和最有效的手段引起顾客注意。引起顾客注意的方法主要有以下几种：

1）形象吸引法。根据首因效应理论，推销人员必须重视留给顾客的第一印象，要精心设计自己的形象，利用仪容仪表、神态和举止，给目标顾客一个良好的视觉印象，使之在瞬间产生潜意识的信任、欣赏等积极态度。

2）语言吸引法。语言是沟通交流的有效工具，而开场说好第一句话尤其重要。大量实践证明，顾客在听第一句话时注意力是高度集中的。听完第一句话，许多顾客马上就会决定是继续谈下去还是把推销人员打发出去。因此为了吸引顾客，在面对面的推销中，推销人员应注意说好第一句话。

3）产品吸引法。产品包装装潢能起到无声推销员的作用，可利用产品本身新颖、美观、艺术化的包装装潢来吸引顾客。所以推销人员要尽可能地带上有特色的商品样品，以吸引顾客的注意。

同步案例 1-7

“一句话说得人家跳，一句话说得人家笑。”同样一句话，不同的说法，效果大不相同。

食品推销员马休正想以老套话“我们又生产出一些新产品”来开始他的推销，但他马上意识到这样做是错误的。于是，他改口说：“先生，如果有一笔生意能为你带来 1 万元，你会感兴趣吗?”

“我当然感兴趣了，你说吧!”

“今年秋天，香料和食品罐头的价格最起码上涨 20%。我已经算好了，今年你能出售多少香料和食品罐头，我告诉你……”

然后他就把一些数据写了下来。多少年来，他对顾客的生意情况非常了解。这一次，他又得到了这位食品店老板的很大一笔订单。

思考

如何利用语言引起顾客注意?

2. 唤起顾客兴趣

（1）唤起顾客兴趣的意义。只是吸引顾客注意是不够的，还要在此基础上设法引起目标顾客对产品或服务的兴趣，使其持续关注，进而引起共鸣，或引发思考。所以推销都需要有“卖点”，即必须使顾客清楚地意识到购买的产品会给他们带来什么好处，从而吸引更多人关注，有的甚至产生兴趣。

(2) 唤起顾客兴趣的具体措施。为了尽快引起顾客的兴趣，推销人员可以在业务洽谈开始时就向顾客介绍所推销的产品有哪些优点，并向顾客证明所推销的产品确实具有这些优点。“耳听为虚，眼见为实。”通常人们都认为产品的演示比推销的言辞更具有真实性，更令人信服。推销人员可以通过“示范”的形式向顾客证实推销的产品确实具有某些优点。因此，熟练地示范推销的产品能够吸引顾客的注意，更能使其对产品产生兴趣。

在唤起顾客兴趣这一阶段，推销人员的具体工作主要有两项：

1) 向顾客示范所推销的产品。示范是推销人员向顾客证明所推销产品效用的有效方法。为了消除顾客的疑虑，使他们对推销产品产生兴趣，并形成购买欲望，推销人员就要通过产品演示，让顾客亲眼看到产品所具有的功能、特性以及使用效果。

2) 了解顾客的基本情况。兵法曰：“知彼知己，百战不殆。”要使示范产生所需要的效果，推销人员在唤起顾客兴趣这一阶段一开始就要对顾客的情况进行了解。而要做好这一点，推销人员应仔细思考如何回答下面的问题：为了使产品满足顾客的愿望和需要，应了解哪些方面的情况？可以通过哪些问题了解顾客的基本情况（即推销人员应怎样提问）？怎样对所掌握的情况加以分析？如何运用自己手里所掌握的资料？

推销人员将上面的问题处理得越巧妙，就越有机会直接与顾客交换意见与看法，成交的可能性也就越大。

(3) 唤起顾客兴趣要注意以下问题：

1) 顾客购买兴趣的变化；

2) 不断强化顾客的购买兴趣；

3) 回避消极情感。

3. 激发顾客的购买欲望

(1) 激发顾客的购买欲望的意义。推销人员在推销过程中要善于从顾客的心理活动出发，设法打消顾客的种种疑虑，使其对购买持肯定的态度，激发他们的购买欲望。

通过前面的阶段，顾客已对推销品产生了兴趣，经过考虑后，觉得产品或服务符合其需求，产生对产品或服务的需要。从兴趣到欲望需要强烈的刺激，如果推销人员能通过种种促销手段激发目标顾客的兴趣，使其产生购买欲望，想立即拥有，这对产生购买行为是非常关键的。

同步案例 1-8

在某友谊商店里，一对外商夫妇对1只标价8万元的翡翠戒指很感兴趣。售货员做了些介绍后说：某国总统夫人也曾对它爱不释手，只因价钱太贵，没买。这对夫妇听了此言，欣然买下。

顾客的购买动机不尽相同：有讲究“实惠”的，有追求“奇特”的，还有出于“炫耀”“斗胜”心理的。显然，在售货员的刺激下，这对夫妇想以此表明自己比总统夫人更阔气。

思考

在本案例中，这对夫妇为什么会购买标价很高的翡翠戒指？

（2）激发顾客的购买欲望的方法。如何在推销现场以较短的时间激发顾客的购买欲望？许多推销专家总结了以下两点：

1）树立基本的认知与观念。当顾客产生购买兴趣后，推销人员应提出有针对性的建议，尽可能使顾客认识到推销品的效用，从心理上接受推销品。要做到这一点，推销人员应树立以下基本的认知与观念：

第一，寻找商品的优点。成功的推销人员善于寻找商品的优点，寻找商品能给顾客带来的好处，即能够发现任何一款商品的卖点，并以此与顾客产生互动，将商品销售出去，获得成功。不成功的推销人员会从优秀的商品中寻找缺点来安慰自己，允许自己不断失败。

第二，积极开发顾客需求。优秀的推销人员总是一边不断地发现商品的优点，另一边不断地探察并开发顾客的需求，且努力将商品的优点与顾客的需求相结合，主动地寻求、掌握机会，以成功地实现销售。

第三，激发消费潜能。每位顾客都是推销人员的潜在顾客，都存在销售成功的可能性。推销人员需要以积极的心态抓住机会，刺激顾客的消费潜能，将可能的成交变为现实。

2）将准备好的证据提供给顾客。推销人员要根据现场的实际情况给顾客摆事实、讲道理，并将准备好的证据提供给顾客，使顾客有充分的购买理由。

（3）使用能激发顾客的购买欲望的技巧。推销人员通过主动发现并把握机会，运用恰当的技巧，可以成功地激发顾客的购买欲望。常用的有效激发顾客的购买欲望的技巧有：

1）用“如同”代替“少买”。优秀的推销人员总是将某种商品的价格进行分解，转化成生活中必须花销的等值消费，以减轻顾客的心理压力。例如：某推销人员在推销价值3 000元的手机时，告诉顾客“一部手机可以用三年，而每个月约为90元，如同每月少在外面吃一顿饭或少买一件衣服”。

2）运用第三者的影响力。运用第三者的力量可以有效地激发顾客的购买欲望。第三者的力量可以使顾客获得替代的经验，容易相信产品。名人、专家都可以充当第三者。

3）运用人性的弱点。基本的人性大多表现为渴望多赚、少花，喜欢尊贵，乐意与众不同，喜欢攀比。所以推销人员在推销中采用一定的说服技巧投其所好，可以达到良好的激发顾客购买欲望的效果。

（4）激发顾客的购买欲望需要考虑的问题。

1）掌握顾客购买心理，有针对性地介绍、突出商品特性，激发和强化顾客的购买欲望。

2）介绍生动合理，配合演示和顾客参与，以提高顾客的想象力。

3）善于运用例证。

4）巧妙运用感情因素，用自信和热情去感染顾客，并通过建立信任来巩固并进一步激发顾客的购买欲望。

4. 促成购买行为

（1）促成购买行为的意义。推销的最终目的是达成交易，将产品卖出去。顾客决定购买，才能达到营销者的目的。一般来说，顾客在有购买力的情况下，欲望很容易转化为行动，最终做出购买决定。但并不是所有的欲望都会转化为行动，它要求推销人员运用一定的成交技巧来敦促顾客采取行动。要使顾客下购买决心、采取购买行动，推销人员就必须在促使顾客产生购买欲望的基础上让他们相信他们的购买行为不仅在感情上是合理的，在理智上也是正确的，同时还要告诉他们即时购买所得的优惠以后是没有的。

（2）促成购买行为的具体措施。通过前面的三个阶段，顾客即使对推销产品发生兴趣并有购买欲望，也会犹豫不决。这时推销人员要不失时机地促成顾客进行关于购买的实质性思考，进一步说服顾客，帮助顾客强化购买意识，进行实际购买。

1）观察成交信号。购买决策受很多因素影响，购买信号又往往转瞬即逝。如果推销人员未能及时捕捉到信号，及时促成交易，时过境迁，受多种因素的影响，顾客可能还会推翻自己的决策，那努力就白费了。

2）把握成交时机。对犹豫不决的顾客，切记不要认为有必要给其一定的时间考虑，便于他日后做出决定。更不能说“请再好好想一想，我明天再来”。因为要是等到第二天，顾客的购买欲望可能早已烟消云散。失败的推销人员失败的主要原因往往在于没有把握好成交的时机。

3）打消顾客顾虑。有的顾客虽然有购买意图，但仍然表现出疑虑，如他会问“真的有很多人购买这种型号的产品吗?”“这种材料真的经久耐用吗?”“你能保证产品质量吗?”等。这些疑虑实际上是促成交易的信号，推销人员一定要掌握顾客心理活动的规律，给予肯定的回答，打消顾客的疑虑。

4）向顾客征求订单，及时促成交易。有些推销人员虽然识别并捕捉到了购买信息，但没有及时促成交易，照样前功尽弃。机不可失，时不再来，一旦出现成交时机，就要促成顾客购买，或请顾客下订单。

拓展阅读

推销锦囊

同步案例 1-9

某推销员敲开了一位顾客的家门。下面是他运用爱达模式成功推销其产品的过程：

推销员：“您好，我是喜乐公司的王涛，我带来了一种新型的调料盒，您看，就是这种。”

顾客：“调料盒？我家有，不需要！”

推销员：“那您的调料盒一定有好几个喽？”

顾客：“那当然。你看，这是花椒盒，这是味精盒，这是……”

推销员：“真不少。看来您对烹调很内行啊，光调料盒就排了这么一大溜，挺占地方吧？”

顾客：“为了吃得可口，没办法。”

推销员（开始示范产品）：“您看，这种调料盒，能分装十种调料，可以挂起来，对，就挂这儿。您看，既卫生，又好看，还不占地方，使着特别方便，如果用它，您的厨房就更整洁了。”

顾客：“是不错，多少钱？”

推销员：“5 元钱，一种调料盒仅 5 元钱，挺便宜的。”

顾客：“确实不贵。”

推销员：“那就把这套给您留下吧？”

顾客：“好。”

思考

从推销角度分析该案例中的推销过程有哪些阶段。

二、迪伯达模式

（一）迪伯达模式的含义

1. 迪伯达模式的起源

迪伯达模式是推销专家海因兹·M. 戈德曼根据亲身经验总结出的行之有效的推销新公式。他将推销全过程概括为六个阶段：发现（Definition）、结合（Identification）、证实（Proof）、接受（Acceptance）、欲望（Desire）、行动（Action）。“迪伯达”是上述六个英文单词第一个字母组合（DIPADA）的译音。

2. 迪伯达模式的步骤

在推销过程中，推销人员必须首先准确地发现顾客的需要与愿望，然后把它们与自己推销的产品联系起来。推销人员要向顾客证明，他所推销的产品符合顾客的需要与愿望，顾客确实需要该产品，并促使顾客接受。迪伯达模式的完整销售过程有六个步骤：

第一步，准确地发现顾客的需要与愿望。

第二步，把推销品与顾客需要结合起来。

第三步，证实所推销的产品符合顾客的需要。

第四步，促使顾客接受所推销的产品。

第五步，激起顾客的购买欲望。

第六步，促成顾客采取购买行动。

3. 迪伯达模式的特点

与爱达模式相比，迪伯达模式被认为是一种创造性的推销方法，是现代推销学在推销实践活动中的突破与发展，被誉为现代推销法则。它的推销要诀是先谈顾客的问题，后谈所推销的产品，再把顾客的需要与推销的产品结合起来，即紧紧抓住顾客需要这个关键性环节，使推销工作能有的放矢，因而具有较强的针对性。

（二）迪伯达模式的适用性

迪伯达模式较适用于生产资料市场产品、老顾客及熟悉顾客、无形产品及开展无形交易（如保险、技术服务、咨询服务、信息情报、劳务市场等）、顾客属于有组织购买即单位购买者等。此模式比爱达模式复杂、层次多、步骤烦琐，但销售效果较好，因而受到销售界的重视。

（三）迪伯达模式的具体运用

1. 准确地发现并指出顾客有哪些需要和愿望

从推销的实践看，真正的推销障碍来自顾客的需要与愿望得不到很好的满足。在这一阶段，推销人员应围绕顾客的需要，探讨顾客需要解决的问题，并让顾客感到推销人员是在设身处地为他着想，是来帮助他解决问题，而不是推销产品的。这种做法体现了以顾客为中心的准则，最能引起顾客的兴趣，有利于创造融洽的推销气氛，消除推销障碍。

2. 把顾客的需要与推销的产品紧密联系起来

把顾客的需要与推销的产品结合起来是运用迪伯达模式的关键。在发现并指出顾客的需要后，再向顾客介绍推销品，并把推销品与顾客需要联系起来，这样就能很自然地引起顾客的兴趣，促使顾客采取购买行动。

3. 证实推销品符合顾客的需要和愿望，而且正是顾客所需要的产品

当推销人员把顾客的需要与推销的产品结合起来后，为了让顾客相信推销的产品真正符合他的需要，推销人员必须提供有说服力的证据来证实。而要达到这个目的，推销人员事先必须做好证据、理由的收集和应用等准备工作，熟练掌握展示证据和证实推销的技

巧。证实的方法有人证、物证和例证三种。

4. 促使顾客接受所推销的产品

各种证据虽然证实了推销的产品符合顾客的需要与愿望，正是顾客需要的，但这并不意味着顾客已经接受了该产品。顾客接受推销品是指顾客完成了对推销产品认识的心理过程后，在认识上同意与认可推销品，达到肯定与欣赏推销品的程度。所以这一阶段要注意强调和突出顾客的主角地位，避免采取强力推销，应耐心等待，继续努力工作，促使顾客接受推销品。

5. 刺激顾客的购买欲望

在推销过程中，仅仅使顾客把他的需要和推销品联系起来是远远不够的，还应该使顾客认识到：他必须购买推销品。因此必须刺激顾客的购买欲望。这一步骤与爱达模式的“激发顾客的购买欲望”相同。

6. 促使顾客采取购买行动

这是迪伯达模式的最后一个步骤，这个阶段同爱达模式的第四个阶段“促成购买行为”是相同的。这一步的关键是推销人员要主动提出成交请求。许多推销人员失败的原因仅仅是因为他们没有开口请求顾客订货。美国施乐公司前董事长彼得·麦克说：“推销人员失败的主要原因是不要签单，不向顾客提出成交要求，就好像瞄准了目标却没有扣动扳机一样。”

微课：

费比模式训练

三、费比模式

（一）费比模式的由来

费比模式是美国俄克拉荷马大学企业管理博士、我国台湾中兴大学商学院院长郭昆漠教授总结并推荐的推销模式。它是一种最基本的推销方法。

（二）费比模式的具体内容

“费比”是四个英语单词的第一个字母组合“FABE”的译音，费比模式的具体内容如下所述：

（1）F 即 Feature，意为特征，是指把产品的特征详细地介绍给顾客。

（2）A 即 Advantage，意为优点，是指为顾客充分分析产品的优点。

（3）B 即 Benefit，意为利益，是指把产品能为顾客带来的利益尽量多地介绍给顾客。

（4）E 即 Evidence，意为证据，是指以“证据”说服顾客。

此模式需要推销人员把产品的优点和行之有效的推销用语事先牢记心中。

（三）费比模式推销的步骤

（1）将商品的特征详细地列出来。尤其要针对其属性，写出其具有优势的特点，将这些特点列表进行比较。在罗列商品时，应充分运用自己所拥有的知识，将产品属性尽可能详细地表示出来。

（2）罗列商品的优点。也就是说，你所列的商品特征究竟发挥了什么功能？对使用者能提供什么好处？在什么动机或背景下产生了新产品的观念？这些也要依据商品的各个特征，详细地列出来。

（3）阐明商品带给顾客的利益。如果顾客是零售店或批发商，当然其利益可能有各种不同的形态。但我们必须考虑商品的优点是否能真正带给顾客利益。也就是说，要结合商品的优点与顾客的利益。

（4）保证满足顾客需要的证据。这包括证明书、样品、商品展示说明、录音录影带等。

费比模式就是将一个商品分别从四个层次加以分析、记录，并整理成商品销售的诉求点。

下面以 E100 的真人发音功能来介绍运用费比模式推销的方法。

第一步：向顾客介绍 E100 所具有的真人发音功能。

我们的 E100 是由真人发音的，不同于市场上其他产品的电子发声。

第二步：向顾客介绍真人发音的优点。

E100 使用中央电视台著名播音员的标准英语发音，语音准确、清晰。

第三步：向顾客说明真人发音带来的好处。

便于学习者跟读、模仿以及矫正自己不正确的发音。

第四步：让顾客亲自操作，感受真人发音的效果，从而说服顾客购买。

点击发音较长的句型，让顾客试听真人发音的效果，劝其购买，达成交易。

四、SPIN 推销模式

（一）SPIN 推销模式的产生

美国销售咨询专家尼尔·雷克汉姆与其研究小组分析了 35 000 多个销售实例，与 10 000 多名销售人员一起到各地进行工作，观察他们在销售会谈中的实际行为，研究了 116 个可以对销售行为产生影响的因素和 27 个销售效率很高的国家，耗资 100 万美元，历时 12 年，于 1988 年正式对外公布了 SPIN 推销模式。

（二）SPIN 推销模式的概念

SPIN 推销模式是指在营销过程中职业地运用实情探询、问题诊断、启发引导和需求认同四大类提问技巧来发掘、明确和引导顾客需求与期望，从而不断地推进营销过程，为营销成功创造基础的方法。

SPIN 推销模式教人如何找到顾客现有背景的事实，引发顾客说出隐藏的需求，放大顾客需求的迫切程度，同时揭示自己策略的价值或意义。使用 SPIN 模式，推销人员还能够全程掌控长时间销售过程中顾客细微的心理变化。

（三）SPIN 推销模式的步骤

SPIN 推销模式主要建立在顾客的需求上，因此顾客所重视的问题正是 SPIN 推销模式有效而且成功的主要因素。它的发问程序完全是配合顾客在购买过程中的心理转变而设计的，因此推销人员可以将 SPIN 模式当作销售指南，通过发问来了解顾客心理需求的发展过程，使其了解购买产品的急迫性和重要性。

研究显示，成功的推销人员所采用的 SPIN 推销模式程序大致如下。

1. S（Situation）：情景性问题——根据情景提问

情景即有关买方现在的业务和状况的事实或背景。利用情景性问题（如“你们用这些设备有多久了?”或“您能和我谈谈你们公司的发展计划吗?”）来了解顾客的现有状况，以建立背景资料库（收入、职业、年龄、家庭状况等）。推销人员通过资料的收集，方能进一步进行正确的需求分析。尽管情景性问题对收集信息大有益处，但如果过多，则会令买方厌倦和恼怒。因此，询问的时候要把握两个原则：

（1）数量不可太多；

（2）目的明确，即问那些可以开发成明确需求，并是你的产品或服务可以解决的难题方面的问题。

2. P（Problem）：探究性问题——找到困难所在

以探究性问题（如“这项操作是否很难执行?”或“你是担心那些老机器的质量吗?”等）来探究顾客隐藏的需求，使顾客透露出所面临的问题、困难与不满，以技巧性的接触来引起顾客的兴趣，进而使顾客发现明确的需求。即发现顾客的问题、难点和不满，而自己的产品和服务正是可以帮助顾客解决这些问题的。探究性问题为订单的开展提供了许多原始资料，但也有一定的风险性，所以许多缺乏经验的推销人员很难把握提问的时机。

3. I（Implication）：暗示性问题——扩大困难的影响

转问暗示性问题（如“这个问题对你们的远期利益有什么影响吗?”等），使顾客感受到隐藏性需求的重要性与急迫性，由推销人员列出各种线索以维持顾客的兴趣，并刺激其购买欲望。即扩大顾客的问题、难点和不满，使之变得清晰严重，并能够揭示出可能会产生的严重后果。暗示性问题就是通过积聚潜在顾客难题的严重性，使它大到足以付诸行动的程度。询问暗示性问题的困难在于措辞是否恰当和问题的数量是否适中，因为它往往使潜在顾客心情沮丧、情绪低落。如果还没有问情景性问题和探究性问题，过早引入暗示性问题，往往会使潜在顾客产生不信任甚至拒绝。

4. N（Need-Pay off）：需求-效益性问题——解决困难的途径

一旦顾客认同需求的严重性与急迫性，且必须立即采取行动时，成功的推销人员便会提出需求-效益性问题让顾客产生明确的需求，以鼓励顾客将重点放在解决方案上，并明确解决问题的好处与购买利益。

推销人员通过问这类问题，描述可以解决顾客难题的对策，让顾客主动告诉你，你提供的这些对策让他获利多少。如“如果把它的运行速度提高10%对您是否有利?”或“如果我们可以将其运行质量提高，那会给您怎样的帮助?”等，这些都是典型的需求-效益性问题。需求-效益性问题对组织购买行为中的那些影响者最有效，这些影响者会在你缺席的情况下担当起你的角色，将你的对策提议交给决策者，并通过自身的努力给决策者施加一定的影响。

推销人员最易犯的错误就是在积累起问题的严重性之前过早地介绍对策。潜在顾客在没有认识到问题的严重性之前会为你的需求开发设置障碍。因此，问需求-效益性问题的最佳时机是在你通过暗示性问题建立起顾客难题的严重性之后，而又在你描述对策之前。

（四）SPIN推销模式的应用

我们可以从下面这段对话中进一步了解SPIN推销模式的具体运用。

推销人员：你们工厂安装了节电设备没有?（情景性问题）

顾客：没有。

推销人员：据我所知，你们在控制成本方面做得相当不错，在实际操作过程中有没有困难?（探究性问题）

顾客：在保证产品质量和提高职工待遇的前提下，我们一直致力于追求生产效益最大化，因此在控制物料和人工成本方面着实下了一番功夫，确实取得了一定的效益，但在控制电费的支出上，我们还是束手无策。

推销人员：那是不是说你们在民用高峰期也要支付超常的电费?（探究性问题）

顾客：是的，尤其是每年的6、7、8三个月的电费高得惊人，我们实在想不出还有什么可以省电的办法。事实上，那几个月我们的负荷也并不比平时增加多少。

推销人员：除了电费惊人，你们是否注意到那几个月电压也不稳?（探究性问题）

顾客：的确是这样。

推销人员：为防止民用高峰期电压不足及减少供电线路的损耗，电力部门供电时会以较高的电压传输，电压偏高对你们费用的支付意味着什么?（暗示性问题）

顾客：那肯定会增加我们实际的使用量，使我们不得不支付额外的电费。

推销人员：除了支付额外的电费，电压偏高或不稳对你们的设备比如电机有什么影响?（暗示性问题）

买方：温度升高会缩短使用寿命，增加维护和修理的工作量与费用。严重的可能直接损坏设备，使生产不能正常进行，甚至全线停产。

推销人员：有没有因电压不稳而损坏设备的情况发生？最大的损失有多少？（暗示性问题）

顾客：有，去年发生了两起，最严重的一起是烧毁一台大型烘干机，直接损失就达50万元。

推销人员：如此说来，节约电费对你们工厂控制成本非常重要？（需求-效益性问题）

顾客：是的，这一项支出如果能减少，那就意味着我们的效益增加。

推销人员：稳定电压对你们来说是不是意义更为重大？（需求-效益性问题）

顾客：是的，这不仅可以维持生产的正常运行，还可以延长设备的使用寿命。

推销人员：从你所说的我可以看出，你们对既能节约电费又能稳定电压的解决办法最为欢迎，是吗？（需求-效益性问题）

顾客：是的，这对我们来说至关重要，我们非常需要解决电费惊人和电压不稳的问题，这样不仅使我们降低成本、增加效益，而且还可以减少事故发生频率，延长设备的使用寿命，使我们的生产正常运行。（明确需求）

在对话中，推销人员运用了多个有关问题的提问和有关影响的提问，虽然对自己的产品只字未提，但顾客或许已经在考虑是否让这位关心自己的推销人员拿出一个解决方案。我们可以从这段销售对话中悟出两个道理：一是如何将话题从一个简单的问题点引向深处；二是通过启发式提问探究顾客的需求，将销售引向成交。

知识 5　推销方式

推销活动中，企业的推销人员总是通过一定形式将推销品推销给顾客，而采取何种推销方式，关系到推销活动能否成功。推销人员要熟知现代的推销方式，并将其运用于不同推销对象、不同推销品的推销活动之中。

一、推销方式的含义

推销方式是指企业或推销人员向顾客（用户）传递企业及推销品的有关信息，帮助和说服顾客（用户）产生购买欲望、形成购买行为的各种活动形式。

二、推销方式的分类

现代推销方式多种多样，从大的方面来讲，推销方式可分为直接推销方式和间接推销方式两种类型。

（一）直接推销方式

直接推销方式就是通常所说的人员推销方式，它是推销人员与顾客（用户）直接接触的推销方式，主要有面谈推销、营业推销、会议推销和电话推销四种形式。下面着重介绍电话推销。

1. 电话推销的概念

电话推销是指推销人员通过电话向预选目标顾客提供产品与服务信息，顾客借助电话提出交易要求的营销行为，如酒店、机票或车船票预订。

2. 电话推销的特点

电话推销的主要优点如下：

（1）快速及时，节省时间。相对于信函等文字沟通方式，电话沟通能将信息快速及时地传递给对方。使用电话推销可以让推销人员有更多的时间与更多需要个别服务的顾客进行一对一的交流访谈。此外，推销人员在拜访顾客之前如果事先用电话和顾客联系，可以避免因为顾客无法赴约而浪费宝贵的时间。如果必须立刻和顾客联络时，使用电话也是最方便最快捷的选择。

（2）降低费用，增加收益。通过电话进行推销可以增加企业的推销量，降低企业的营运成本。推销人员积极主动地给顾客打电话有利于保持与顾客的良好关系并获得更多的订单。电话推销使得推销人员花费在出差旅途的时间、住宿与交通等的费用也相应减少。此外，无论是推销人员打电话向顾客介绍产品，还是顾客打电话向推销人员投诉，企业都能及时地把握顾客的需求，迅速地为顾客提供产品和服务。

（3）提高效率，方便沟通。电话推销虽然不是一种面对面交流，但它能够省去登门拜访的等候、见面客套等环节，可以在较短的时间内完成产品的推销和订购，从而提高商业活动的效率。

（4）电话推销属于远距离接触，对方没有被压迫感，易于接受有关产品的信息。交谈双方也不会为其他人所打扰，易于沟通。

电话推销的主要缺点如下：

（1）缺乏信息的表达力。在进行电话推销时，推销人员无法看到顾客对推销信息的反应，无法通过电话来演示商品，顾客也很难直接感受到推销人员所强调的重点。与面谈推销相比较，电话推销无法把味觉、触觉以及视觉等特性传达给顾客。这影响了电话推销的效果。

（2）推销易被拒绝。如果把顾客和推销人员在电话中交谈的行为，与面对面交谈的行为进行比较的话，我们会发现其中有着较大差异。顾客通常觉得，在电话中拒绝推销比当面拒绝容易得多，这是因为看不见推销人员，降低了顾客的心理压力。

3. 电话推销的准备工作

（1）提前做好工作计划。同样的产品和工作环境，为什么有的推销人员工作起来井井有条，成了公司里的销售冠军；而有的推销人员虽然也是从早忙到晚，但却被工作搞得焦头烂额？对于电话推销人员来说，建议从以下几个方面来提高工作效率：

1）制定工作目标。彼得·德鲁克曾经说过：在做任何事情之前，你首先要考虑做正确的事情，然后再去考虑如何正确做事，前者是方向，后者是方法，方向往往比方法更加重要。就像打靶训练一样，你只有先知道靶心在哪里，才能够知道如何命中它。电话推销人员设定的目标需要具有一定的挑战性，最好设定出明确的时间期限。因为期限可以增加执行人的紧迫感，而且既不脱离实际，又能够激发斗志，促使加倍努力工作。

2）制订工作计划。有人说："一日之计不在于晨，而在于昨夜。"这句话是想告诉我们，每个人都应该提前制订工作计划。提前将第二天要做的事情详细地列出来，然后再按照所列计划执行就可以了。这样不仅可以节省时间，而且还会让工作更加有条理性。很多人都设定了工作目标，但是很少有人制订过详细的工作计划。设立目标就像一段长跑，计划就是将这段长跑分解成一小段一小段的短跑，我们只需要每次跑到相对应的地点，目标实现起来才不会觉得遥遥无期。

3）认清时间的价值。通常情况下，电话推销人员的工作时间为上午 9 点至中午 12 点，下午 1 点至 5 点，这个时间段正好和顾客的工作时间段完全吻合，所以只要电话推销人员善于合理利用工作时间，就可以创造出业绩。晚上回家后的时间看似为休息时间，其实这段时间正是一般电话推销人员和优秀电话推销人员业绩产生差距的关键所在。优秀的推销人员会利用晚上的时间来整理顾客资料，写工作计划，准备第二天的沟通话题等。每个人只有认清了时间的价值，工作起来才会更加顺利。

4）想到就去做，绝不拖延。很多人都有拖延的坏毛病，他们为拖延找各种理由，目的只是为了"多享受一会儿"。反而会堆积越来越多的事情，压力越来越大，工作起来也会越来越累。优秀的电话推销人员应极力避免拖拉，而应雷厉风行、想到就去做。因为只有不拖延，才能真正提升时间管理的效率。而失败的电话推销人员没有意识到时间的价值，不懂得管理时间的技巧。从某种意义上说，除了推销技巧，时间管理也是决定推销成败的关键因素。

（2）熟知所售产品的相关知识。作为推销人员，最重要的就是把产品推销出去，而推销产品的第一步就是向顾客介绍产品。但是如果推销人员对自己产品的相关信息没有充分而详细的了解，就不可能让顾客轻易地做出购买决定。而且，当顾客打算购买某种产品时，也会针对相关产品的具体情况进行详细的询问。在这种情况下，如果推销人员不能及时准确地回答出顾客的问题，就会给顾客留下不够专业的印象，这必然会大大降低顾客购买产品的积极性。

1）产品的基本特征。如果说推销 95％靠的是热情，那剩下的 5％靠的就是对产品及其知识的了解。电话推销人员只有熟知产品的基本特征，才能赢得顾客的信赖。产品的基本特征包括产品名称、规格型号、材料、质地、价格、性能等。而且产品要能够为消费者带来他所需要的效用，所以电话推销人员在对顾客进行推销时，要扬长避短，加强消费者对产品的认可。当顾客询问产品的基本构成情况时，推销人员千万不要马上向顾客发起推销进攻，因为此时顾客只是想了解产品的基本信息，而并不想马上做出购买决定。如果推销人员急于推销产品，反而容易引起顾客的反感，不利于双方进一步的沟通。

2）品牌优势。品牌优势是一个企业最持久的竞争力，品牌消费现在已经成为时尚。随着人们生活水平的提高，消费者对产品的要求已经不再仅仅是追求简单的产品功能和价格低廉，而是追求更高的品质、更与众不同的个性，甚至文化附加价值等。而且在很多领域内，人们比以往更加注重产品的品牌知名度。因为品牌本身代表的是过硬的质量，同时这种产品往往能够使顾客产生一种心理上的满足感。当然，这种满足感也包括顾客的炫耀心理，即产品带给消费者的心理成分远远超过其实用成分。

而对于一些不知名的品牌，顾客往往会有一种排斥心理，因为没有听说过，所以不愿意花时间去了解或尝试，这是一种正常的消费心理。遇到这种情况，推销人员要寻找各种证据，证实自己的产品质量没问题、售后服务有保障，以打消顾客的疑虑。例如：我们这个产品是有质量认证书的，而且有保险公司承保，您可以放心使用。

3）优越的性价比。作为顾客，在购买商品时，都希望花最少的钱买到最好的商品，因此，性价比高的商品自然会受到顾客的欢迎。越是理智的顾客，在购买产品的时候就越注重产品的性价比，他们在购买某些价格相对较高的产品时，这一因素将会被更加关注。性价比是在与同类产品作比较时得出的，因此，这就要求推销人员对同类产品的各项情况也要有比较详细的了解，否则就无法向消费者传递出最有效的产品信息，更不能凸显本产品的性价比优势。

4）强化产品的特殊优势。产品的特殊优势，是指产品所蕴含的新功能，是其他同类产品所无法提供的。比如产品蕴含的某种新型科技含量、在新功能上的创新等。每个顾客都有好奇心，新颖、独特的产品可以抓住顾客的眼球，推销人员可以利用顾客的这种心理来说服顾客购买产品。推销人员在强化产品优势、进行产品介绍时，要实事求是，千万不可夸大其词。推销人员在向顾客介绍产品时，必须站在顾客的立场上，找到产品能为顾客带来的使用价值。如果推销人员自己都搞不清楚产品的实际功效，那么顾客自然不会对推荐的产品抱有任何信心。

5）完善售后服务。要想在推销竞争中占有一席之地，不仅需要凭借优质的产品，而且还要有完善的售后服务。从推销工作来看，售后服务本身就是一种促销手段。同时，顾客也已经把商品的售后服务当成了商品不可或缺的一部分，售后服务是否完善直接影响顾客的购买行为。因此，电话推销人员在介绍商品时，可以向顾客有意识地强调一下售后服务，以便让顾客放心购买。

(3) 对顾客资料进行准确的细分。推销人员在进行电话推销时，需要详细了解顾客，这样才能做到“知彼知己，百战不殆”。每个电话推销人员所接触的顾客不尽相同，内容性质也不同，所以就必须建立属于自己的“顾客资料数据库”，这样可以提升工作效率。

电话推销人员在对顾客进行科学有效的细分时，需要注意以下几个要点：

1）对所有顾客进行分析和筛选。事先对顾客进行科学的分析和筛选，能够帮助电话推销人员事半功倍地完成推销任务。大部分企业通常都会设立专门的顾客管理系统，电话推销人员可根据顾客管理系统中的相关数据，按照自己的实际需要对顾客进行分析。

拓展阅读

客户类型

2）对自己平时积累的顾客信息进行分析。电话推销人员可以按照以下方法进行顾客信息积累：

A. 把打出去的每一个电话都记录下来，以避免不必要的重复工作。

B. 打完电话后明确以下三点：顾客的需求是什么？态度怎样？是否允许自己去拜访？

C. 归纳顾客的地址，尽可能地把同一地区的顾客拜访安排在同一时间段以节约时间与精力。

D. 针对拜访过的每一位顾客制作一份“顾客概况表”，表格中要包含顾客尽可能多的信息。

E. 最先拜访需求量大的顾客，以及成交意向明显的顾客。

F. 每天做完工作后，一定要对相关的顾客情况进行梳理，包括给已经成交的顾客发个短信或邮件表示感谢，预约第二天的关键顾客，询问有兴趣的顾客是否需要产品资料等。

3）将更多的精力集中在排名靠前的顾客身上。优秀的电话推销人员总会将时间和精力集中在顾客信息数据库中排名靠前的顾客身上，也就是“二八法则”中经常提到的能够创造80%效益的20%的顾客，而不是面面俱到地将时间与精力分散到所有的顾客身上。

4）耐心培育潜在大顾客。一些顾客虽然在一段时间内没有与你进行交易，但是他们却有着很强烈的产品或服务需求，这些顾客就是你的潜在大顾客。电话推销人员如果只注意顾客排名而不顾及顾客最近的需求信息，就很容易错过推销良机。潜在大顾客有着强烈的需求，需要电话推销人员付出相应的努力去赢得他们的信任，并和他们建立良好的关系。这种关系的建立过程，其实就是电话推销人员培育大顾客的过程。

（4）做好重要电话号码的分类。电话推销人员可以制作一个经常使用的电话号码一览表，在表中写清楚自己将要拨打的 50 个电话号码，然后把它张贴在电话机旁，这样用的时候就可以一目了然，有效提高工作效率。这张一览表还应该包含公司领导以及经常与自己有业务往来同事的电话，以免需要时手忙脚乱。

同步案例 1－10

销售代表小张是一家新兴科技公司的电话销售员。他最近接到任务，要向一批潜在客户推销公司最新研发的企业级数据备份解决方案。然而，小张并没有花太多时间去了解产品详情和潜在客户的需求，就匆匆开始了电话推销。

在拨通一位潜在客户的电话后，小张开始介绍产品："您好，我是××科技的小张，我们有一款全新的数据备份解决方案，想给您介绍一下……"

客户听后表示："哦，数据备份啊，我们已经有自己的解决方案了，而且用得还不错。"

小张一听，有些措手不及，他并没有准备应对客户已有解决方案的情况。他试图强行推销："但是我们的产品更好啊，您不妨了解一下。"

客户显然对小张的这种推销方式不感兴趣："不用了，谢谢。我们目前对这个没有需求。"

小张只好尴尬地结束了通话，并意识到自己没有做好充分的准备，错失了可能的机会。

思考

在这个案例中，小张的电话推销为何未能成功？他应该如何提前做好准备，以避免类似情况的发生？

（5）在打电话前准备一份备忘录。在打电话之前准备一份提示性的手稿，这对于推销人员的电话推销工作具有非常重要的作用。运用手稿进行及时提示，可以使推销人员更加条理清晰地开展自己的电话推销工作，同时还可以帮助自己有效地预防一些意料之外的问题，使推销工作更加有效地进行。

在准备手稿的时候要注意以下几方面：

1）注明推销目的。

2）注明顾客基本信息及兴趣、喜好。

3）记录自己不熟悉的产品信息。

4）准备好要向顾客提的问题。

5）对于顾客的疑难问题做好充足的准备。

一份充满提示性的手稿，有助于电话推销人员在紧张状态下更加条理清晰地与顾客进行交流，即使在电话沟通过程中出现一些小插曲，也能按照手稿中的提示及时回到正题。

4. 电话沟通的技巧

电话沟通的技巧具体体现在以下三个方面：

（1）和谐融洽。在与顾客进行电话沟通时，要了解并运用电话沟通礼仪，方能在与顾客沟通时营造出和谐融洽的氛围。

1）使用标准的专业文明用语。如：您好，我是××公司的××，有一个非常好的资讯要传递给您，现在与您通话方便吗？谢谢您能接听我的电话；等等。

2）要有喜悦的心情。打电话时要保持良好的心情，这样即使对方看不见你，但从欢快的语调中也会被你感染，给对方留下极佳的印象。

3）端正的姿态与清晰明朗的声音。打电话时绝对不能吸烟、喝茶、吃零食，即使是懒散的姿势对方也能够听得出来。

拓展阅读

一封广告信函

（2）声音富有感染力。

1）电话推销人员语速不能太快或太慢，一般情况下，语速保持在120字/分钟～140字/分钟比较合适。当然，如果能够根据顾客的语速而调整自己的语速，这样效果更好。

2）电话推销人员发音要标准，吐词要清晰，能够让顾客在电话中很容易听清楚自己说的话。

3）语气是电话推销人员内心态度的晴雨表，电话推销人员的语气要求是：平和中有激情，耐心中有爱心，杜绝产生不耐烦的语气。

4）电话推销人员不要怪腔怪调，要自然，一定要做到抑扬顿挫，音调要有高、中、低之分，富于变化，不要太机械化。

5）推销节奏要做到恰到好处地停顿，这样就可以有时间来感知谈话进行的感觉，也让顾客有机会参与到谈话中来。

6）推销人员音量不宜过大，要适中。

7）推销人员在推销时要有热情。

8）推销人员要有带笑的声音。

9）推销人员的自信和专业。推销人员在通电话时，语言表达是否专业，发音是否专业，处理问题是否专业等，都将给顾客留下深刻的印象。

（3）积极倾听。倾听顾客，是我们电话推销中一个重要的技巧。倾听不仅是指听顾客讲什么，而且包括听顾客是如何讲的。推销人员要听出顾客讲的内容，更重要的还要听出顾客的感情，发现顾客的需求以及真正理解顾客所讲内容的含义。

拓展阅读

学会倾听

1）做记录/不打断顾客。做记录是为了能将注意力更多地集中在顾客身上，而不会由于担心没有记住顾客所讲的东西而影响沟通。所以，对于重要的内容，我们可以告诉顾客："麻烦您稍等一下，我做下记录。"如果顾客知道我们在做笔记的话，会有受到重视的感觉。

打断顾客一方面会让顾客的感情受到伤害，另一方面，我们可能会忽略掉顾客要讲的重要信息，还有可能给我们造成更大不利。

2）回应。做记录也不是一味地听，而是要给予对方我们听到的回应，经常性在对方说话时以"嗯""对""是"等给对方以回应，表示我们在听对方说话，我们理解了对方的说话。有些人一味地听，不给对方任何回应，结果对方就会问："你在听我说话吗?""你听到了吗?"对方说话我们没有回应，是对对方的极不尊重。所以要学会及时给对方真诚、热情、积极的回应。

3）澄清。对于容易产生歧义的地方，要及时地与对方沟通，以便充分了解顾客的真正想法。顾客说的某一句话可能存在着两种或多种理解，如果自以为是，只按照自己的好恶去理解，就容易产生误解。所以一定要及时地与顾客进行交流，澄清事实。

4）确认。在顾客讲话过程中，可能会有一些词语我们没有听清，也可能有一些专业术语我们不懂，这就特别需要向顾客进行确认，进一步明确顾客所讲的内容，同时，我们跟顾客交流时一定要注意自己的术语使用问题，不能运用太多的术语，以免给顾客造成理解上的障碍。

5）倾听顾客的反应。优秀的电话推销人员要学会倾听顾客的心声。通过倾听顾客的声音，可以有效地了解顾客的喜好、需求、愿望及不满，只有尽量满足顾客的要求，才能得到顾客的认可。

拓展阅读

电话推销人员的自我检测

微课：

电话推销流程训练

5. 电话推销流程

第一步：确认顾客身份。

在开展具体的电话推销活动中，尤其是电话拜访陌生顾客的时候，推销人员一定要在礼貌地打完招呼之后认真确认顾客的身份，以确保接听电话的人正是自己要寻找的目标顾客。确认顾客身份是开展电话推销活动的第一个步骤，准确地称呼他人的名字是对他人最基本的尊重。

戴尔·卡耐基曾经说过："一种既简单又最重要的获取好感的方法，就是牢记别人的姓名。"如果推销人员不是第一次打电话给顾客并明确地知道对方的身份及职务，就要直接称呼对方姓氏及职务，这会使对方产生受到重视的感觉，对方也会因此而对你产生好感，从而使推销工作更容易开展。

第二步：开场白。

对推销人员来说，开场白能否引起顾客的兴趣，决定着电话沟通的顺畅程度。因此，设计出一套顾客愿意听下去的沟通方案，成为电话推销成功的关键。

电话接通后至关重要的三件事如下：

（1）我是谁？即介绍自己。

（2）我的公司是什么？即介绍公司。

（3）我打电话给顾客的目的是什么？即介绍给对方打电话的原因。

例如：王总，您好！我是联通400电话服务中心的，我叫李三。今天打电话主要是想和您谈一下企业通信（400电话）方面的合作。

电话推销中前10秒就要抓住顾客的注意力，引发他的兴趣，30秒内将决定后面的沟通是结束还是继续。

第三步：分析需求。

在成功打开话题后，就要介绍产品。此时推销人员不能只是单纯地介绍产品的特性、性能、优势等，还要有意识地了解顾客的需求。了解顾客需要什么价位的产品、产品的用途、产品选择的范围等，这样开展推销活动会更有针对性。在介绍产品时，推销人员可根据顾客的不同，灵活地选择是用专业术语还是用通俗的语言。

第四步：强调产品自身价值。

电话推销人员在介绍产品时，要着重说明产品能为顾客解决的问题以及能为顾客带来的价值和利益，这是顾客最为关心的问题。不要只基于自己的立场或利益角度来说明自己的来电目的，虽然进行电话营销就是为了推销自己的产品或服务，而且顾客也深知这一点，但是如果基于不同的立场来进行说明，顾客会更容易接受推荐的产品。

第五步：礼貌地结束访问。

访问结束时，应表达感谢之意，从表面上看这些礼貌用语也许没有太大的实际意义，但是这却代表了推销人员的素质及涵养，而且也表明了其对顾客的尊重。如果推销人员在最初打电话时态度热情而积极，而在将要挂断电话时缺乏必要的礼貌，那么就很容易影响顾客对其的看法。

（二）间接推销方式

间接推销方式就是通常所说的非人员推销方式，它是一种通过传播媒介向顾客宣传推销品，说服和吸引顾客购买推销品的拉式推销方式。间接推销方式具有信息传递速度快、范围广、影响面大、作用时间长等特点，其具体形式有以下几种：

1. 广告推销

凡是通过广告媒体，如互联网、电视、广播、电话、信函、橱窗陈列、报刊等，介绍商品以实现商品销售的方法，统称为广告推销，或叫非人员推销。

2. 公共关系推销

公共关系推销是企业在进行推销活动中正确处理企业与社会公众的关系，以树立良好的企业形象，从而促进产品销售的一种活动。公共关系推销与广告推销、营业推销有所不同，它作为一种间接推销方式，是通过企业与公众之间的不断沟通实现的，但其效果却很显著。公共关系推销的特点有以下几点：

（1）宣传性。即综合运用各种传播方式介绍企业，潜移默化地树立良好的企业形象。具体形式有：宣传报道、赠送宣传品、记者招待会、展览会、提供稿件、免费招待参观、周年纪念活动、学术讨论会、授奖仪式、庆功表彰会、游行宣传等。

（2）交际性。即通过各种形式的直接接触和通信联系，联络企业与公众的感情，加深公众对企业的印象。其形式有：座谈会、招待会、茶话会、舞会、拜访、参观企业、工作聚餐、电话书信联系等。

（3）服务性。即通过各种服务手段来改善和密切与公众的关系，以获得公众好评，建立企业信誉。其形式有：提供售前、售中、售后等多种销售服务项目等。

（4）社会性。即通过举办或参加各种社会性、公益性活动，以提高企业的社会声誉，塑造企业良好的社会形象。其形式有：各种形式的社会赞助、各种传统节日的纪念会、庆典等。

（5）征询性。即通过了解公众需求、收集舆论等方式为企业决策提供依据，使企业的活动顺应公众需求和市场发展趋势。其形式有：市场调查、民意测验、重点顾客访问、征名活动、设立接待机构、处理投诉等。

3. 企业形象推销

企业形象是指企业的产品、服务、人员素质、经营风格以及公共关系等在社会公众中留下的总体印象。它是企业素质的综合体现，是企业文化的外在反映，是社会公众对企业的总体评价。企业在社会公众中树立的主要形象有：

（1）产品（服务）形象。产品是企业生产的成果，是供应市场、满足消费需求的物质保证。可以说，产品形象是企业最主要的实体形象。企业只有创造出优质、适用、新颖、美观、价格合理的产品，才能满足广大顾客日益增长的物质需求。如果企业是服务性企业，那么，其所提供的服务质量是该企业重要的形象标志。如一个咨询机构所提供的建议是否具有可行性；一个旅行社提供的服务是否实惠、周到、令人满意；一个运输公司是否能安全、及时地完成运输任务；等等，这些都是产品形象的重要组成部分。

（2）员工形象。员工形象是指企业全体员工在劳动热情、业务技能、劳动效率、服务态度、服饰仪表、言谈举止等方面给社会公众留下的印象。员工是企业的主人，是企业产品的创造者，也是企业形象的塑造者。可以说，员工形象是塑造企业形象的根本和保证。

（3）环境设施形象。环境设施形象是指企业为了进行生产经营活动而应用的厂房设施、技术装备、店容店貌、场所环境等。一个装备优良、设施先进、环境优美的企业自然给人以现代企业的感受；而一个设施简陋、装备陈旧、环境脏乱的企业，将给社会公众一个低劣不堪的企业形象。

（4）企业自身的实体形象。在社会主义市场经济体制下，国有企业、集体企业、私营企业、三资企业、股份制合作企业等不同类型的企业竞相发展，它们都要在市场经济的大潮中接受检验，接受社会公众的评价。企业的经营作风、经营成果、经济效益、社会贡献等，是社会公众评价企业的客观标准。企业只有不断开拓奋进，为社会创造更多的财富、更好的产品，才能获得社会的认可，提高自身的知名度和美誉度。

三、线上推销

（一）线上推销的概念

线上推销是指企业营销组合策略中的人员推销与互联网相结合，利用互联网及其相关平台传递企业及产品信息，激活顾客需求，收集顾客资源，建立顾客关系，并用适宜的产品满足顾客需求，以实现双方利益交换的过程。随着信息技术的发展，互联网对于企业营销越来越重要，而人员推销作为企业营销组合策略之一，也必须结合互联网开展线上推销。

（二）线上推销的特点

1. 时域性

由于互联网能够超越时间约束和空间限制进行信息交换，使得推销脱离时空限制进行交易变成可能，因此企业及推销人员有了更多时间和更大的空间进行推销，可一天 24 小时、一年 365 天地服务，随时随地地提供全球性推销服务。

2. 交互性

在线上推销过程中，可以利用互联网传输多种媒体的信息，如用文字、声音、图像、视频等方式展示商品细节，利用商品信息资料库提供有关的查询，来实现供需互动与双向沟通。另外，还可以进行产品测试与消费者满意调查等活动，充分发挥推销人员的创造性和能动性。

3. 人性化

线上推销是一对一的、理性的、消费者主导的、非强迫性的、循序渐进式的，而且是一种低成本与人性化的推销，可避免推销人员强势推销的干扰，并通过信息提供与交互式交谈与顾客建立长期良好的关系。

4. 整合性

线上推销，一方面，从商品信息至收款、售后服务等一气呵成，因此也是一种全程的推销活动；另一方面，企业可以借助互联网将不同的传播营销活动进行统一设计、规划和协调实施，以统一的资讯向消费者传达产品和服务等信息，避免不同传播途径中的不一致性而产生的消极影响，为推销人员的进一步线上推销提供官方信息支持。

5. 高效性

互联网上可储存大量的信息，可传送的信息数量与精确度远超过其他媒体，不仅可以让消费者查询相关信息，还可以及时记录和更新顾客的需求变化。同时，推销人员利用线上推销平台可根据顾客需求及时更新产品推销策略，有效了解并满足顾客的需求。目前许多企业都有让推销人员能在移动端及时查询、记录和修改推销拜访情况的 App。例如：中国太平保险的“易行销 App”，就具有线上顾客信息储存、线上保险产品知识学习等功能，还可线上制作推销计划、拜访计划、顾客拜访详细记录、备忘录等。这使推销人员的整个推销活动更加智能高效，也让顾客有更好的消费体验。

6. 超前性

互联网是一种功能强大的推销工具，它兼具线上推销、电子交易、互动顾客服务、市场信息收集与分析等多种功能。另外，它所具备的一对一推销功能符合定制营销与直复营销的未来趋势。

7. 经济性

通过互联网进行信息交换，代替以前的实物交换，一方面，可以减少印刷与邮递成本，实现无店面销售，免交租金，节约水电与人工成本；另一方面，可以减少由于迂回多次交换带来的损耗。

（三）线上推销的流程

线上推销的流程一般可以分为七个步骤，如图 1 - 5 所示。

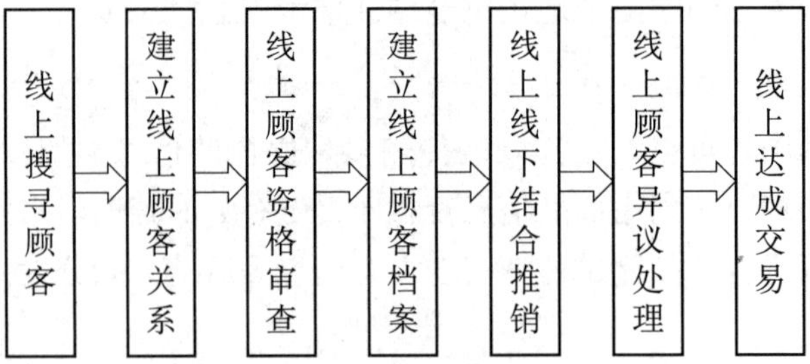

图 1-5　线上推销的流程

1. 线上搜寻顾客

线上搜寻就是推销人员运用各种现代信息技术与互联网通信平台来搜索准顾客的方法。它是信息时代的一种非常重要的寻找顾客方法。

（1）线上搜寻顾客的方法。线上搜寻顾客常见的方法如下：

1）网上查询法。网上查询即通过网络搜索引擎搜集顾客的采购信息或准顾客信息。例如，大部分的企业或政府会把其采购招标信息挂在网上，通过网站宣传吸引潜在顾客。通过垂直名录搜索服务，即通过输入行业、区域、名称等关键字，进行一键式搜索操作，用户可以快速查询到相关公司的名录，并及时与公司实现联络。但关键是确保它们的网址被列入主要的和重要的搜索引擎中。

2）B2B 网上寻找法。B2B 是指进行电子商务交易的供需双方都是商家（或企业、公司），他们使用了互联网技术或各种商务网络平台，完成商务交易的过程。这些过程包括：发布供求信息，订货及确认订货，支付过程及票据的签发、传送和接收，确定配送方案并监控配送过程等。企业可以在 B2B 网站上查询求购信息或销售信息，从而联系到潜在顾客。

3）搜索引擎优化法（SEO）。此方法即利用搜索引擎的规则提高网站在有关搜索引擎内的自然排名。目的是为网站提供生态式的自我营销解决方案，让其在行业内占据领先地位，从搜索引擎中获得更多的免费流量，达到宣传、推销、搜寻顾客的目的。

4）竞价推广法（SEM）。竞价推广是把企业的产品、服务等以关键词的形式在搜索引擎平台上做推广。它是一种按效果或者点击等付费的新型而成熟的搜索引擎广告，用少量的投入就可以给企业带来大量的潜在顾客，有效提升企业销售额。竞价排名是一种按效果付费的网络推广方式，企业在购买该项服务后，注册一定数量的关键词，其推广信息就会率先出现在网民相应的搜索结果中，通过搜索结果引导有意向的消费者填写消费者基本信息，从而完成顾客基本信息的收集。

5）问答推销搜寻法。它属于线上互动推销方式，是互动营销中介于第三方口碑而创建的网络营销方式之一。此种营销方式既能与潜在消费者产生互动，又能植入商家广告和收集顾客信息，是做品牌口碑、互动推销不错的推销方式之一。但是，设置的话题需要新颖、争议性强、具有时代感。问答平台是可以令信息迅速扩张的平台，可以全方位地展示产品或者公司信息，可以和顾客零距离接触，达到推销及信息收集的目的。

常见的问答推销一般是一问一答，就像与人对话一样。不过现在大多数问答平台都是一问多答，比如百度知道、360 问答、新浪爱问、腾讯搜搜等。

6）短视频引导搜寻法。短视频营销主要基于以视频网站为核心的网络平台，以内容为核心，以创意为导向，利用精心策划的视频内容实现产品推销与品牌传播的目的，是“短视频”和“互联网”的结合；其具备二者的优点，既具有电视短片的优点如感染力强、形式内容多样、创意新颖等，又有互联网营销的优势如互动性强、主动传播、传播速度快、成本低廉等；既可通过短视频传播信息，又可以通过评论区进行互动答疑，还可以收集顾客信息。

7）社会化媒体搜寻法。这是企业利用社会化网络、在线社区、微博、百科或者其他互联网协作平台和媒体来传播和发布资讯，从而形成营销、销售和顾客关系服务、维护及开拓的一种方式。企业可以在拥有海量注册用户的社交媒体网络上发布相关的服务信息和产品资讯，利用社交媒体网络上的粉丝关注效用和社群效应，大大增加企业产品与服务信息在社交网络上的曝光量。除增加宣传，维护好顾客关系之外，企业还可以通过社会化媒体提高其销售量。例如：企业通过微信公众号等发布消息，利用网络下载获取优惠券，在微博、抖音、知乎等发起与产品有关的话题，监控感兴趣的顾客行为，结合邮件营销和微博营销，获得大量顾客信息和产品曝光。

8）数据库营销搜寻法。这是指定期向目标顾客发送对顾客有价值的信息，同时合理地附带产品推销广告。因为国内大部分电子商务网站只会生硬地向顾客推送广告，这样效果很差，所以企业一定要向顾客发送用户喜欢的信息，合理地融入广告，同时，吸引顾客主动进行信息反馈，以便搜寻更多顾客相关信息。

（2）线上搜寻顾客的优缺点。

1）优点：A. 线上搜寻法是一种非常便捷的顾客搜寻法；B. 该方法节约时间，可以避免盲目地进行市场“扫荡”，提高推销工作效率；C. 该方法可以降低推销成本和市场风险，可以较全面地搜寻到有关准顾客的资料；D. 线上搜寻可以与顾客进行互动交流，传递相关的产品信息，对有需求的顾客进一步了解，在一定程度上可以对顾客进行简单的资格“审查”。

2）缺点：A. 线上网络信息更新速度较快，在一定程度上会影响推销人员在网上所检索到的准顾客资料的准确性；B. 出于信息安全的考虑，一些重要资料并不能在网上公布；C. 网络世界是个虚拟的世界，推销人员在运用互联网这一现代化信息手段查找资料时，难免会遇到假情报的干扰，从而不能完全保证准顾客资料的真实性和可靠性。

（3）线上搜寻法使用注意事项。

1）网上寻找顾客法与其他方法必须有效结合，相辅相成，共同完成顾客的寻找和后期跟踪工作。

2）推销人员应根据自己的产品特点把网上寻找顾客的各种方法有效组合，提高寻找到顾客的概率。

3）网上寻找顾客需提高警惕，注意核查信息的准确性和真实性，并加强对顾客资格的审核。

2. 建立线上顾客关系

网络的发展不仅使得线上推销更为可行，而且能充分发挥网络的特点和优势，使顾客这个角色在整个线上推销过程中的地位得到提高。网络互动的特性使顾客真正参与到整个推销过程中；顾客不仅参与的主动性增强，而且选择的主动性也得到加强。因此，线上推销要求把顾客整合到整个推销过程中，从他们的需求出发开始整个推销活动。需要注意的是：推销人员通过各种线上方法搜寻到顾客信息后，必须马上利用线上沟通工具，如电话、QQ、微信（企业微信）、钉钉等与顾客建立线上关系，以便及时进行顾客相关信息的进一步收集和整理。但一定要注意交流方式，否则容易引起顾客反感。

3. 线上顾客资格审查

线上顾客资格审查的内容与方法与线下审查大体一致，这里只介绍线上顾客资格审查的定义。

同线下推销一样，在线上的推销活动中，并非每一位顾客都能成为推销人员的目标顾客，因此，推销人员同样需要对顾客资格进行鉴定、选择、分类。线上顾客资格审查主要是指对已经建立关系的线上顾客，按照一定的标准进行评审，并将顾客进行分类，从而确定目标顾客的过程。

4. 建立线上顾客档案

在完成顾客资格审查后，企业应将顾客进行分类，并建立线上顾客档案。企业利用这一步能够快速、有针对性地制订拜访计划和拜访方案，能够有效地提高工作效率。

建立线上顾客档案，可以通过以下方式进行：

(1) 在聊天工具上对顾客情况进行备注，以便在后续的线上沟通过程中及时知晓顾客的基本情况和需求等相关信息。

(2) 使用在线表单建立新增顾客资源。企业可通过移动端快速录入顾客基本信息，并自动生成顾客基本资料表格；同时利用在线编辑文档（表格）对已有顾客资源跟进情况不断进行资料更新。

5. 线上线下结合推销

在线上推销时，推销人员要设计具体的销售话术，提前思考一下顾客会提什么样问题，自己会遇到什么样的状况等。线上解决不了的问题，推销人员要启动线下推销，并在线下推销前做好相关准备，做到万无一失。

拓展阅读

线上推销技巧

6. 线上顾客异议处理

推销人员针对顾客的质疑、意见和问题，需要正确地处理，这将决定推销是否能成功。处理顾客异议，部分可以通过线上解决，但是必要的时候还是需要将线上和线下有机地结合，以保证推销成功进行。

7. 线上达成交易

目前线上推销并达成交易是常见的，能够在线上达成交易当然是最好不过的，这也是线上推销的最终目的。当线上推销已经基本能确定顾客的购买意愿后，要注意在适当的时间发出成交信号，及时促成线上交易。同时要做好后续合同签订工作，若有必要转线下的就转线下进一步处理。

拓展阅读

微信推销知识

（四）线上推销应注意的问题

1. 设计好具体的推销话术

线上销售同样需要推销话术，并且需要全面的推销话术，需提前列出顾客会提出什么样的问题，自己会遇到什么样的状况，应如何处理等。

2. 要做好宣传和推广

线上推销，必须做好宣传和推广，让自己的产品和服务内容被广泛看到，被更多的人知道。这样既可以扩大影响力，又可以吸引目标顾客前来购买。

3. 关注产品质量，提供优质服务

和线下推销一样，线上推销也需要有好的产品质量和优质的服务内容，给顾客带来好的体验感，形成好的口碑。

4. 明确自己的价格

线上推销和线下推销都应该注重产品的价格体系，要给出合理的价格，让顾客愿意接受。

5. 注重推销的形式

线上推销形式多样，有图文形式、短视频形式以及直播形式。线上推销也分为很多不同的种类，企业要根据自己的产品及服务内容来设计具体的推销形式，形成良好的销售氛围。

6. 保持细心和认真，管理好自己的情绪

做推销是一件十分锻炼人的事情，需要保持足够的认真和细心，管理好自己的情绪，形成好的口碑，这样才会有越来越多的顾客。

四、直播推销

（一）直播推销的定义

直播推销也称为直播营销，是一种利用互联网平台，通过视频直播、音频直播或图文直播等形式进行的商业活动。它结合了实时互动和商品展示的特点，为消费者提供了一种全新的购物体验。根据中国政府网发布的《网络直播营销管理办法（试行）》，直播推销在中国受到相关法律法规的规范，以确保其健康有序的发展。

（二）直播推销的优缺点

1. 直播推销的优点

（1）事件营销效应。直播推销能够创造一种紧迫感和独特性，使得观众感觉自己正在参与一个“不容错过”的事件。通过社交媒体和在线社区的分享，直播事件可以迅速传播，扩大影响力。

（2）用户精准性。直播平台通常允许主播通过数据分析工具了解观众的兴趣和行为，从而更精准地定位目标受众。观众选择观看特定直播，表明了他们对相关主题或产品有一定的兴趣，这为精准营销提供了基础。

（3）实时互动性。观众可以通过弹幕、评论和投票等方式与主播实时交流，这种互动性可以提高观众的参与度和忠诚度。主播可以根据观众的反馈及时调整推销策略，提供更个性化的推荐。

（4）情感共鸣。直播可以创建一种社区感，观众在观看过程中可以感受到与主播和其他观众的情感联系。这种共鸣有助于建立品牌忠诚度，观众更可能因为情感上的联系而支持品牌。

（5）立体展示。直播允许主播从多个角度展示产品，进行实际演示，甚至现场解答观众的疑问。这种多维度的展示方式比静态图片或视频更能展现产品的特点和优势。

(6) 降低营销成本。直播推销减少了传统广告媒介的投放成本，如电视广告或户外广告牌等。主播可以通过直播平台直接与消费者沟通，省去了中间环节，使得营销更加高效。

2. 直播推销的缺点

(1) 产品细节不清晰。直播通常依赖摄像头和网络传输，产品的细节可能无法像在实体店中那样清晰可见。这可能导致消费者对产品有误解或不满意，从而影响购买决策和满意度。

(2) 受主播影响大。主播的专业知识、表达能力和个人魅力对直播推销的成功至关重要。如果主播表现不佳或缺乏专业知识，可能会削弱产品的专业形象，降低转化率。

(3) 冲动消费问题。直播中的限时优惠、独家折扣等策略可能会刺激消费者的购买冲动。这可能导致消费者在没有充分考虑的情况下购买产品，增加退货率。

(4) 技术要求高。高质量的直播需要稳定高速的网络连接、专业的摄像设备和后期编辑软件。技术问题，如延迟、卡顿或音视频不同步，都可能影响观众的观看体验。

(5) 审美疲劳。随着直播推销的普及，消费者可能会对频繁的直播感到厌倦，对推销信息产生抵触。这要求主播不断创新直播内容和形式，以维持观众的兴趣。

(6) 监管挑战。直播推销需要遵守《中华人民共和国广告法》《中华人民共和国消费者权益保护法》等法律法规，否则可能面临法律风险。监管机构可能会对违规的直播推销行为进行处罚，影响品牌声誉。

直播推销作为一种新兴的营销手段，既有其独特的优势，也存在一些需要克服的挑战。企业在运用直播推销时，需要充分考虑这些因素，制定合适的策略，以实现最佳的营销效果。同时，主播和平台也应遵守《网络直播营销行为规范》，维护良好的网络生态和市场秩序。

同步案例 1-11

活力 28 原本是一个有着几十年历史的老品牌，主要生产洗涤用品。但由于市场竞争和经营问题，品牌一度陷入困境，面临破产危机。

2023 年 7 月，活力 28 开始利用抖音平台进行直播推销，采用了与众不同的直播风格。与其他品牌精致的直播间和专业主播不同，活力 28 的直播是在厂房内进行，由三位年长的工人（被称为“三个小老头”）介绍产品。

这种朴实无华的直播方式，展现了品牌的真诚和产品的实用性，与消费者建立了情感联系。消费者对这种真实、朴素的品牌形象产生了共鸣。

活力 28 的直播内容在社交媒体上迅速传播，引发了广泛的讨论和关注。这种社交媒体效应进一步扩大了品牌的影响力。在短短一个月内，活力 28 的抖音账号粉丝数增长超过 450 万，带货额超过 5 000 万元。这一成绩不仅体现了直播推销的强大力量，也展示了品牌复兴的可能。

思考

活力 28 为什么会取得成功？

【操作平台】

任务训练一　认识推销

1. 训练目的与要求

（1）重点访问三位推销员，了解他们的职位、工作职能以及他们胜任该工作所必需的推销技能和推销过程等情况。

（2）结合实际，加深对推销的感性认识与理解。

（3）初步认知与掌握现代推销员应具备的素质。

（4）每人写出一份简要的调查访问报告。

2. 训练内容与步骤

（1）给学生分组，每个小组 8～10 人，选择 1～2 家公司进行调查访问。

（2）在调查访问之前，每组根据课上所学知识，经过讨论制定调查访问的提纲，包括调查的主要问题与具体安排：

1）该公司营销系统的构成状况。

2）重点访问一位推销员，向他了解他的职位、工作职能以及他胜任该工作所必需的推销技能和推销过程等情况。

3）调查周围人对推销的认识。

3. 成果体现与检测

（1）每人写出一份简要的调查访问报告。

（2）调查结束后，组织一次课堂交流与讨论。

（3）以小组为单位，组长和每个成员根据各成员在调查与讨论中的表现分别进行评估打分。

（4）教师根据各成员的调查报告与讨论中的表现评估打分。

（5）将上述各项评估得分综合为本次实训成绩。

任务训练二　认识推销要素

1. 训练目的与要求

（1）写一份产品推销书。

（2）结合实际，加深对推销品的认识与理解。

（3）初步掌握对推销品的介绍、演示及说服顾客购买所推销产品的技能。

2. 训练内容与步骤

（1）学生自愿选择一件自己熟悉的产品，写一份产品推销书。

（2）组员在小组中向同学们演示。

（3）教师组织学生对演示的情况进行交流与讨论。

3. 成果体现与检测

（1）每位学生提交一份产品推销书。

（2）学生根据各组准备的道具及表演的表现互相评价。

（3）教师根据设计好的产品推销书和表演评估打分。

任务训练三　领会推销方格

1. 训练目的与要求

（1）自编自演小品剧。

（2）了解和掌握推销方格理论和顾客方格内容。

（3）初步掌握在实际工作中正确处理推销与顾客之间的关系的技能。

2. 训练内容与步骤

（1）给学生分组，每个小组8～12人，组建"××大学生模拟公司"，自定公司名称。

（2）每个公司根据教师所给的资料与要求，推荐学生进行小品剧表演。

（3）每个学生根据剧中表演进行小品剧的分析，完成资料中提出的三个问题。

资料：

王女士夫妇是一对年轻的夫妇，住在锦州市太和区。夫妇俩都受过高等教育，有两个孩子，一个9岁，一个5岁。他们非常关心孩子的教育，并决心要让他们接受最好的教育。

随着孩子的成长，王女士意识到该是让他们看一些百科读物的时候了。一天，当她翻阅一本杂志时，一则有关百科读物的广告吸引了她，于是她打电话给当地的代理商，问是否能见面谈一谈。以下为二人有关此事的谈话摘录。

王女士：你们这套百科全书有哪些优点？

推销员：首先请您看看我带的这套样书。正如您所见到的，本书的装帧是一流的，整套五十卷都是这种真皮套封烫金字的装帧，摆在您的书架上，那感觉一定好极了。

王女士：我能想象得出，你能给我讲讲其中的内容吗？

推销员：当然可以，本书内容编排按字母排序，这样便于您很容易地查找资料。每幅图片都很漂亮逼真。

王女士：我看得出，不过我更感兴趣的是……

推销员：我知道您想说什么，本书内容包罗万象，有了这套书您就如同有了一套地图集，而且还附有详尽的地形图，这对你们这个年龄的人来说一定很有好处。

王女士：我要为我的孩子着想。

推销员：当然！我完全理解。由于我公司为此书特别配有带锁的玻璃门书箱，这样您的小天使就无法玩弄它们，在上面涂抹了。而且，您知道，这的确是一笔很有价值的投资。即使以后想卖出也绝不会赔钱。何况时间越长收藏价值越大。此外，它还是一件很漂亮的室内装饰品，那个精美的小书箱也是我们赠送的。现在我可以为您填写订单了吗？

王女士：哦，我得考虑考虑。你是否能留下其中的某部分，比如文学部分，以便让我进一步了解其中的内容呢？

推销员：我真的没有带有关文学部分的来，不过我想告诉您我公司本周有一次特别的优惠售书活动，我希望您有好运。

王女士：我恐怕不需要了。

推销员：我们明天再谈好吗？这套书可是给您丈夫的一件很好的礼物。

王女士：哦，不必了，我们已经没兴趣了，多谢。

推销员：谢谢，再见，如果您改变主意请给我打电话。

王女士：再见。

从中我们不难看出，这位推销员是很不成熟的。他在没有弄清楚顾客的购买行为以及购买目的的情况下，就很主观片面地做出判断，导致推销的失败。好的推销员善于抓住顾客心理，运用各种策略对顾客加以诱导。

思考：

1）这位推销员的失误之处在哪里？

2）王女士购买此书的动机是什么？

3）假如你就是此推销员，你将怎样继续处理此事？

（4）根据上述资料，学生依自己的认识续编资料中的故事。

3. 成果体现与检测

（1）学生书面回答上述案例的问题。

（2）学生根据各组准备的道具及表演的表现互相评价。

（3）教师给学生续编的小品剧和表演评估打分。

任务 2 推销人员礼仪准备

【走进推销】

推销人员的仪容修养

【任务相关知识】

知识 推销形象

一、推销人员的形象

很多推销大师在谈及推销事业成功时都有一个共识：推销活动不仅是在推销商品，更是在推销自己。一种商品要做到畅销，不仅要注重质量，还应注重包装及营销方式。对包装的理解，应从广义的角度来认识，除产品的销售包装外，还应包括某些产品的物质载体——企业、推销员及其形象。

为了树立良好的形象，利于推销工作的开展，推销人员应注重基本的推销礼仪。在推销商品之前，先把自己推销给顾客，顾客接受了你这个人，才可能接受你所推销的商品。所谓推销自己，也就是要推销自己的言谈举止、仪表风度、个性品质、态度信心、处事原则和价值观念等。

二、推销形象的重要性

第一印象是最重要的印象，别人对你最初的评价通常基于你的装束、谈吐和举动。如果公司的产品是一流的产品，你就应该用一流的仪表去销售它。面对顾客时，不管是立、是坐还是行，一定要具备一种吸引对方的魅力。

推销员的形象是一个人综合素质的体现，需要不断地修炼和学习。作为公司的一名员工，推销员的形象既涉及个人素质，又代表公司的整体形象。随着市场竞争日益加剧，礼仪在当今社会更体现出它的重要性。

三、推销形象的构成

推销员的推销形象是由仪表、服饰、举止等形体语言和非形体语言所构成的整体印象。

一个推销员应该给顾客什么样的第一印象才有利于推销活动的开展呢？可以用如下公式来表述：

迷人的外表＋得体的服装＋恰当的装饰＋良好的言行＝好感（吸引力）

这里强调四位一体，即外表、服饰、装饰与言行的有机协调与结合，以给人形成良好的整体感觉。只具备某些局部的优势，并不能形成好的感觉，还需要有由内而外散发出来的气质。如果仅仅拥有迷人的外表，并不能说明这个人就是美的，就能吸引顾客的视线，还需要有由内而外散发出来的气质。

同步案例 1-12

一位先生在报纸上登了一则广告，要雇一名勤杂工到他的办公室做事。大约有 50 人前来应聘，但这位先生却选中了一个男孩。他的一位朋友问道："为什么选中了那个男孩？他既没有介绍信，也没有人引荐他。"这位先生说："他带来了许多介绍信。他在门口蹭掉脚下的泥土，进门后随手关上了门，说明他做事小心仔细。当看到那位残疾老人时，他立即起身让座，表明他心地善良、体贴别人。进了办公室他先脱去帽子，回答我提出的问题干脆果断，证明他既懂礼貌又有教养。其他所有人都从我故意放在地板上的那本书上迈过去，只有他俯身捡起那本书，并放回桌子上。当我和他交谈时，我发现他衣着整洁，头发梳得整整齐齐，指甲修得干干净净。难道这不是最好的介绍信吗？"

思考

为什么说仪表整洁是一个人最好的介绍信？

【操作平台】

任务训练一　推销人员的形象准备

1. 训练目的与要求

（1）让学生了解推销人员的形象是由仪表、服饰、举止等形体语言和非形体语言共同构成的。

（2）让学生掌握一些常见的推销礼仪。

2. 训练内容与步骤

（1）学生随机分组，每组 8～10 人，男女同学均等，每组内选出一名组长，负责本组工作。

（2）选择某一特定的工作场景（如化妆品推销、礼品推销、儿童用品推销、办公用品推销等）。

（3）确定工作场景的特点，设计服装款式、颜色，搭配鞋袜的颜色和款式。

（4）了解推销人员着装的基本要求和仪表规范的主要内容。

（5）根据工作场景确定推销人员个人形象设计的突出特点。

（6）学习女士套裙、男士西装穿着要点。

（7）组长组织成员分角色进行模拟演练。每组分出接待方和拜访方两部分成员，对推销工作进行模拟。

3. 成果体现与检测

(1) 根据个人形象设计，学生互相评价。

(2) 教师点评女士套裙、男士西装穿着要点及表演。

任务训练二 自我推销

1. 训练目的与要求

(1) 认识自己，了解自己的兴趣、能力、性格特点等。

(2) 塑造自我品牌。

(3) 向顾客推销自己的人品（介绍产品实事求是，遵守诺言）。

(4) 向顾客推销自己的形象（服饰、谈吐、举止、礼节等）。

(5) 向顾客推销自己的情感。

(6) 培养良好的个性和品质。

2. 训练内容与步骤

(1) 每位学生用5分钟的时间认真寻找并说出自己的10个优点，并要讲清楚理由。

(2) 学生就表现的过程发表感想，并加以讨论。

3. 成果体现与检测

(1) 学生互相评价。

(2) 教师点评学生成果。

任务3 产品知识、销售工具准备

【走进推销】

推销工具的灵活应用

【任务相关知识】

知识　产品知识准备和销售工具准备

一、产品知识准备

（一）渊博的知识是成功的基础

销售业务包括销售内容、销售形式等，都会随着科技的发展而不断地推陈出新。因此，优秀的推销人员需要精力旺盛，努力学习，不断更新业务知识，掌握更先进的推销方法与技巧，最终不断提高自我，创造一个又一个的销售契机。

（二）了解产品

每一位顾客都想在购买之前更多地了解产品，因此他们更愿意信任那些实事求是地介绍产品的专家型推销员。获得顾客的信任是推销成功的关键。

拓展阅读

了解产品

推销人员要掌握的产品的知识，归纳起来有以下五点：

（1）产品的生产工艺流程以及各道工序的技术指标，特别是科技含量高的产品。购买者多少都会对产品有所了解或是内行，如果推销人员答非所问，什么都不知道或闹出什么笑话，那推销产品的效果可想而知。

（2）产品的组成成分、特性、用途、使用方法等。推销人员所推销产品的本质很重要，请记住一句商界名言："像了解自己的孩子一样了解自己的产品。"

（3）与同行业同类产品之间的差异。知彼知己，百战不殆。只有知道自己产品的优点，才能进行有效的谋划，争取到更多的顾客。

（4）购买产品对顾客有何好处，包括能解决哪些问题，满足哪些需求，带来哪些效益。没有哪位顾客会劳神费力花钱办对自己一点好处也没有的事。

（5）产品的经营环境、市场竞争与需求状况、价值规律变化、相关商业法规、国内国外市场状况等。企业要随时调整自己的营销策略，以适应社会、经济、技术、竞争环境的不断变化。因此，了解产品存在的环境对推销非常重要。

只有了解这些知识，才能在推销过程中准确无误地解答顾客的提问，有效地将购买产品和顾客的需求、利益联系在一起，让顾客感到做出购买决定对自己是多么重要、多么急迫，最终达到顺利成交的目的。

二、销售工具准备

销售工具和促销用品的准备是推销前准备工作的一项重要内容。没有完备的工具和用品，要做好推销工作和提高服务质量是不可能的。由于商店经营商品种类的不同，所需要的工具和促销用品也不能一概而论，可供推销人员运用的销售工具有：

（1）产品模型。有的产品不易随身携带，如大型产品、精密复杂的产品等。这时，推销人员就不能用产品本身向顾客做介绍，无法用产品的魅力吸引顾客。为了弥补这类产品很难进行实物展示介绍的缺陷，可制作模型向顾客介绍。

（2）样品。这是最常用的推销工具。

（3）图片。推销人员使用精心制作、印刷精美的图片，能更加强烈地突出产品的特点，产生较强的说服力和感染力，使顾客通过视觉加深印象，直接引发顾客的购买欲望。

（4）推销证明材料。推销人员应准备各种有利的推销文件、证明材料，以便向顾客出示，取信于顾客。推销证明材料是多种多样的，如统计资料、市场调查报告、顾客来信、专家的证明、权威机构的评价、生产许可证、获奖证书、专营证书、鉴定书等。

（5）录音、录像资料。采用录音、录像、幻灯等音像、影视资料能最大限度地调动顾客各种感觉，特别是视觉、听觉的有效方法。推销人员通过这些辅助手段，不仅可以生动、真实、可信地塑造产品的形象，富有吸引力地向顾客传递商品信息，而且能充分调动顾客的感情，活跃推销气氛，从而使平淡的推销介绍变得饶有趣味，具有强烈的感染力。

此外，可供推销人员运用的推销工具有：推销人员的名片、介绍信、订购单、合同书、产品价目表、各企业同类产品比较表、买主名单一览表、报刊、有关本企业的报道等。

推销人员推销的产品不同，所运用的推销工具也不同，推销人员要根据自己的推销特点、环境条件等，去准备和运用各种推销工具。一个皮包里装满推销工具的推销员，一定能对顾客提出的问题给予满意的回答，顾客也会因此产生信任并放心购买。

推销人员事先要准备好必需物、必需量，将物品放置在必要的场所；将必需物品的名称和库存量制作成容易了解的表格；将工具与促销品放在固定的位置，并养成使用后归放原位的习惯；随时留意工具与促销品是否完好，如有污损、破裂现象，要及时更换。

【操作平台】

任务训练　设计一份产品说明书

1. 训练目的与要求

（1）设计一份产品说明书。

（2）了解和掌握产品的一些基本知识和获取目标顾客的途径。

2. 训练内容与步骤

（1）将全班同学分为几个小组，每小组 6～8 人。

（2）由学生收集资料，自愿选择一件自己熟悉的产品，设计一份产品说明书，并在小组中向同学们演示。

（3）教师组织学生对演示的情况进行交流与讨论。

3. 成果体现与检测

（1）每个小组提交一份设计好的产品说明书。

（2）学生根据各组准备的道具及表演的表现互相评价。

（3）教师根据设计好的产品说明书和表演评估打分。

任务 4 制订推销计划

【走进推销】

销售成功的秘诀

【任务相关知识】

知识 推销计划

一、推销计划的含义

推销计划是实现推销目标的具体实施方案，是企业整体计划的重要组成部分，是指导推销活动的依据，也是销售管理的重要内容。制订推销计划对推销工作具有重要意义，它不仅是公司考核推销人员工作的依据，也是推销人员取得良好销售业绩的前提和基础。就像一个企业必须要有新产品开发计划、生产计划、采购计划、资金使用计划一样，每个推销人员在推销前必须制订自己的推销计划。很多人认为，推销是艺术，用不着计划。其实，这是对推销的极大误解。推销前就详细地做好计划，对推销成功起着重要的作用，漫无目的的推销活动极少能取得成功。成功的推销员不会坐在那里盼望有人进来或打电话来要买什么东西。他们不会坐等好事临门，而是主动地创造条件让好事发生。他们之所以成功是因为他们把发掘顾客、介绍产品以及成交的策略都计划在先并贯彻始终。简而言之，他们的成功是计划出来的。

二、推销计划的内容

推销计划制订得合理与否，关系到企业推销业务的活动进程和实际效果。因此，推销人员应该懂得如何制订推销计划。一般来说，一份完整的推销计划应包括以下内容。

（一）推销目标

推销洽谈是个复杂的过程，这一过程的最终目标是推销成功，达成交易。但这一目标的实现往往是经过若干次推销访问才完成的。而每一次推销访问也都应有明确的目标，每一次访问的目标应是递进的。因此，推销人员必须了解顾客购买决策的过程，清楚顾客在不同购买阶段需要解决的主要问题，确定每一次访问应采取的对策和行动方案。

（二）拜访顾客的路线

推销人员可先将拜访的顾客进行适当的分类，如重点拜访的顾客和一般拜访的顾客，某一地区的顾客和某一行业的顾客。还可按顾客对产品的反应态度将顾客分为反应热烈的顾客、反应温和的顾客、无反应的顾客和反应冷淡的顾客。在此基础上，推销人员可根据短期推销目标，采取重点拜访的方式，专门与反应热烈的顾客进行商谈。如果考虑长远的推销目标，则可采用平均拜访的方式，建立和发展与所有潜在顾客的关系。考虑到与某个行业或地区保持良好的关系，就可以进行有针对性的拜访和推销。然后，结合以上目标，再根据顾客的地址和方位设计出最有效的推销行动日程表及顾客拜访路线，争取以最少的时间、最高的效率完成推销目标。

（三）推销洽谈要点

推销洽谈要点即针对洽谈对象的具体情况和推销产品的特殊性，在推销洽谈中需要重点介绍说明的，用来刺激顾客产生购买欲望的产品特征、交易条件、服务保证等内容。确定推销洽谈要点的作用就是说服顾客、引导顾客、刺激顾客完成购买。如果推销人员能把推销洽谈要点与顾客的实际需求和利益结合起来，推销成功的可能性就会大大增加。

（四）推销策略和技巧

在推销洽谈过程中，顾客可能会提出各种问题，推销人员应事先估计洽谈中顾客可能提出哪些问题，应如何应对和解决这些问题。推销人员应从实际出发，巧妙地解决这些问题。这些问题包括：应用什么样的方法接近顾客？怎样在最短的时间内吸引顾客的注意？如何激发顾客的购买欲望？怎样使顾客相信和接受产品？如何促使顾客最终做出购买决定？等等。

同步案例 1－13

某推销员来到青岛某钟表厂推销他的石英钟配件。一开始，他就直接找到厂长。厂长看也不看样品，就表示他们有自己的专门部门设计和生产这样的配件，就这样把这个推销员打发走了。这个推销员很疑惑，因为在他到该厂找厂长推销之前，特意到当地的商场看过，该厂设计的产品配件的外观及质量根本无法与他所推销的配件相比。后来他又找到该厂设计科，这才了解到他们的设计人员正为设计不出新款式产品而苦恼。当他把各款闪亮的产品样品摆到他们面前时，设计人员一片欢呼。设计人员拿着该推销员的产品去找领导，双方很快就签订了"委托加工"而不是"购买"合同。

思考

推销策略和技巧在推销过程中有什么作用？

（五）推销访问日程安排

根据洽谈双方的时间安排，拟订访谈日程，掌握谈判进度，也是取得推销成功的必要条件之一。

三、推销计划的制订

（一）制订推销计划的原则

推销计划的成功，不仅取决于科学地确定推销计划的内容，更重要的是制订计划时遵循的原则。一般来说，制订推销计划应遵循以下原则。

1. 具体化原则

推销人员在前一天晚上就应该把第二天要做的事逐项详细地做出计划。这样推销时可以做到心中有数，而且还便于在赴约之前迅速地复习一遍各项要点。

2. 务实性原则

推销人员订立计划，应以团队计划为中心，而后根据个人的实际情况拟订。计划不能订得太高或太低。计划订得太高了，无法达成将会打击推销人员的信心和自尊心；计划订得太低了，推销人员又不能感受到自我价值的体现。若计划不明确，将会失去提升的指标。一位成功的推销大师说得好："没有计划，就意味着没有胜利。计划适情而定，才能有效地提升销售业绩。"可见，唯有务实的计划，才能引导你明确地实践。

拓展阅读

目标高度的设置

3. 动态性原则

由于推销环境的不断变化，推销人员应经常对推销计划进行改进，根据形势的发展调整自己的行动方案，使推销计划始终与推销环境相适应。

4. 顺序性原则

突出重点，重要的事项和亟待处理的事项要优先列入计划。此外，还要考虑把类似的事情放在一起，以便提高工作效率。

（二）日计划的制订

推销计划可以分为年计划、月计划和日计划。一般来说，公司管理部门要求推销人员汇报年计划或月计划，并对计划的制订提出指导思想和修改意见，而日计划则由推销人员自己制订。日计划是年计划、月计划的基础，是完成年计划、月计划的保证，所以制订日计划至关重要。有效的推销日计划包括拜访顾客前和拜访顾客后两方面的内容。

1. 拜访顾客前

（1）顾客基本情况：

1）顾客的姓名和职务；

2）顾客的性格、爱好和固有观念；

3）顾客的家庭情况（家庭成员、生日）；

4）顾客的权限。

（2）顾客购买行为特征：

1）对推销人员的态度；

2）推销过程会遇到哪些阻力；

3）顾客会有哪些反对意见；

4）顾客主要的购买动机是什么；

5）顾客的购买决策。

(3) 我能为顾客提供什么？

1）产品；

2）其他服务。

(4) 洽谈要点是什么？

1）我如何进行推销；

2）如何吸引顾客注意力；

3）如何引起顾客的购买兴趣；

4）如何刺激顾客的购买欲望；

5）如何实现购买行动；

6）顾客有哪些特殊之处可能影响（有利于或不利于）我的推销。

(5) 我此次拜访所要达到的目的是什么？

1）了解顾客需求；

2）影响顾客的购买行为；

3）向顾客介绍有关情况；

4）促使顾客做出购买决定。

2. 拜访顾客后

(1) 我取得了哪些成绩？

1）洽谈结果；

2）我所获得的有益的启示。

(2) 下一步如何行动？

1）再次拜访的时间、方式、途径；

2）再次拜访洽谈的内容。

（三）计划表的制订

计划表可以使计划变得更加清晰。因此，推销人员最好学会用表格帮助自己制订推销计划。表格有以下三种形式。

1. 为了向个人及家庭推销零售产品而设计的计划表

表格内容可包括父母、子女的姓名，父母（及子女）的职业及职位，经济来源及总收入，他们现在拥有的与你将推销的产品相类似的产品有何特点，拥有多长时间，你的产品能给他们带来什么好处等。

2. 在你会见各种组织机构的决策者时使用的计划表

表格内容包括公司名称、决策者姓名、公司类型、公司产品、总销售额估计、向该公司推销的最大困难是什么、你的推销对他们有什么好处等。

3. 推销步骤计划表

表格内容可包括为电话定约而准备的理由，为判断顾客的购买条件而准备的问题，产品介绍和示范表演的计划，预计会遇到哪些来自顾客的障碍，过去类似推销的情况如何，你的推销能为他们带来什么好处等。以向家庭推销为例，表格栏目的目的是清楚的：他们现在拥有什么？他们拥有这种产品多久了？你从中可以了解到他们是处于购买欲望周期的哪一阶段，他们上次选购时的大致情况。当你列出一个家庭的成员名单时，一定要在你认为是决策者的那个名字上做个记号，你要说服并与之成交的正是此人。查出丈夫和妻子的工作单位及工作性质。如果你掌握了这些信息，你对他们就知之甚多了。收集上述信息能使你更准确地为顾客提供他们想要也买得起的东西。什么时候作计划？每当定好一个约会之后，马上填好一张表格的表头，以免遗忘重要的细节；把你要提的问题写出来；在赴约会的前夕拟出推销步骤的计划。

【操作平台】

任务训练　制订推销计划

1. 训练目的与要求

(1) 根据下述资料设计一份推销计划。

1) 选准自己的目标顾客，并说明理由。

2) 针对某一顾客，写出怎样说服顾客接受你推销的产品。

(2) 通过完成本任务，熟悉推销计划的制订。

资料：

为民制药有限公司是一家中型制药企业，其产品主要在国内销售。最近该公司生产了一种治疗某种疾病的胶囊，准备立即推向市场。目前市场上同类药有十几种，有中成药，也有西药，价格相当，疗效也差不多，治愈时间一般在一年左右，治疗费用约需5 000元。本产品与这些同类产品相比，其特点有：(1) 纯中药制剂，无明显毒副作用；(2) 治愈时间在15天左右；(3) 日服量价格比同类药高30%。假如你是该公司的一名推销员，负责某一地区的推销工作，你将如何推销该产品？

2. 训练内容与步骤

(1) 由学生自愿组成小组，每组5～6人，根据所给资料及问题设计一份推销计划。

(2) 小组对设计好的推销计划进行讨论并修改。

3. 成果体现与检测

(1) 每组提交一份推销计划。

(2) 组织一次课堂交流、讨论与情境表演。

（3）以小组为单位，分别由组长和每个成员根据各成员在讨论与表演中的表现进行评估打分。

（4）教师根据设计好的推销计划书和表演评估打分。

学习情境小结

推销就是推销主体根据营销规划，运用一定的促销技术与手段，帮助和说服潜在顾客采取购买商品或服务行动的过程。推销人员的职责包括销售企业产品、建立企业形象、与顾客建立联系、提供服务。推销人员要具备思想、知识、智能及心理方面的基本素质。

在现代市场营销理论指导下的推销品，是指人们向市场提供的能满足顾客某种需求或欲望的任何有形物品和无形服务。它包含三个层次的内容：核心产品、形式产品、附加产品。根据顾客所购推销品的性质及使用目的，推销对象可分为个体购买者和组织购买者。在推销三要素中，推销人员处于支配地位。

推销方格与顾客方格关系初步揭示了推销人员与顾客两种心态的组合与推销能否顺利完成的关系及规律。

爱达模式是指一个成功的推销员必须把顾客的注意力吸引或转移到产品上，使顾客对推销人员所推销的产品产生兴趣，这样顾客的购买欲望也就随之产生，而后再促使其采取购买行为，达成交易。

电话推销是指推销人员通过电话向预选目标顾客提供商品与服务信息，顾客借助电话提出交易要求的营销行为。它具有快速及时、节省时间、降低费用、增加收益、提高效率、方便沟通等优点。它也有局限性，主要表现在缺乏信息的表达力，推销易被拒绝。电话推销技巧有：和谐融洽、声音富有感染力、积极倾听。电话推销流程主要有顾客身份确认、开场白、分析需求、强调产品自身价值、礼貌地结束访问。

线上推销是指企业营销组合策略中的人员推销与互联网相结合，利用互联网及其相关平台传递企业及产品信息，激活顾客需求，收集顾客资源，建立顾客关系，并用适宜的产品满足顾客需求，以实现双方利益交换的过程。它的特点有时域性、交互性、人性化、整合性、高效性、超前性、经济性。线上推销流程一般分为七个步骤：线上搜寻顾客、建立线上顾客关系、线上顾客资格审查、建立线上顾客档案、线上线下结合推销、线上顾客异议处理、线上达成交易。

推销人员的形象是一个人综合素质的体现，需要不断地修炼和学习。作为一名公司的员工，推销人员的形象既涉及个人素质，又代表公司的整体形象。推销人员的推销形象是由仪表、服饰、举止等形体语言和非形体语言所构成的整体印象。推销礼仪是指在推销活动中形成的，并得到推销人员和顾客共同认可的礼节和仪式，是推销活动的一种行为规范。

销售工具和促销用品的准备是推销前准备工作的一项重要内容，没有完备的工具和用品，要做好推销工作和提高服务质量是不可能的。

推销计划是实现推销目标的具体实施方案，是企业整体计划的重要组成部分，是指导推销活动的依据，也是销售管理的重要内容。制订推销计划对推销工作具有重要意义，它不仅是公司考核推销人员工作的依据，也是推销人员取得良好推销业绩的前提和基础。

素养提升

关键词：自信、坚持、诚信、爱岗敬业、志存高远

一、名人警言

1. 世上无难事，只要肯登攀。——毛泽东

2. 我们爱我们的民族，这是我们自信心的泉源。——周恩来

3. 攀登科学高峰，就像登山运动员攀登珠穆朗玛峰一样，要克服无数艰难险阻，懦夫和懒汉是不可能享受到胜利的喜悦和幸福的。——陈景润

4. 科学上没有平坦的大道，真理长河中有无数礁石险滩。只有不畏攀登的采药者，只有不怕巨浪的弄潮儿，才能登上高峰采得仙草，深入水底觅得骊珠。——华罗庚

5. 我们应该有恒心，尤其要有自信心。——居里夫人

6. 先相信自己，然后别人才会相信你。——罗曼·罗兰

二、小故事

故事1

2020年11月，一位摄影师为一位藏族小伙拍摄了一段视频并上传到网络平台，小伙凭借一脸纯真朴素的笑容意外走红网络，短短10多天，10余次上热搜，传播量超50亿次。小伙来自四川甘孜藏族自治州，当地政府在小伙走红后，及时抓住机遇，签约小伙成为当地旅游大使，拍摄宣传片并开通微博等网络社交账号，为当地景区进行网络推销，结合A级景区免门票的政策短时间内吸引了大量消费者前去旅游，至11月底，甘孜康定机场、亚丁机场预订量同比增长近5成，为当地带来了旅游收入，促进了经济发展。

四川甘孜藏族州政府能够抓住机遇，敢于改变，利用互联网和大数据等新兴技术进行家乡宣传，取得了良好的效果。

故事2

居里夫人为了提取纯镭，以便测定镭的原子量，证实镭的存在，曾终日穿着沾满灰尘和污渍的工作服，在极其简陋的棚屋里，用和她差不多一般高的铁条搅动冶炼锅，从堆积如山的沥青矿的废渣中寻觅镭的踪迹。条件极其艰苦，但她却充满自信。她对友人说："我们应该有恒心，尤其要有自信心！我们必须相信我们的天赋是用来做某种事情的，无论代价多大，这种事情必须做到。"她终于获得了成功。

回顾这段经历，居里夫人说："有信心，才能克服眼前困难，看到光明前景。"这个故事告诉我们：做任何事，都要有自信心和坚强的意志与毅力，要有战胜困难和失败的勇气。

故事 3

有一个从事建筑材料销售的老板，他随时都在寻找生意机会，从不轻易放弃。一次，他看到一栋快要竣工的大楼，就进去联系生意。他问接待他的人要不要建筑装饰材料。对方说还有八个月的时间才开始装修，没说要也没说不要。他向对方要了名片，固定每个月给这个人打一次电话。然而，连续八个月，他都没有做成生意。第九个月，他接到这个人打来的电话，说有一位朋友的一个项目需要装饰材料，可能明天会与他联系。

原来，这个没有成交的顾客在最近一次参加朋友聚会的时候，一位朋友向他打听购买装饰材料的事，问他有没有生意关系可以介绍。这个顾客很快就想到了这位连续八个月给他打电话的建筑材料老板，就介绍了过来。

最后，这位老板做成了一笔几百万元的生意。

这位老板成功的原因就是坚持不懈的努力，积极、健康的工作态度，不达目的决不罢休，虽然连续八个月都没有做成生意，但在第九个月终于取得成功。

作业单

一、单项选择题

1. 下列说法中正确的是（　　）。

A. 上高档酒楼与到低档餐馆就餐的顾客属于同层面，都是为了吃饭

B. 上高档酒楼的顾客不仅是为了吃饭，还为了显示身份或追求享受，与到小餐馆进餐的顾客不属于同层面

C. 吃饭是人的第一需要，不分高低，只要能满足需要，高低档都一样

D. 上高档酒楼的人从来就不到小餐馆吃饭

2. "如何将产品卖出去"表示的是一种（　　）。

A. 生产导向观念　　　　B. 推销导向观念

C. 需求导向观念　　　　D. 竞争导向观念

3. 下列说法中不正确的是（　　）。

A. 推销人员长年在外，四处奔波，工作辛苦

B. 推销人员在推销中经常受挫折，没有积极的心理准备做不好

C. 推销人员阅历丰富、交友广泛，是企业形象的重要代表

D. 推销工作轻松，收入多，还能到处旅游，是个好职业

4. 下列说法正确的是（　　）。

A. 推销人员的任务就是赚钱，不赚钱的买卖没人做

B. 推销人员的任务就是把竞争对手打倒，这样自己才能立起来

C. 推销人员的任务就是做大市场份额，提高本企业产品的市场占有率

D. 推销人员的任务就是卖产品，只要能把产品卖给顾客就行

5. 被誉为现代推销法则的推销模式是（　　）。

A. SPIN 模式　　B. 爱达模式

C. 迪伯达模式　　D. 费比模式

6. 既高度关心自己的购买行为，又高度关心推销人员的工作的顾客是（　　）。

A. 软心肠顾客　　B. 防御型顾客

C. 干练型顾客　　D. 寻找答案型顾客

二、多项选择题

1. 推销人员的职责有（　　）。

A. 建立企业形象　　B. 反馈市场信息

C. 销售企业产品　　D. 提供服务

E. 与顾客建立联系

2. 形式产品是核心产品借以实现的具体表现形式，它一般包括（　　）。

A. 品质　　B. 式样　　C. 品牌

D. 包装　　E. 特征

3. 推销的三要素为（　　）。

A. 推销主体　　B. 推销对象

C. 推销品　　D. 使用价值

三、问题思考

1. 怎样正确把握推销的基本含义？

2. “好的推销人员就是能把产品销售出去的人。”这种观点对吗？如何理解？

3. 推销人员应具备哪些素质和能力？

4. 根据推销方格理论，不同推销心态的推销人员各有什么样的特点？根据顾客方格理论，不同购买心态的顾客各有什么样的特点？

5. 推销方格与顾客方格的关系如何？

6. 试述爱达模式的具体内容与运用步骤。

7. 如何运用费比模式？

8. 试述与顾客交往的基本礼仪。

9. 如何准备销售工具？

10. 如何制订推销计划？

四、案例分析

资料 1：

有一天，某百货商店箱包专柜进来一位年轻顾客买箱子。她一会儿看牛皮箱，一会儿又挑人造革箱，挑来挑去拿不定主意。这时，营业员小戚上前招呼，并了解到该顾客是为出国所用，便马上把 106 厘米的牛津滑轮箱介绍给顾客，并说明了飞机持箱的规定，最大不超过 106 厘米。牛津箱体轻，又有滑轮，携带较方便，价格比牛皮箱便宜得多。年轻人听了觉得他讲得合情合理，于是就购买了滑轮箱高兴而去。

思考：

（1）小戚在推销时运用了怎样的推销观念？

（2）顾客为什么觉得小戚讲的合情合理？

（3）小戚的成功推销给你什么启示？

资料 2：

以下是某品牌冰箱推销员在某电器商场进行产品推销的实例。

推销员："这位小姐，您好！请问您需要购买什么样的冰箱？"

顾客："我看看。我家的冰箱太小了，想换个大一点的。"

推销员："是啊，现在家庭的食品越来越丰富了，以前的冰箱容积一般都比较小，不太适用了。请问您家几口人啊？"

顾客："我家人不多，夫妻俩加一个孩子。不过我们平时工作忙，上街购物时间不多，所以每次都会一次性买很多东西放到冰箱里面。"

推销员："一次性买得多，使用时间长，那就要买一个容积大同时有很好保鲜效果的冰箱。我们的生物保鲜系列冰箱具有超长保鲜功能，容积大，食物长时间储存不变质、不脱水，特别适合您这样一次购物量大的家庭。"

顾客："我觉得食物放在冰箱里面时间一长就容易脱水，味道就不好了。"

推销员："是的，一般冰箱保鲜能力差，但是我们的生物保鲜系列冰箱采用了零度保鲜技术。您知道，纯水在 0℃时会冻结成冰，但食品在 0℃时却不会结冰。因为结冰以后的食物营养会大量地流失，所以在 0℃时的食物仍然保持'鲜活'状态，同时使食品腐败变质的细菌繁殖又得到最大限度的抑制。因此，我们的零度生物保鲜冰箱能够有效地锁住食物的营养和水分，延长食物的保鲜寿命。您看，这是中国家电研究院对市场上我们正在销售的生物保鲜冰箱进行的实验室保鲜性能检测。各项检测数据显示，我们的生物保鲜冰箱在水分、VC 等保鲜指标上名列前茅。"

顾客："感觉是不错。我再考虑考虑吧。"

推销员："对了，您刚才说您有个孩子，多大了啊？"

顾客："六岁半了，很调皮。"

推销员："孩子是家庭的未来，孩子身体发育期间要注意营养、卫生。其实现在冰箱里面放很多东西，生食和熟食常常混放，小孩子不懂事，容易吃到不干净的食物。你看我们的冰箱生食区和熟食区是独立隔开的，同时有明显的指示图标，小孩子很容易分得清。”

顾客：“你们这一款218升的价格多少啊？”

推销员：“这一款现在的价格是3 970元。”

顾客：“有点贵啊！”

推销员：“我们的这一款价格不贵的，现在做特价，您可以看看其他商家一样大小的不具有超长保鲜的冰箱也要这个价格，很划得来的啊！”

顾客：“我觉得这一款冰箱还可以，不过还是觉得价格贵了一点。我再到××去看看，比较一下吧。”

推销员：“我们的产品是全市最低价的。您如果不放心，我们可以承诺，您如果在其他商场买到同样的产品，价格比我们低，我们双倍返还差价。同时今天在举行购物幸运时段活动，您在幸运时段有机会享受免费购物。祝您好运啊！不过这个活动今天是最后一天啊。”

顾客：“这样啊，呵呵，我最近运气不错。那好吧，我就订这款冰箱，我要这种银色的。你开票吧。”

资料来源：蔡春红，余远坤，冯强，等．推销技巧与实战［M］．2版．北京：清华大学出版社，2017.

思考：

请描述这个推销员是如何一步步利用迪伯达模式进行冰箱推销的。

资料3：

一销售办公设备的推销人员去拜访他的顾客，这位顾客正在机房里复印文件。推销人员向他打招呼：“您好！这么忙啊！”顾客回答：“是啊，这个破复印机，复印速度太慢，浪费了我不少的时间。”推销人员忽然眼前一亮，这不是顾客表述的一种需求吗？为什么不抓住这个机会。于是，他忙说：“我们公司有一种新型复印机，速度很快，一分钟能达到30页，肯定能满足你的需要。”像往常一样，顾客的态度不冷不热，一副很随意的样子。“那么，你的复印机是什么牌子的？你的复印机耗材成本如何？你的复印机复印效果如何？你的复印机操作是否方便？”推销人员并不介意他的这种态度，他拿出那种新型复印机的说明书，给顾客详细介绍，“我们这种复印机……”这时候复印工作已经结束了，于是，顾客打断推销人员的话说：“我要开始工作了，谢谢你的介绍。不过，我不准备换掉它。”推销人员很沮丧，难道自己捕捉到的信息是错误的吗？难道他只是抱怨而已吗？难道他只是拿这个作为一种聊天的主题吗？最后他判断这位顾客只是在抱怨，而根本没有换一台复印机的需要。

思考：

（1）这个推销人员的判断正确吗？

（2）他有成功的机会吗？

（3）推销人员对这样的顾客最适宜采用什么推销模式？为什么？

学习情境2 目标顾客查找

学习导图

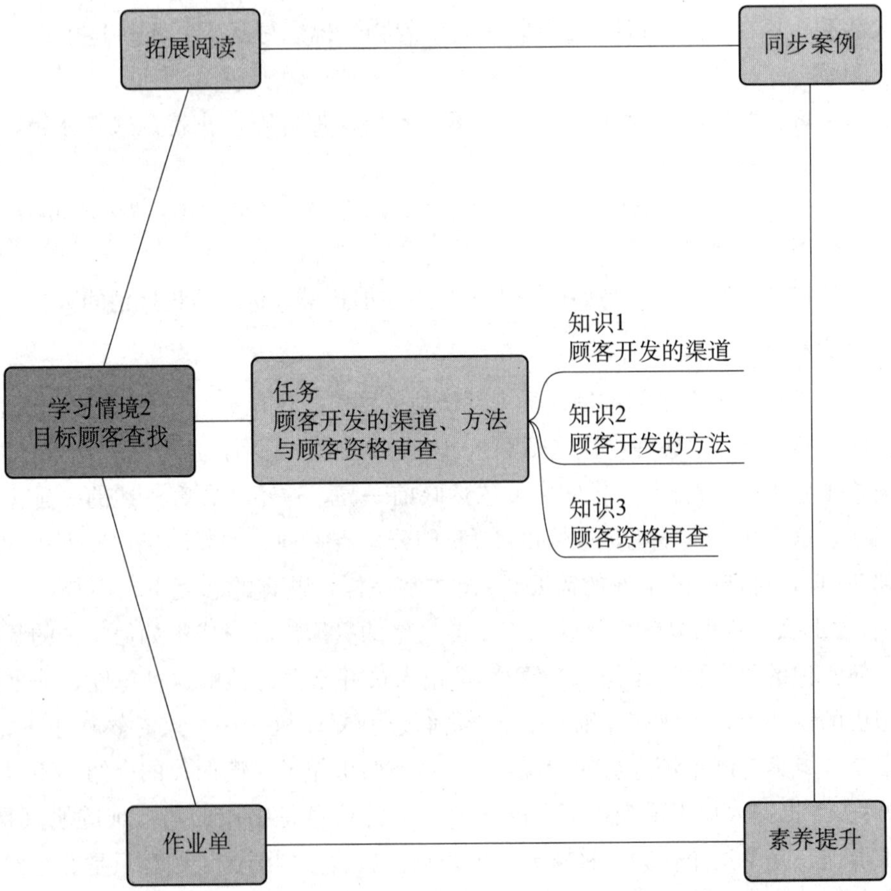

学习目标

● **育德目标**

1. 培养良好的工作习惯和积极、健康的工作态度。
2. 培养团结协作的精神以及创新思维能力。

● **知识目标**

1. 理解准顾客的定义。
2. 领会顾客需求审查的理论知识和具体方法。
3. 学会应用顾客购买力评价的理论知识和具体方法。

● **能力目标**

1. 学会编制特定商品顾客开发计划，确定寻找顾客的途径。
2. 熟练应用普遍寻找法进行顾客需求调查。
3. 熟练掌握顾客需求审查的方法和步骤。
4. 熟练应用财务分析手段确定顾客的购买力。
5. 具备开发顾客的能力。

任务　顾客开发的渠道、方法与顾客资格审查

【走进推销】

如何寻找准顾客

【任务相关知识】

知识 1　顾客开发的渠道

同步案例 2-1

我国香港华资银行准备联网时，需要购进一大批计算机。世界各地 IT 业的大公司云

集香港。当其他公司纷纷想办法接近这位大顾客时，一家世界性大公司并没有急于去接近顾客，而是派了13名推销员到华资银行及其他金融机构进行调查，最后做出了一份关于华资银行顾客规模、构成、分布、储蓄倾向性、储蓄特点等内容的调查报告，以及5套计算机联网的设计安装方案。当推销员提出不管能否做成生意，公司的技术人员都愿意当面向董事会成员做调查汇报时，董事会全体成员都愉快地答应了，结果自然生意做成了。

思考

这个案例说明了什么道理？

寻找和鉴定准顾客是推销程序的第一步。顾客是推销人员的推销对象，是推销三要素的重要因素之一。在竞争激烈的现代市场环境中，谁拥有的顾客越多，谁的推销规模和业绩就越大，但顾客又不是轻易能获得和保持的。推销人员的主要任务之一就是采取公正有效的方法与途径来寻找与识别目标顾客，并实施有效的推销。可以说，有效地寻找和识别顾客是成功推销的前提。

微课：

准顾客

一、准顾客

推销人员在做好推销准备工作之后就要寻找顾客。寻找顾客是推销活动的第一步。如何在茫茫的顾客群体和成千上万的企业中，找到最好的推销机会和最有希望购买的顾客，是推销人员面临的重要问题。

同步案例 2-2

某企业的一位推销员小张做推销工作多年，经验丰富，客户较多，加之他积极肯干，在过去的几年中，业绩在公司内始终名列前茅。谁知一位新推销员小刘参加推销员培训回来后，不到半年，其推销量直线上升，当年就超过了小张。对此小张百思不得其解，问小刘："你出门比较少，关系户没我多，为什么推销量比我大呢？"

小刘指着手中的资料说："在拜访前，我主要是分析这些资料，有针对性地拜访。比如：我对124户老顾客进行分析后，感到有购买可能的只有94户。根据以往经验，94户中21户的订货量不大，所以，我只拜访73户。结果，订货率较高。其实，我的老顾客124户中只有57户订货，订货率不足50%，但是我可以节约出大量时间去拜访新顾客。当然，这些新顾客也是经过挑选的，尽管订货概率不高，但建立了关系，还是值得的。"

思考

为什么推销员小刘的业绩比推销员小张好？

（一）准顾客的含义

准顾客也叫目标顾客。寻找顾客是指寻找潜在可能的准顾客。准顾客是指对推销人员的产品或服务确实存在需求并且具有购买能力的组织或个人。而顾客是指那些已经购买了产品或服务的组织或个人。

推销人员在制定营销策略之前必须清楚顾客是谁，而要做到充分了解顾客，就必须能够非常清楚、具体和详细地描述出顾客的各种特征。可以说，推销人员对这些特征描述得越清楚、越具体、越详细，表明他对企业的顾客了解得越深入、越全面、越细致，就越有利于制定针对性强的营销策略。

对特定的企业及其经营的特定产品来说，准顾客是一个特定的群体，他们明显地区别于其他顾客群体，而这种区别具体表现在一些重要特征上，企业的推销人员必须能够非常清楚、具体和尽可能详细地对这些特征进行描述，如性别、年龄、职业、收入、阶层、偏好等。也就是说，企业的推销人员必须能够清楚地说出自己的顾客是男的还是女的，年龄多大，在哪里，做什么工作，喜欢什么等。这就是说，认识顾客不是一句空话，不是一个抽象的分析过程，而是一个十分具体的研究过程。

寻找准顾客是任何成功销售的基础，推销实践证明了这一结论的正确性。研究表明，那些较差的推销员有下列三个不足之中的一个或几个：没有识别出准顾客；不知道要到哪里去发现他们；懒于寻找他们。

推销人员如果没有任何准顾客，那么即使拥有超人的素质、较好的外表、理想的表现和丰富的知识，也不可能销售出产品。因此，必须主动找出潜在顾客。

（二）寻找准顾客的程序

寻找准顾客的工作既包括获知潜在的购买者是谁，也包括对潜在购买者是否会购买进行分析与判断，从而对潜在购买者进行筛选。其过程如图 2－1 所示。

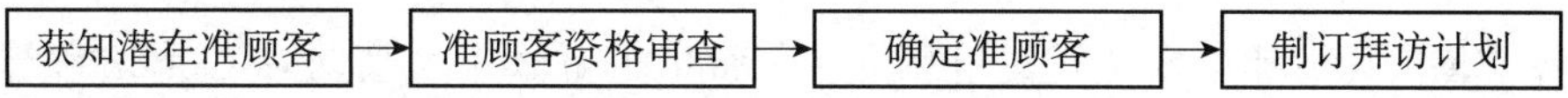

图 2－1　寻找准顾客的程序

推销人员根据推销品的特征，提出可能成为准顾客的条件；然后根据这些条件，搜索资料，寻找可能的线索，拟出一份准顾客的名单；再按照名单进行准顾客评估与资格审查，根据审查结果确定要进行推销的准顾客；最后对这些准顾客进行分析、分类，建立档案，并据此制订拜访计划，进行拜访洽谈。

二、顾客开发的具体渠道

寻找准顾客的思路，即通过什么途径找到潜在的准顾客。比较有效的信息渠道如下所述。

（一）在本单位内部寻找准顾客

很多公司在业界有多年的经营历史，有健全的管理体系，也有一批训练有素的推销人员，公司内部的营销信息系统可能就有很多有助于推销人员寻找准顾客的信息资料。因此对一个初出茅庐的新手来说，从公司内部开始寻找准顾客不失为明智之举。公司内部信息主要包括以下几个方面。

1. 公司的服务部门

凡是规模较大、实力较强的公司一般内部分工明确，有关业务分别由各个不同的职能部门承担，顾客联系也由不同人员分头负责，推销人员可以从各个职能部门或科室机构寻找潜在顾客的线索。公司的服务部门（如维修部、公关部、市场部等）对开拓潜在顾客是十分有益的。推销人员应当设法与服务部门的服务人员保持稳定的联系，经常与他们交换意见，从他们那里获得有关潜在顾客的信息资料。尤其是在家电、汽车等需要定期保养或售后服务的行业中，服务部门的服务人员对挖掘推销对象显得更加重要，因为这些行业的用户在产品损耗到一定程度需要更新维修时，其购买意向和购买态度常受服务人员的左右，服务人员提供的信息往往是影响他们做出购买决定的重要因素。

2. 公司销售记录

推销人员首先应检查公司的原始记录，列出在过去 5 年内停止与公司订货的顾客清单，分析这些顾客流失的原因：或许是由于公司的推销人员停止了对他们的访问；或许是由于该市场推销人员走马换将，业务关系也随着某个推销人员的离去而中止。不管是什么原因，推销人员都可以打电话了解他们的现状，或许能从中发现若干准顾客，让他们重新回到公司的顾客名单中来。

同步案例 2-3

冰箱销售人员小舒在S县开发销售网点，相中了南城家电商场，可是该商场老板邱总是个心高气傲的人，根本看不上小舒推销的这个品牌。数次拜访都遭到冷遇，小舒还是心有不甘。他通过公司记录了解到邱总最大的爱好是汽车，对车模情有独钟。这天，小舒带着在上海的朋友快递过来的三款最新款式的赛车模型，走进邱总办公室，说："邱总，听说您是爱车一族，我托朋友带来三款最新的赛车模型，不知您是否喜欢？"邱总接过车模，大喜过望，连声说好，一改往日那种"不食人间烟火"的模样。结果，两人仿佛相见恨晚，大侃特侃关于各类轿车优劣和各种赛车的故事。终于，没出十天，邱总就在商场里腾出了一块位置给小舒，而且将他所推销的冰箱作为主推品牌进行销售。邱总由原来的看不上该品牌到后来转变为将其作为主推品牌，这就是小舒通过公司记录"发现顾客兴趣"的成果。推销员只有与顾客有着共同爱好、共同语言，才更容易与顾客走到一起。

思考

推销员小舒是如何了解到邱总的爱好的？为什么说推销员与顾客有共同爱好、共同语言，更容易与顾客走到一起？

3. 广告反馈记录

通过查阅公司的各种广告反馈记录，可以了解到可能的准顾客，这比大海捞针式地普遍搜索准顾客范围要小得多，而且相对较为可靠，推销成交的概率会大大提高。广告反馈信息应加工分类，分别传送到推销人员手中，成为发掘准顾客的线索。

4. 顾客服务电话记录

顾客服务电话除接受现有顾客对公司产品的使用查询、申请服务以及投诉外，也对其他的非顾客公布，还可作为公司的咨询电话，从而成为寻找准顾客的一种信息来源。

5. 公司网站

网站是一家公司的窗户，包括这家公司的历史、产品、订购方式、付款方式、联系方式等方面的信息，必然能够吸引一些对公司及其产品感兴趣的人。推销人员通过对公司网站浏览信息的查询统计，就可能发现准顾客。

（二）在外部寻找准顾客

1. 在现有顾客中寻找准顾客

在以往的推销工作中，企业如能以优质的产品、周到的服务取信于顾客，满足顾客的需求，那么顾客就会对企业及其产品产生信赖感和亲近感。在这个前提下开展新一轮的推销活动，推销人员就可以请求现有顾客向未来的新顾客推荐介绍，以身示范，使老顾客成为企业的宣传员和“业余推销员”。如直销的成功，很多就是靠老顾客介绍新顾客。

推销人员还可以采用其他形式和手法来获得老顾客的启示与帮助，如请老顾客写推荐信，将厂商、品牌、价格及服务情况简略地介绍给潜在的新顾客，并将推销人员推荐给新顾客，然后由推销人员持推荐信前往走访推销，上门服务。

2. 从市场调查走访中寻找准顾客

较之上述的工作思路，从市场调查走访中寻找潜在顾客是在更大的范围和更广的视野内寻找推销对象的思路。通过文献调查、问卷调查、入户调查、电话调查和街头拦截访问等方法，都可以找到大量的潜在顾客。

同步案例 2-4

红叶服装有限公司制作、销售各类大众服装。由于服装类公司的数量日渐增加，红叶公司市场份额日渐减少。为抢占市场份额，2014 年该公司将服装价格调整到与市场同类型服装相比便宜 10%，当年销售额增加了近 30%。但是很快其他公司也相继模仿，2015 年该公司销售额骤减，严重亏损。该公司经过调查分析发现，各类机构中的“白领丽人”阶层对职业服装、服饰的质地、款式要求等日渐多样化，需求量增加较快，有较大市场空间。于是 2016 年该公司调整了营销策略，集中技术力量专门设计制作了“佳丽”牌系列高档职业女装，用料、做工都十分考究，款式华贵、大方，价格相应也较高。“佳丽”牌系列高档职业女装上市后，一炮打响，当年销售额翻了一番。

思考

红叶服装有限公司销售成功的原因是什么？

3. 在认识的人中寻找准顾客

很多推销人员都抱怨不知道从哪里寻找顾客，其实，这样的推销人员恰恰忽略了自己的宝贵资源。大家都是社会中的人，都有自己的小学、中学、大学同学，有一帮亲朋好友，这些都是推销的宝贵资源。通过大家的互相介绍、推荐，可以建立一个无限扩展的“链条式”的顾客网，寻找准顾客。

同步案例 2-5

刘伟是淮海大学管理学院的三年级学生，刚刚接受了一份阳光岛度假村俱乐部的暑期工作。刘伟第一次参加销售会议，女经理谭园在阐述她对销售人员的希望。

谭园：我知道当你们被聘时就已经知道需要做什么。但是，我还想再次就有关事情做进一步说明。现在你们的第一项工作是销售阳光岛会员卡，每一张会员卡价值为 2 000 元人民币。如果你们有什么问题，可以直接提问。

刘伟：每笔买卖我们可以提取多少佣金？

谭园：每销售一张会员卡，你们可以拿到会员卡价值的 10%，也就是 200 元。会员卡赋予会员很多权利，包括每年可以到阳光岛度假村免费入住 2 天，获得 2 份免费早餐，届时可以享受度假村的桑拿浴与健身。若会员平时到度假村度假，住宿、餐饮、娱乐、健身等都可以享受 50%的优惠。而且，你们还可以从会员的所有消费中提取 5%的报酬。

刘伟：不错，我可以获得双份的报酬了。

谭园：是的。你销售得越多，提取的佣金就越高。

刘伟：我到哪里去寻找阳光岛度假村的会员呢？

谭园：你完全可以自己决定如何做。但是，寻找潜在顾客是你成功的关键。根据以往的经验发现，每 10 个你找到的潜在顾客中，你将会与其中的 3 个顾客面谈，最后与 1 个顾客成交。你可以从你的亲朋好友开始。

思考

如何从认识的人当中去寻找准顾客？

拓展阅读

抓住身边的准顾客

4. 从商业联系中寻找准顾客

商业联系比社会联系容易得多。借助于各种社交活动，推销人员可以更快地进行商业联系。许多行业都有自己的协会或俱乐部，在那里推销人员可以发现一些准顾客。

5. 善用各种统计资料寻找准顾客

推销人员通过国家相关部门的统计报告，以及行业、研究机构和咨询机构在报纸或期刊上刊登的相关调查资料，可以寻找一些准顾客。

6. 利用各种名录类资料寻找准顾客

推销人员经常利用的资料有：顾客名录、同学名录、会员名录、协会名录、职员名录、名人录、电话黄页、公司年鉴、企业年鉴、报纸、杂志和有关的专业出版物等。这是一条最有效的寻找潜在顾客的途径。

需要注意的是资料的时效性和可靠性。此外，平时还应注意积累资料（行业的或者顾客的），以便能有效地开展工作。

7. 利用各种贸易展销会寻找准顾客

展销会是指由一个或若干个单位举办，具有相应资格的若干经营者参加，在固定场所和一定期限内，用展销的形式，以现货或者订货的方式销售商品的集中交易活动。我国有很多规模不等的商品贸易展销会，如中国进出口商品交易会（简称广交会）、义乌小商品交易会、全国糖酒商品交易会、上海国际汽车工业展览会等。企业通过参展、办展，不但能现场销售产品，还可以通过一系列的公共关系活动宣传企业，同时可以为发现潜在顾客提供线索。

8. 充分利用互联网寻找准顾客

借助互联网，推销人员可以很容易找到大量潜在的顾客，同他们建立商业联系，把自己的产品或服务介绍给他们。

知识 2　顾客开发的方法

拓展阅读

寻找顾客的方法

寻找顾客往往是推销活动的开端。推销人员需要具备发现和识别准顾客的能力，并通过自己的工作来提高寻找顾客的成效。顾客开发的方法非常多，而且具有灵活性和创造性，以下介绍一些具体的方法。

一、个人观察法

（一）个人观察法简介

个人观察法也称现场观察法，是指推销人员根据个人的知识、经验，通过对周围环境的直接观察和判断，寻找准顾客的方法。个人观察法主要依据推销人员个人的职业素质和观察能力，通过察言观色，运用逻辑判断和推理来确定准顾客，是一种古老而基本的方法。

对推销人员来说，观察法是寻找顾客的一种简便、易行、可靠的方法。推销人员花费较少的时间、精力，就能够迅速地找到自己的顾客，而且可以开拓新的推销领域，节省推销费用。如果推销人员不具备敏锐的观察力和洞悉事物的能力，那么采用这种方法寻找顾客是不可能取得理想的结果的。如一位人寿保险代理人很善于察言观色。有一次，他与同事一起在某餐馆吃午餐，旁边有一位老人滔滔不绝地谈论他的孙子，十分得意。这位人寿保险代理人认为这位老人很可能会为其孙子购买人寿保险，从而把他列入准顾客名单中。

（二）个人观察法的优缺点

个人观察法既有其十分明显的优点，又有其难以克服的缺点。在推销实践活动中，应将个人观察法与其他方法配合使用，扬长避短，相辅相成，充分发挥个人观察法的作用。

1. 个人观察法的优点

（1）直接性。不需要其他中间环节，观察到的结果、所获得的信息资料真实可靠，是第一手资料。

（2）情境性。观察一般是在自然状态下实施的，对观察对象不产生作用与影响，即无外来人为因素的干扰，不会产生反应性副作用，能获得生动朴素的资料，具有一定的客观性。

（3）及时性。观察及时，能捕捉到正在发生的现象，因此所获信息资料及时、新鲜。

（4）纵贯性。对观察对象可以做较长时间的反复观察与跟踪观察，对观察对象的行为动态演变可以进行分析。

（5）普遍性。观察法适用范围较为普遍，不少方法如调查法、实验法等也与观察法有密切关系。

2. 个人观察法的缺点

（1）受观察对象的限制。个人观察法适宜于对外部现象及事物的外部联系的研究，而不适宜于对内部核心问题及事物内部联系的研究。另外，对有些较为隐蔽的事物也不适合用观察法。

（2）受观察者本人的限制。人的感觉器官本身有不精确性。人的感官都有一定的生理限度，超出这个限度，很难直接观察，所以观察往往难以精确化。人的观察受主观意识的影响，不同的人有不同的意识背景与理论框架，因此，对同一事物的观察，往往带有各自的主观性，难以做到客观化。

（3）受观察范围的限制。观察对象具有有限性，特别是在同一时期内观察对象是不多的，这种小样本不适用于大面积研究。

（4）受无关变量的干扰，缺乏控制。自然状态下的观察由于缺乏控制，因变量混杂在无关变量之中，从而使观察结果缺乏科学性。

同步案例2-6

有一天，原一平工作极不顺利，到了黄昏的时候，他一无所获地回家。回家途中，要经过一个墓地。在墓地入口处他正巧看到几位穿着丧服的人走出来，然后，他又发现一座新坟，墓碑前还燃烧着几支香，摆着几束鲜花。他知道刚才那些人在这里拜祭过，应该是亲人。他也恭敬地朝着墓碑行礼致敬，同时记下了刻在墓碑上的所有信息。

原一平想利用这些信息去寻找他的准顾客。于是，他去找墓地的管理者。

“请问，你知道有一座××的坟墓吗?”

“当然知道，他生前可是一位名人呀!”管理员说。

“你说得对极了，在他生前，我们是朋友，只是不知道他的家眷在哪里，我想去看看故人之后，我想你一定会知道的，是吗?”

管理员在档案袋里找到了坟墓主人家眷的地址，告诉了原一平。原一平拿着地址寻找，成功地开发了一名新顾客。

思考

原一平是用什么方法成功地开发新顾客的？这种方法有哪些特点？

二、普遍寻找法

（一）普遍寻找法的含义

这种方法也称逐户寻找法或者地毯式寻找法，是指推销人员在不太熟悉或完全不熟悉推销对象的情况下，直接访问某一特定地区或某一特定职业的所有个人或组织，从中寻找顾客的方法。这一方法的理论根据是平均法则，也就是假定在被访问的所有人中，一定有推销人员要寻找的顾客，并且这些顾客的数量与访问人数成正比。根据这个平均法则，推销人员所要寻找的顾客是平均地分布在某一地区的所有人当中的。其方法的要点是，在特定的市场区域范围内，推销人员针对特定的群体，用上门、信件或者电话、电子邮件等方式对该范围内的组织、家庭或者个人无遗漏地进行寻找与确认。比如：将某市某个居民新村的所有家庭作为普遍寻找对象，将某地区所有的宾馆、饭店作为地毯式寻找对象等。

（二）普遍寻找法的优缺点

1. 普遍寻找法的优点

（1）地毯式铺开不会遗漏任何有价值的顾客。

（2）寻找过程中接触面广、信息量大，各种意见和需求以及顾客反映都可能收集到，是分析市场的一个途径。

（3）让更多的人了解自己的企业。

（4）推销人员可以借机进行市场调查，并能比较客观和全面地反映顾客需求状况。因为顾客不认识推销人员，可以毫不客气地表明自己的真正立场和真实看法。同时，这种方法可能扩大推销商品的影响，为推销人员积累工作经验。

2. 普遍寻找法的缺点

（1）导致推销工作的相对盲目性。由于是在不太了解对方的情况下访问，尽管推销人员做了一些必要的选择工作，但仍然难免带有盲目性。

（2）成本高，费时费力。

（3）容易导致顾客的抵触情绪。在很多情况下，人们不大欢迎不速之客。顾客的拒绝既给推销工作带来了阻力，也给推销人员造成了精神负担。因此，如果活动可能会对顾客的工作、生活造成不良的干扰，一定要谨慎进行。

（三）使用普遍寻找法需要注意的问题

（1）要减少盲目性。推销人员在上门推销前，应根据自己所推销的产品特性与使用范围等，进行必要的可行性研究，从而确定一个比较可行的推销对象范围和地区范围。

（2）要在总结以前经验的基础上，多做几种访问谈话的方案与策略。尤其是要斟酌好第一句话的说法和第一个动作的表现方式，以降低被拒之门外的可能性。

普遍寻找法在国外被广泛应用于对生活资料挨家挨户的推销活动中，而在我国目前主要用于工矿企业对中间商及生产资料用户的推销。

同步案例 2-7

小李是某售房部的销售员，她每天回售房部听半小时课，然后便带上资料去人流最集中的商场、酒店门口派发宣传单，对每一个留下联系方式的人都进行登门拜访，很快就打开了市场。

思考

小李是用什么方法来寻找顾客的？这种寻找顾客的方法有什么优缺点？

三、连锁介绍法

（一）连锁介绍法的含义

所谓连锁介绍法，是指推销人员依靠他人，特别是现有顾客，来推荐和介绍有可能购买产品的潜在顾客的一种方法。这种方法要求推销人员设法从自己的每一次推销谈话中寻找到更多的准顾客，为下一次推销访问做好准备。这一方法的客观依据和理论基础是事物的普遍联系，无论自然界还是人类社会都存在内在联系。连锁介绍法就是根据消费者需求和动机的相互联系和影响，利用顾客的相互关系，通过各个顾客之间的连锁介绍，寻找更多的新顾客。一份调查报告显示：在寻找新顾客的各种途径中，由现有顾客推荐而取得成功的占 38%，而其他方法均在 22%以下。

连锁介绍法被称为最有效的寻找顾客的方法之一。之所以如此，主要有以下几个原因：

（1）在这个世界上，每个人都有一张关系网，每个企业都有一张联络图。曾经推销过 13 000 多辆汽车，创吉尼斯世界纪录的美国汽车推销大王乔·吉拉德有一句名言："买过我汽车的顾客都会帮我推销。"他的 60%的业绩就来自老顾客及老顾客所推荐的顾客。他提出了一个"250 定律"，就是在每个顾客的背后都有 250 个人，这些人是他们的亲戚、朋友、邻居、同事，如果你得罪了一个人，就等于得罪了 250 个人；反之，如果你能发挥自己的才能，利用一个顾客，就等于得到 250 个关系，其中，就可能有要购买你的产品的顾客。

（2）每个顾客都有自己的信息来源，他可能了解其他顾客的需求情况，而这些信息是推销人员较难掌握的。研究表明，日常交往是耐用品消费者信息的主要来源，有50%以上的消费者是通过朋友的推荐而购买产品的，有62%的购买者是通过其他消费者得到新产品的信息的。

（3）连锁介绍法能够增加推销成功的可能性。一般来说，顾客对推销人员是存有戒心的，如果是顾客所熟悉的人推荐来的，就增加了可信度。顾客帮助推销人员找顾客，能起到花钱登广告所起不到的作用。心理学家哈斯曾告诉人们："一个造酒厂的老板可以告诉你为什么一种啤酒比另一种啤酒好，但你的朋友（不管他的知识是渊博还是浅陋），却可能对你选择哪一种啤酒具有更大的影响力。"研究表明：朋友、专家及其他关系亲密的人向别人推荐产品，影响力高达80%，向由顾客推荐的顾客推销比向没有人推荐的顾客推销，成交率要高3～5倍。

同步案例 2-8

伟大的汽车销售员乔·吉拉德非常善于运用连锁介绍法，因为他发现每个人参加婚礼、酒会这样的交际活动，都有机会认识250个陌生人。如果能把一辆汽车卖给其中一个人，就意味着同时拥有了250个潜在顾客，问题的关键是，要让那一个购买汽车的顾客将他的朋友介绍给自己。这就是著名的"250定律"。

思考

案例中的"250定律"告诉了我们什么道理？

（二）连锁介绍法的优缺点

连锁介绍法的优点：可以减少推销过程中的盲目性，而且由于经人介绍，易取得信任感，因而成功率较高。连锁介绍法的缺点：由于准顾客要靠现有顾客引荐，因此事先难以制订完整的推销访问计划；由于寻找准顾客受到现有顾客的制约，因此可能使整个推销工作处于被动的地步。

该方法一般适用于寻找具有相同消费特点的顾客或在推销群体性较强的商品时采用。连锁介绍法在寻找无形商品（如投资、金融、保险等）的买主时尤其适用，因为在服务领域，信誉与友谊显得特别重要。但从使用范围来说，工业用品企业更多地使用这种方法寻找潜在顾客，因为同类型的工业用户之间通常较为熟悉，且具备广泛的联系。

（三）使用连锁介绍法需要注意的问题

（1）取信于现有顾客。推销人员只有通过诚恳的推销态度与热情的服务精神，才能赢得现有顾客的信服、敬重与工作上的配合，从而获得现有顾客的介绍与帮助。

（2）对现有顾客介绍的未来顾客，推销人员也应进行可行性研究与必要的准备工作。

（3）推销人员应尽可能多地从现有顾客处了解关于新顾客的情况。

（4）推销人员在访问过介绍的顾客后，应及时向现有顾客（介绍人）汇报情况。这样做一方面是对现有顾客的介绍表示感谢，另一方面是可以继续争取现有顾客的合作与支持。

四、中心开花法

（一）中心开花法的含义

中心开花法也称名人介绍法，是指推销人员在一定的推销范围内发展一些具有较大影响力的中心人物或组织来消费自己的推销品，然后再通过他们的影响力把该范围内的其他个人或组织变为自己的准顾客。该方法遵循的是“光辉效应法则”，即中心人物的购买与消费行为，就可能在他的崇拜者心目中形成示范作用与先导效应，从而引发购买与消费行为。特别是对时尚产品的销售，只要确定中心人物，使之成为现实的顾客，就很有可能引出一批潜在顾客。一般来说，中心人物包括某些行业里具有一定影响力的声誉良好的权威人士，对行业的技术和市场具有深刻认识的专业人士，行业里具有广泛人际关系的信息灵通人士。

（二）中心开花法的优缺点

中心开花法的关键在于中心人物，即名人。利用名人的影响力来扩大本企业及商品的影响力。因为名人往往在某方面有所成就，所以是受人尊重甚至崇拜的人物。名人具有相当大的说服力，对广大消费者具有示范效应，因而容易取得他们的信任。但完全将成交的希望寄托在某一个人身上，风险比较大，而且选择恰当的人选是非常重要的。

1. 中心开花法的优点

（1）推销人员可以集中精力向少数中心人物做细致的说服工作，避免重复单调地向每一位顾客进行宣传和推销，节约了时间和精力。

（2）推销人员能通过与中心人物的联系了解一大批顾客，还可以借助中心人物的社会地位扩大产品的影响力。

（3）可以提高产品的知名度和美誉度。

2. 中心开花法的缺点

（1）中心人物比较难接近和说服。许多中心人物因事务繁忙，难以接近。推销人员认识的中心人物有限，若完全依赖此法，容易限制准顾客数量的发展。

（2）一定领域的中心人物是谁，有时难以确定。如果推销人员选错了顾客心目中的中心人物，就有可能弄巧成拙，既耗时间又耗精力，最后往往贻误推销时机。

（三）使用中心开花法需要注意的问题

（1）寻找中心人物是决定这种方法使用效果的关键。这就要求推销人员进行详细准确的市场细分，确定每个子市场范围、大小及需求特点，从中选择具有较多准顾客的市场作为目标市场，在目标市场范围内寻找有影响力的中心人物。

（2）推销人员要努力争取中心人物的信任与合作。在较详细地了解了中心人物后，推销人员应首先以良好的产品和优质的服务充分满足其需求。

（3）推销人员应在现行政策允许的条件下，千方百计地开展推销活动，与中心人物建立良好的人际关系。

五、资料调查法

（一）资料调查法的含义

资料调查法也叫资料查询法，是指通过查阅各种有关的情报资料来寻找顾客的方法。目前，我国可供查询的有关资料有：工商企业名录、商标公告、产品目录、各类统计年鉴、银行账号、专业团体会员名册、市场介绍、专业书报杂志、电话号码簿、邮政编码册等。

（二）资料调查法的特点

推销人员通过查阅资料寻找顾客时，首先要对资料的来源及提供者的可信度进行分析，如果这些资料的来源或提供者的可信度较低，则会阻碍推销工作。同时，还应注意所收集资料的时间问题，应设法去获取那些最新的有价值的资料。如果是反映以前情况的资料，对推销人员的帮助不会很大，因为市场是不断变化的。

采用资料调查法，可以较快了解大致的市场容量和准顾客的情况，成本较低，但是时效性比较差。

（三）可查阅的资料

可查阅的资料主要有：

（1）工商企业名录。

（2）企业领导人名片集。

（3）产品目录。

（4）电话号码簿。

（5）各省、市、县的统计资料。尤其是城市调查资料，往往是采用固定样本格式追踪调查的，故资料齐全、及时、可信度高、适用性强。

（6）各种大众传播媒介公布的财经消息。

(7) 年鉴及定期公布的经济资料。

(8) 各种专业性团体的成员名册。

(9) 商标公告、专利公告。

(10) 政府及各主管部门可供查阅的资料。

同步案例 2－9

小王是××铝厂的推销员，他第一天到 A 市，就购买了一份最新的《A 市工商企业电话号码簿》，并从中找出了铝制品加工企业 200 多家。根据各企业的地址和距离远近，小王制订了详细的拜访计划：

(1) 对这 200 多家企业一一进行电话拜访，预约见面；

(2) 同意见面的企业，立刻实施拜访；

(3) 不同意见面的企业，如果离得近也进行一次拜访，完成资料传递和信息收集工作，并争取建立合作关系。

按照这份计划，小王对 A 市所有铝制品企业有了全面的了解，为日后的顾客开发积累了完备的资料。

思考

小王采用了什么方法来寻找顾客？这种方法有哪些特点？

拓展阅读

信息的获取与判断

（四）使用资料调查法需要注意的问题

(1) 要对资料的来源及提供者进行信用分析，以确认资料与信息的可靠性。

(2) 注意资料的时效性及因为时间关系而出现错漏等问题。

六、广告“轰炸”法

（一）广告“轰炸”法的定义

广告“轰炸”法是指企业利用广告宣传攻势，向广大的顾客告知有关产品的信息，刺激或诱导顾客的购买动机，然后推销人员再向被广告宣传所吸引的顾客进行一系列的推销活动。

（二）广告“轰炸”法的分类

根据传播方式不同，广告可分为开放式广告和封闭式广告两类。开放式广告又称被动式广告，如电视广告、广播广告、报纸杂志广告、招贴广告、路牌广告等，当潜在顾客接触或注意其传播媒体时，它能被看到或听到。封闭式广告又称主动式广告，它直接传至特定的目标对象，与开放式广告相比，具有一定的主动性，如邮寄广告、电话广告等。一般来说，对使用面广的产品，如生活消费品等，适宜运用开放式广告寻找潜在顾客；而对使用面窄的产品（如一些特殊设备、仪器）或潜在顾客范围比较小的产品，则适宜采用封闭式广告来寻找潜在顾客。

同步案例 2-10

浙江杭州的“胡庆余堂”药店，试制成功一种新药品“复方抗结核片”，经过五年的临床观察，确认对肺结核病疗效显著，但却是“养在深闺人未识”，打不开销路，结果积压 34 万瓶之多。后来，药店在中央人民广播电台做了“复方抗结核片”的广告。仅仅两个月的时间，就收到来自全国各地 29 个省、自治区、直辖市要求订货的信函 5 700 多封，不仅售出了全部的存货，还打开了新的销路，赢得了众多的顾客。

思考

“胡庆余堂”药店是采用什么方法找到顾客、打开销路的？这种寻找顾客的方法有什么优缺点？

（三）使用广告“轰炸”法需要注意的问题

（1）由于广告具有很强的专业性，所以对如何确定广告主题，如何选择广告媒介，如何确定与实现广告占位策略，广告费用的提取与分配等事项，最好咨询专业人士或者委托广告公司全权代理。

（2）推销人员可以利用物品广告来招徕顾客。物品广告是指印刷在各种日用物品上的广告，常用的物品有手提袋、购物袋、衣服、雨披、雨伞、手表等。这些物品广告都能使企业的产品信息在目标顾客心中留下印象，从而招徕顾客。因此，物品广告也是推销人员寻找目标顾客的一种方法和途径。

七、委托助手法

委托助手法又称“猎犬法”，就是推销人员雇用他人寻找顾客的一种方法。这种方法运用得十分普遍。一些推销人员常雇用有关人士来寻找准顾客，自己则集中精力从事具体的推销访问工作。这些受雇人员一旦发现准顾客，便立即通知推销人员，安排推销访问。例如：汽车推销人员往往雇用汽车修理站的工作人员当“猎犬”，负责介绍潜在购买者，车主很可能就是未来的购车人，这些推销助手发现有哪位修车的车主打算弃旧换新时，就立即介绍给汽车推销员。所以，他们掌握的情报稳、准、快，又以最了解汽车性能特点的内行身份进行介绍，容易取得准顾客的信任，效果一般都比较好。

另外，一些大的推销公司也为老推销员安排新的推销员作为助手。这种以老带新的方法主要有两个目的：一是尽快培养新手，增强他们独立工作的能力；二是充当老推销人员的助手，帮助他们寻找新顾客。一般来说，大量的调查和准备工作由新推销员负责，而老推销员则主要在前者工作的基础上，判断、确定哪些顾客是最具吸引力的，并据此来拟订详尽的推销方案。这样无疑能有效地加速推销活动的进程，提高工作的效率。

当然，这种方法也有不足之处：一是推销助手的人选难以确定；二是推销人员会处于被动地位，其推销绩效要依赖与推销助手的合作。

同步案例 2－11

乔·吉拉德是一位汽车推销员，他在推销过程中非常注意加强建立与加油站或汽车维修店工人等和汽车用户有紧密关系的群体的联系，并聘请他们向顾客推荐他的汽车与服务。每成交一笔业务，乔·吉拉德会给这些人员一定的报酬。这样一来，乔·吉拉德从这些群体中获得了很多潜在顾客的信息资料。

思考

乔·吉拉德是采用什么方法来寻找准顾客的？这种方法有什么优缺点？

八、网络搜寻法

(一) 网络搜寻法的含义

网络搜寻法就是借助互联网寻找潜在顾客的方法。它是信息时代的一种非常重要的寻找顾客的方法。近些年来，随着互联网技术的不断发展与完善，各种形式的电子商务和网络推销也开始盛行起来，市场交易双方都在利用互联网搜寻顾客。互联网的普及使得在网上搜索潜在顾客变得十分方便，推销人员借助互联网的强大搜索引擎，如 Baidu 等，可以搜寻到大量的准顾客。对新推销人员来说，网上寻找顾客是最好的选择。

推销人员通过互联网可以获得以下信息：

(1) 准顾客的基本联系方式。不过，推销人员往往不知道部门负责人的联系方式，这需要电话销售配合。

(2) 准顾客公司的介绍。可以了解公司目前的规模和实力。

（3）准顾客公司的产品。可以了解产品的技术参数、应用指南等。

（4）一些行业的专业网站会提供该行业的企业名录。一般会按照区域进行划分，也会提供一些比较详细的信息，如阿里巴巴往往会进行行业的分析研究从而提供比较多的信息。

（二）网络搜寻法的优缺点

1. 网络搜寻法的优点

（1）成本低，效率高。

（2）方便供需双方互动。

（3）“推”“拉”兼备。

（4）可以在更大范围内寻找顾客。

（5）可以让产品说明“声情并茂”，吸引顾客的注意力。

2. 网络搜寻法的缺点

（1）网络信息更新较快，在一定程度上会影响所检索到的目标顾客资料的准确性。

（2）出于信息安全的考虑，一些重要资料并不在网上公布。

（3）网络世界是虚拟的世界，推销人员在运用互联网这一现代化信息手段查找资料时，难免会遇到假情报的干扰，从而不能完全保证目标顾客资料的真实性和可靠性。

九、交易会寻找法

（一）交易会寻找法的含义

交易会寻找法是指利用各种交易会寻找准顾客的方法。国际、国内每年都有不少交易会，如我国的广交会（全称中国进出口商品交易会）、高交会（全称中国国际高新技术成果交易会）、中国国际中小企业博览会等。交易会是绝好的商机，要充分利用。交易会不仅能实现交易，更重要的是可以寻找顾客、联络感情并沟通了解，这是一种很好的获得准顾客的方法。参加交易会往往会让推销人员在短时间内接触到大量的潜在顾客，而且可以获得相关的关键信息，对重点意向的顾客也可以作重点说明，约好拜访的时间。例如：假如你想获得在印刷机械行业的潜在顾客，你可以参加国际印刷技术展览会，你将在那里遇到中国乃至世界上最著名的印刷机械制造商，因为几乎所有的大厂商都会参加。

推销人员应该在每年的年末将未来一年相关行业的交易会进行罗列，通过互联网、展览公司的朋友都可以得到这些信息，然后贴在工作间的醒目处并在日程表上加以标注，届时提醒自己要抽时间去参观。

（二）交易会寻找法的优缺点

交易会寻找法的优点是效率高。这种方法能在最短时间内接触到最多的准顾客。因为参加交易会的人本来就对该行业有兴趣，对这样的顾客，推销人员可以充分展示自己。它的缺点是费用较高，参加交易会要给主办单位交一定的展位费。

（三）使用交易会寻找法应注意的问题

（1）要得到潜在顾客的名片。

（2）尽可能与这些潜在顾客交流，明确主管人员。

（3）在展览会结束后，尽快取得联系，以免因记忆模糊而增加后期接触难度。

（4）将顾客的产品资料拿回来仔细分析，寻找机会。

十、企业各类活动寻找法

企业通过公共关系活动、市场调研活动、促销活动、技术支持和售后服务活动等，一般都会直接接触顾客，这个过程中对顾客的观察、了解以及相互沟通都非常深入，因而这也是寻找潜在顾客的好方法。

以上介绍了多种寻找潜在顾客的方法与技巧，它们均具有很强的适用性，但是在具体使用时又因产品、企业、推销人员的不同而有所差异。推销人员要根据实际情况选择具体的方法，并根据市场变化随时调整。推销人员应将多种方法融会贯通、灵活运用，在运用中进一步理解，并争取有所发展和创新。

拓展阅读

如何扩大准顾客群

知识 3　顾客资格审查

一、顾客资格审查的含义

在产品推销实践中，并非每一位顾客都能成为推销人员的目标顾客。推销人员还需要对其资格进行鉴定、选择，分析其是否具备成为目标顾客的条件。顾客资格审查是指推销人员对已选定的顾客，按一定的标准进行评审，以确定适当的目标顾客的行动过程，又称顾客评价。

通过对潜在购买者的寻找，推销人员会获取包括许多潜在顾客在内的一份名单，但是，所有这些潜在顾客是否都值得花费时间与精力去进行接触或拜访，这是推销人员制订推销计划时必须予以考虑的一个关键性因素。为了避免出现盲目推销的情形，推销人员应该选择拜访那些有较大可能会成为买主的顾客，从而提高推销的工作效率。因此，在开始实际的推销约见与洽谈前，应进行推销对象的选择。推销对象的选择过程就是对潜在顾客进行评审的过程。一般而言，只有那些对产品有真实需求，有货币支付能力和有购买决策权的顾客，才能成为现实意义上的顾客，才是合格的顾客。对顾客资格的审查主要应围绕以下几个方面展开：

（1）潜在顾客是否对你的产品有需求？

（2）潜在顾客是否有购买能力？

（3）潜在顾客是否有购买决定权？

（4）潜在顾客是否有资格购买？

只有对上述问题都做出肯定的回答，才意味着你面对的是一名真正的顾客。

二、顾客资格审查的意义

（一）对潜在顾客进行资格审查是推销成功的基本法则

为了完成推销任务，推销人员首先要辨别本产品的潜在顾客，了解顾客真正要购买什么，对顾客进行需求审查、购买力评价、信用调查，建立顾客管理档案系统等，为直接推销奠定基础。

（二）对潜在顾客进行资格审查能提高推销工作的效率和效益

在推销工作中，对潜在顾客进行进一步的分析和筛选以后，推销人员可以集中精力去说服购买数量多、成交可能性大的目标顾客，减少推销的盲目性，节省推销访问的时间和费用。

（三）对潜在顾客进行资格审查是推销合同得以顺利履行的前提

与不讲商业信誉或在经济上处于困境的顾客打交道，无论合同条款订得多么严密，也不管是否经过公证部门鉴定，这类合同在实践中很难得到充分履行。只有经过顾客资格审查后的推销，才是有意义和不易发生错误的。

三、顾客资格审查的内容

顾客资格审查的内容一般包括顾客需求、顾客购买力、顾客购买权限和顾客购买信用的审查。

（一）顾客需求审查

顾客需求审查是指对潜在顾客是否存在对推销产品的真实需求做出审查与结论，从而确定具体推销对象的过程。从某种意义上说，顾客需求审查就是寻找现实顾客的过程。

1. 顾客需求审查的主要内容

（1）对现实需求的审查。现实需求是指已经发现的没有被满足的需求，这时顾客已经认识了推销产品，同时认为通过购买行为可以寻求满足的平衡与和谐。

（2）对需求特点和预测购买数量的审查。顾客需求审查不仅包括顾客需求可能性的审查，还应对顾客的需求量进行评价，目的在于确定顾客名单上的具体对象是否真正需要所推销的商品，一般从以下两方面估计：

1）估计顾客需求的可能性。这很大程度上取决于推销人员的判断，顾客表示需要是最好的情况，但一般情况下，顾客大多会表示不需要。要分清是真不需要，还是尚未意识到自身对推销品有需求。如是真不需要，就应从准顾客中划去；如果是尚未意识到自身对推销品有需求，就要激发他对推销品的欲望。还有的是因某种原因暂时不需要，如资金、传统习惯等，对这样的顾客就要重点培养。

2）估计顾客的需求量。在确定了准顾客的名单后，还要对顾客的实际需求量有所了解，要把重点放在需求量大又长期需要的顾客身上。对需求量的估计，既要看现在的需求量，也要看顾客将来的发展情况。

（3）对潜在需求的审查。推销人员如果发现在寻找到的顾客名单中，有的虽然没有现实需求，但是存在着未来的需求，这就是推销产品的潜在顾客。

（4）对特定需求的审查。在顾客需求审查中，如果发现具有特定需求的顾客，应该继续进行审查，确切了解顾客特定需求的特点，以便在以后的推销活动中给予满足。

推销人员进行顾客需求审查，还必须清楚顾客三个方面的问题：

第一，是否需要。顾客的需要表现形式是多种多样的。有的顾客非常清楚自己的需要，而有的顾客对自己的需要却不够清楚，这时就需要推销人员帮助顾客来明确自己的需要并进行有目的的审查。

第二，何时需要。顾客往往对自己的需要在时间上缺乏足够的认识，推销人员就应该帮助顾客来判断何时需要，了解了顾客何时需要，既可以提高推销工作的效率，又能赢得顾客的好感。

第三，需要多少。有些顾客知道自己需要什么和什么时间需要，但因为一些不确定的因素，无法确定需要的数量，推销人员还应该对需求数量做出预判并赋予一定的弹性，帮助顾客审查需要。

同步案例 2-12

两个制鞋公司的推销员到某一个岛上进行市场调查。一名推销员调查后向公司发电报说："此岛居民不穿鞋，没有市场。"而另一名推销员则说："此岛居民不穿鞋，市场潜力很大。"前者认为，既然无人穿鞋，肯定无人买鞋，当然没有市场。后者认为，岛上居民不穿鞋，是没有意识到穿鞋的好处，只要认真宣传，努力推销，就一定能成功。果不其然，在后者的努力下，该公司的鞋很快就占领了该岛的市场。

思考

从这个案例中，你得到了什么启示？

2. 审查方法

（1）需求层次分析法。结合马斯洛的需求层次理论，对准顾客的需求层次进行分析，确定推销品的消费档次是否与顾客的需求层次相符合。

（2）需求差异分析法。分析准顾客的需求差异，一是鉴定推销品的功能特点与准顾客的需求注重点是否一致；二是鉴定推销品的品牌是否在准顾客喜欢的范围之内。不同的顾客，对同类产品的需求注重点是不一样的，有的注重功能齐全，而有的则注重式样新颖。

（3）边际效用分析法。了解准顾客对推销品的持有状况，分析推销品能够给准顾客带来的边际效用。一般来说，顾客没有使用过的商品，其购买后的边际效用最大。

（二）顾客购买力审查

顾客购买力也称顾客支付能力，是指顾客能够以货币形式支付货物款项的能力，实质就是指顾客具有的现实购买能力。

顾客购买力审查是指推销人员通过对有关市场调查资料的分析，确定潜在顾客是否具备购买推销品的经济能力，进而确定其是否是合格的目标顾客的一种活动过程。

1. 顾客购买力审查的目的

（1）寻找合格的顾客。没有购买力的顾客，最终只会浪费推销人员的时间和精力。

同步案例 2-13

有个出售宝石戒指的推销员向他的同事抱怨说：“真是烦透了，每天都有个家伙等在门口要买我最大的宝石戒指。如果买不到他老婆就要跟他离婚。”

“你真走运了，那个戒指至少可以让你赚辆汽车！”同事羡慕地说。

推销员：“算了吧，那个家伙是个乞丐！”

思考

为什么乞丐不能成为推销员的现实顾客？

（2）提高推销效率。多数商品都遵循 80/20 定律，也就是说 80%的销售收入来自 20%的顾客。推销人员只需要找到那 20%的顾客，就可以取得不菲的业绩。

（3）防止与避免货款损失。审查顾客购买力的目的是选择具有推销价值的目标顾客，对那些不具备购买能力的顾客进行推销毫无意义。

2. 顾客购买力审查的内容

（1）个体顾客的购买力审查。个体顾客的购买力审查主要从影响顾客购买力的各种因素，如实际收入（职业、身份地位）、购买支出（恩格尔系数）、消费储蓄与信贷等方面进行审查。

（2）团体顾客的购买力审查。审查的重点对象是组织与企业购买者。推销人员对团体顾客购买力的审查涉及团体顾客的生产状况、经营状况、资金状况、财务状况、信用状况（通过市场调研、咨询公司和银行）、支付方式（一般来说，一次付清的顾客比分期付款的顾客购买力强，其中分期付款的首付金额也是判断其购买力的重要因素）等方面。

3. 顾客购买力审查的方式

（1）通过主管部门了解。

（2）向注册会计师事务所了解。

（3）从推销对象内部了解。

（4）通过其他同行了解。

（5）通过银行了解。

（6）通过大众传播媒体了解。

（7）推销人员自我观察。

4. 审查购买力时应注意的事项

在对顾客进行购买力审查时，应避免因为审查错误而失去顾客，更应避免因为疏忽而遭受损失。需要注意的几个问题为：

（1）顾客经营情况发生变化。

（2）人事变动。

（3）经济政策发生变化。

（4）企业本身管理不严。

（5）忽视对熟人的审查。

（6）忽视对大公司的审查。

（7）忽视对有“来头”的顾客的审查。

（8）认为“跑得了和尚，跑不了庙”而忽视审查。

（9）盲目乐观。

（10）忽视程序。

（三）顾客购买权限审查

具有购买需求和支付能力的顾客如果不具备购买决策权，也不是合格的目标顾客。因此，推销人员要对潜在顾客的购买资格进行审查，审查购买人是否具有作为市场经营主体的行为能力以及对推销品的购买是否有某些限制。

同步案例 2-14

小周是位计算机推销员，他的一个同学在某学校做副校长，并主管学校硬件设施配备的工作。于是小周找到这位同学，说明来意。同学也很痛快，表示学校正准备更新微机室的计算机显示器，下周例会时向校长打个报告，应该没有问题。

洽谈完毕，小周满心欢喜地回去静候佳音，可是过了两个星期还没有消息。他再次找到这位同学了解情况，才知道副校长在例会上的提议因总务处主任强烈反对而被否决了。

思考

推销员小周失败的原因是什么？

1. 家庭及个人购买决策权审查

对家庭与个人购买生活资料的决策权鉴定比较容易，一般是现场审查。这里的关键是要了解在家庭购买决策权类型中的顾客属于哪一类。家庭购买决策权类型有：丈夫做主型；妻子做主型；协商做主型；各自做主型；孩子做主型。以上各种类型一般都能通过询问与观察确定。

2. 组织购买决策者资格审查

对组织的购买决策权进行鉴定，第一要审查推销对象的所有制性质、决策运行机制、决策程序、规章制度、组织自主经营的权限等，来确定组织的购买资格。第二是审查具体人物在组织购买决策过程中的角色资格。推销人员应根据推销对象与人选在其组织机构内的职务、权限、可能担任的购买行为角色等，审查他的购买决策资格，再根据推销品的用途、性质，联系有决定性意义的关键人物进行推销洽谈。例如：推销设备、原材料等产品，要找企业采购部经理或主管生产的副厂长；推销月饼、水果等福利性消费品，要找主管福利的工会主席。

顾客购买资格的鉴定应该贯穿于推销的全过程，一旦发现推销活动缺乏上述要素中的一个，或推销面谈对象不属于购买行为中的角色，就应及时中止推销活动。

同步案例 2-15

刘伟与湖北某电器公司的购货代理商洽谈业务，时间过了半年多，却一直没有结果。他百思不得其解，于是怀疑自己是在与一个没有决策权的人士打交道。为了证实自己的猜疑，他给这家机电公司打了一个匿名电话，询问公司哪一位先生负责购买电器订货事宜，从侧面了解到把持进货决定权的是公司的总工程师，而不是那个同自己多次交往的购货代理商。

思考

从这个案例中，你得到了什么启示？

（四）顾客购买信用审查

这涉及推销后货款能否安全收回。如果顾客缺乏支付能力，即使主观上愿意，也无法支付。同时，确认顾客是否诚信也十分重要。不仅要调查、了解新顾客的信用状况，也要注意老顾客的信用状况变化。

四、建立顾客资料档案

建立顾客资料档案，可以快速制定开发和拜访方案，对有效分配资源、提高成交率有很大的帮助。同时，还方便推销人员对顾客进行必要的评估。

一般资料档案的建立可以通过表格的形式。如可以根据目标顾客的性质进行表格管理（表 2－1）。

表 2－1 顾客资料档案表

单位名称					
地址					
所有制性质		电话		决策人	
使用者		技术负责人		采供部负责人	
有关人员的个人特征(偏好与忌讳)					
欲购品种与规格		品牌倾向		期望价格	
使用要求		使用条件			
欲购数量		购买时间			
决策程序描述					
决策权力结构					
信用度描述					
资金来源与到位情况					
访谈记录与待证实和解决的问题					

推销人员完全可以按照自己的工作侧重点和工作方式，建立最具有实用性的资料档案。同时，也可以根据其他分类标准建立表格。如推销人员可以根据寻找目标顾客的途径来建立合适的表格（表 2－2）。

表 2－2 顾客资料档案表

类型	姓名	电话	其他联系方式	公司	备注
同学					

续表

类型	姓名	电话	其他联系方式	公司	备注
朋友					
同事					
顾客转介					
会议开发					
竞争对手顾客					
其他					

当然，为了增加实用性，也便于分类处理，推销人员还可以选择建立顾客资料卡的形式（表 2－3）。

表 2－3　顾客资料卡

顾客姓名：＿＿＿＿＿＿＿＿
顾客地址：＿＿＿＿＿＿＿＿　　电话：＿＿＿＿＿＿＿＿
负 责 人：＿＿＿＿＿＿＿＿　　年龄：＿＿＿＿＿＿＿＿
学　　历：＿＿＿＿＿＿＿＿　　婚否：＿＿＿＿＿＿＿＿
性格特点：＿＿＿＿＿＿＿＿
主要经营项目：A：＿＿＿＿＿＿＿＿
B：＿＿＿＿＿＿＿＿

开业时间		家庭状况	
日销金额		服务态度	
付款方式		社交活动	
经营方式		信用级别	
营业方式		经济实力	
敬业精神		其他事业	

备注：＿＿＿＿＿＿＿＿
建卡日期：＿＿＿＿＿＿＿＿

【操作平台】

任务训练一　制订一份顾客开发计划

1. 训练目的与要求

（1）做一份顾客开发计划。

（2）掌握顾客开发的方法。

2. 训练内容与步骤

（1）将全班同学分组，每 5～7 人为一个小组。

（2）分发资料。

资料：推销员要到 A 社区开发使用蟑螂器的顾客。A 社区住着推销员的一个老同学刘先生。同时该社区有个协会，定期召开社区卫生督导会，老干部张先生是这个协会的负责人。

（3）学生以推销员的身份，对 A 社区顾客开发做详细计划。

（4）将所用到的寻找顾客的方法列出，并注明优、缺点。

3. 成果体现与检测

（1）每个学生提交一份设计好的顾客开发计划。

（2）教师根据顾客开发计划的内容评估打分。

任务训练二　制定一份顾客资料档案表

1. 训练目的与要求

（1）设计顾客资料档案表或顾客资料。

（2）掌握顾客资料的收集方法。

（3）归纳总结在顾客开发方面的优、劣势。

2. 训练内容与步骤

（1）将全班同学分组，每 8～10 人为一个小组。

（2）分发资料。

资料：某家电企业准备在××地区进行平板电视的促销活动，前期需要进行顾客开发，掌握目标顾客的具体情况和需求。现根据企业的实际情况，设计一份顾客资料档案表。

（3）根据所给资料，确定寻找顾客的方法。寻找方法应在三种以上。

（4）小组讨论。

（5）应用每种方法寻找顾客，并记录在工作日志上。

（6）总结工作日志内容，提出对各种方法的使用情况评价。

（7）对找到的顾客信息进行筛选和资格审查。分析整理顾客的支付能力、需求状况、购买资格等信息。

（8）确定推销品的目标顾客。

（9）设计顾客资料档案表或顾客资料卡，撰写500字的顾客资格审查报告。

（10）提交所设计的顾客资料档案表和报告。

3. 成果体现与检测

（1）每个学生提交一份设计好的顾客资料档案表和顾客资格审查报告。

（2）教师根据设计好的顾客资料档案表和顾客资格审查报告评估打分。

学习情境小结

推销过程始于寻找顾客，而且在整个推销环节中不可避免地要流失一部分顾客，这充分说明不断地搜寻客源在推销工作中的重要性。这一学习情境中主要讨论了顾客开发的渠道、顾客开发的方法以及顾客资格审查等方面的内容。也就是说，找到的准顾客并非都是现实顾客，需要对他们的资格进行认定。所谓准顾客的认定，是指推销人员对潜在顾客进行分析判断的全部活动过程，包括对需求、购买力、购买权限和购买信用进行审查，只有这几个方面得到统一，才能成为真正的推销对象。对符合标准的准顾客进行分级管理，按轻重缓急去走访这些顾客。

素养提升

关键词：创新、团结协作、乐观积极、职业道德、尊重、守信

一、名人警言

1. 抓创新就是抓发展，谋创新就是谋未来。——习近平

2. 团结一致，同心同德，任何强大的敌人，任何困难的环境，都会向我们投降。——毛泽东

3. 少说空话，多做工作，扎扎实实，埋头苦干。——邓小平

4. 风力掀天浪打头，只须一笑不须愁。——杨万里

5. 海纳百川，有容乃大；壁立千仞，无欲则刚。——林则徐

6. 言无常信，行无常贞，惟利所在，无所不倾，若是，则可谓小人矣。——荀子

二、小故事

故事1

王薇是一家公司的白领，最近在某楼盘购买了一套房子，从此，王薇经常在工作时间

接到装修公司、婚纱公司、电器公司、家居公司甚至月子中心的推销电话，烦不胜烦。王薇究竟被谁“出卖了”？通过询问多家公司，王薇发现他们都是从房地产公司获得的自己的信息。房地产公司为了自身的利益将顾客信息泄露给其他公司，这样的行为不仅违背了职业道德，更违反了相关法律。

王薇所遇到的情况并不少见，近几年，被侵犯的公民个人信息数量从“倍数级”进阶至“指数级”爆炸式增长，酒店、快递公司、外卖平台等企业成为信息泄露的“重灾区”。互联网时代，个人信息不再成为隐私，企业之间共享顾客信息仿佛已经成为公开的秘密，而这种开发顾客的方法真的可取吗？

答案当然是否定的，开发顾客的同时应当注意电话推销的时间和频率，以免让顾客觉得反感，企业应当遵守职业道德及相关法律，不通过非法渠道获取顾客信息。作为消费者，我们应当学会保护自己的个人信息，学会使用法律武器维护自己的合法权益，社会法律环境也需要公众共同维护。

故事 2

一天，一个推销员在街头推销气球。生意稍差时，他就会放出一个气球，当气球在空中飘浮时，就有一群新顾客聚拢过来，这时他的生意会好一阵子。他每次放的气球都会变换颜色，起初是白的，然后是红的，接着是黄的。

过了一会儿，一个小男孩拉了一下他的衣袖，望着他，并问了一个有趣的问题：“叔叔，如果你放的是黑色气球，会不会上升？”气球推销员看了一下这个小孩，以一种智慧和理解的口吻说：“孩子，那是气球内所装的东西使它们上升的。”

“气球内所装的东西使它们上升”。同样，也是我们内在的东西使我们进步，推销人员应当具备良好的心理素质，面对困境时要能够调整心态、灵活应变，同时平等友善对待他人。

故事 3

小王是一名奢侈品推销员。一天，一位穿着朴素、背包里放着刚买的青菜的中年妇女陈女士进入其店铺，其他店员都认为从穿着来看这名妇女不具备奢侈品的购买能力，进而从言行上表现出厌弃，不愿意为其介绍产品。小王没有单用外表去进行顾客购买力的判断，而是为其提供了热情周到的服务。最后陈女士在小王的介绍下，购买了全店最贵的价值百万的奢侈品珠宝。其他店员因为片面地从穿着判断顾客购买能力和缺乏职业素养而错失重要顾客，而小王因此得到了销售业绩及升职的机会。

作为推销人员，进行顾客购买判断时切忌片面，同时在面向顾客推销产品时应当保持热情、专业，具备基本的职业素养。在生活中，我们也应当避免以貌取人，学会尊重他人。

作业单

一、单项选择题

1. 在寻找顾客的基本方法中，中心开花法成功的关键在于（　　）。

A. 中心人物　　B. 介绍方式　　C. 说服　　D. 购买者

2. 对推销人员所推销的商品或服务确实存在需求，又有能力购买这种商品的个人或组织，我们称之为（　　）。

A. 常顾客　　B. 准顾客　　C. 成熟顾客　　D. 潜在顾客

3. 推销人员在其任务范围内或特定地区内，以上门走访的形式，对预定的可能成为顾客的企业或组织、家庭乃至个人无一遗漏地进行寻找并确定顾客的方法，属于寻找推销对象的（　　）。

A. 地毯式寻找　　B. 广告“轰炸”法

C. 连锁介绍法　　D. 中心开花法

4. 推销的起点是（　　）。

A. 寻找顾客　　B. 接近顾客　　C. 约见顾客　　D. 推销准备

5. 请老顾客给新顾客提前打电话介绍自己，然后再上门走访推销，这种寻找推销对象的途径属于（　　）。

A. 通过市场调查走访寻找　　B. 连锁介绍法

C. 通过文献资料寻找　　D. 本单位内部寻找

二、多项选择题

1. 建立顾客档案的目的是（　　）。

A. 留住老顾客，联系新顾客　　B. 讨顾客喜欢

C. 与顾客保持长期的联系　　D. 防止顾客抱怨

2. 地毯式寻找法的主要优点是（　　）。

A. 速度快　　B. 范围广

C. 同时进行市场调查　　D. 不会漏掉任何有价值的顾客

3. 推销对象成为合格的顾客，须具备的条件是（　　）。

A. 有购买力　　B. 有购买经验

C. 有购买决定权　　D. 有购买欲望

三、问题思考

1. 什么叫准顾客？

2. 准顾客主要通过哪些途径来寻找？

3. 什么叫顾客资格认定？其意义何在？

4. 什么叫普遍寻找法？它适用于什么情形？

5. 如何建立和维护你的顾客关系网？

四、案例分析

资料：

我曾经是某外贸公司的办公室文员，由于公司生意不景气，我辞掉了工作，加盟××公司，做了一名职业推销员。加入一个新行业，一切都必须从零开始，我为自己没有顾客而发愁，不得不每天挎着一个大背包，里面装满了各种眉笔、唇膏、粉饼等化妆品，一家家地敲着陌生人的大门。可是能开门见我的人很少，多数人只是在门镜里看了看，就很不客气地在门里说："我们不需要，你快走吧！"一连几个月我的收入只够维持温饱，这深深刺痛了我那颗骄傲的心。我不相信在别人干得有声有色的行业中，自己却干不好，我一定有办法开创自己的新天地。

我先向我的同学、亲友介绍××化妆品，先请她们试用，并借机向她们推销产品。很快我的业绩有了上升。之后我又请她们把我介绍给她们的同事。但是当用这些常规方法发展到近 50 人时，我的业务又出现了停滞。

接下来我决定先在自己住的小区里展开推销活动。我写了几百封信："××号的李女士，您好！我是您的邻居王小丽，在××公司工作，我很希望与您交个朋友。能在晚上 6 点钟至 8 点钟之间给我打个电话吗？我的电话是 8765××××。"我在信中附上一些化妆品的说明书，然后把信件塞进各户的信箱。以后几天晚上我陆续接到 5 个电话，卖出了 3 支口红、4 个保湿粉饼和 1 瓶毛孔收缩水。

就这样做了几个月，我的推销成绩又有了很大进步，但我仍觉得销售增长的速度很慢。怎样才能提高效率呢？我冥思苦想了很长时间也不得要领。后来在儿子的家长会上我偶然得知有一个孩子的妈妈是某单位的工会主席，姓王。我突然有主意了，决定试一试。机会来了，有一天下着大雨，孩子们一个个被家长接走了，工会主席还没来，她的孩子很着急。我就主动上前安慰小家伙，告诉他说："阿姨可以送你回家。你先给你妈妈打个电话，告诉她不要着急，康明（我的儿子）的妈妈会送你回家。"他照办了。我把他送到家，记住了她家的地址。后来我们成了好朋友，我给她做了全套护肤美容和化妆，边做边讲解，并针对她的肤质特点提出建议。工会主席发现她化妆后比平时漂亮多了，大家的赞美使她很高兴，她自然成了我的顾客，也帮助我介绍了一些同事。在她的影响下，她们单位的不少女士也都开始使用××化妆品了，我的顾客数量达到了 300 人，收入大幅增长。

王主席后来又帮我和另外几个大企业的工会主席取得了联系，我们慢慢地都成了朋友。通过这种方法，我发展了几家公司的大量顾客。她们中有的人买全套化妆品，有的人只买单件。不论怎样，我对她们一视同仁，不厌其烦，周到服务，大家都对我非常满意。因此我的顾客量像滚雪球般越来越大，销售量直线上升，收入也有了极大的提高。

分析：

1. 在寻找准顾客的过程中，该推销员用了哪些方法？

2. 你对推销员王小丽还有哪些建议？

学习情境3　推销接近

学习导图

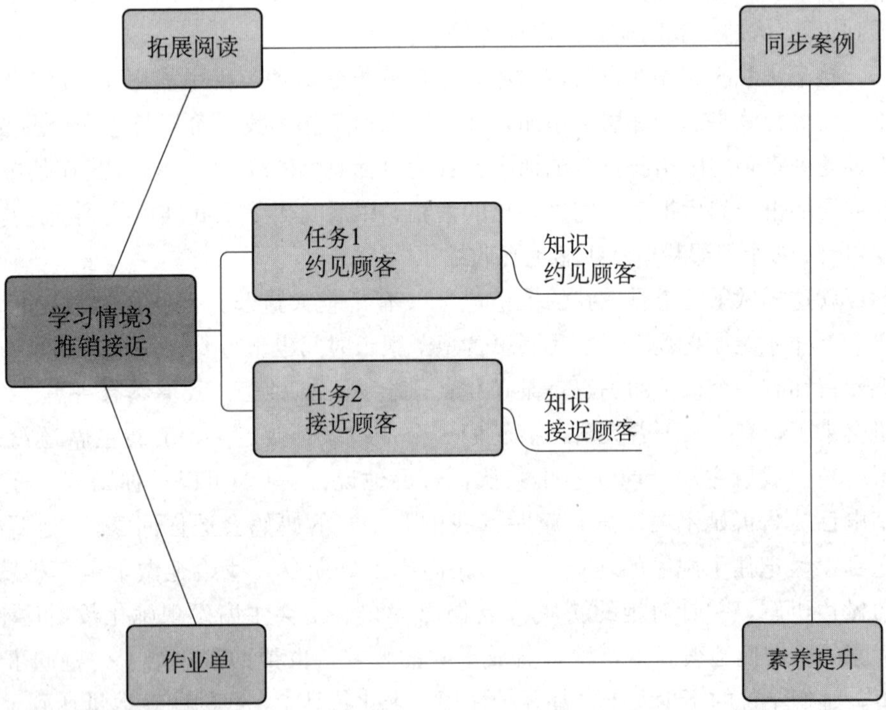

学习目标

- **育德目标**

1. 树立正确的顾客服务观念。
2. 培养守时、诚信、敬业、积极、耐心的职业素养。

- **知识目标**

1. 掌握接近顾客的内容和方法。
2. 识别约见和接近顾客的方法。

- **能力目标**

1. 能够用约见顾客的方法进行正确的顾客约见。
2. 能够用推销接近的方法进行顾客接近。
3. 能够掌握基本的应变能力。

任务1 约见顾客

【走进推销】

一次成功的推销活动

【任务相关知识】

知识 约见顾客

在完成必要的接近准备工作之后，推销人员就可以开始接近顾客了。由于种种原因，有些顾客难以接近，甚至干脆拒绝推销来访。因此，为了成功地接近顾客，推销人员应尽量事先进行顾客约见。顾客约见是现代推销活动和现代推销方式的重要特征之一，是整个推销活动过程的一个重要环节。它既是接近准备工作的延续，又是正式接近顾客的开始。成功地约见顾客，有利于推销人员自

微课：

约见顾客的内容

然、顺利地接触顾客，避免突然拜访的盲目性。推销人员还可以根据约见顾客时获得的信息，对顾客各个方面的情况有个初步的认识和判断，从而制订科学合理的推销计划，提高推销效率。

一、约见顾客的含义

（一）约见顾客的定义

约见，又称商业约会，是指推销人员事先征得顾客同意，进行推销访问的行为过程。推销人员做了必要的准备后，就可以约见顾客了。约见是推销接近的前导，是推销接近的开始，也是推销能否成功的一个先决条件。约见虽然只是求得与顾客见面，但也不是一件容易的事，推销人员要想全部取得约见成功几乎是不可能的，约见遭到拒绝如同家常便饭。倘若连顾客的面都见不到，推销便无从谈起。因此，约见顾客也是一项很有技巧性的工作，是推销过程中的一个重要环节。

（二）约见顾客的意义

1. 有利于推销人员成功地接近顾客

虽然各个企业都需要买进产品，但在买方市场，决定购买的企业几乎都不会安排专门时间去接见推销人员，除非事先约好。而且，由于各种原因，购买者尤其是有购买决策权的人，不愿意甚至想办法拒绝接见推销人员。因此，事先约好顾客，获得当面推销的机会，本身就是成功推销的开始。事实上，约见本身就是推销人员推销自己、推销产品、推销观念、推销购买建议的开始。约见可以使顾客接受推销人员的初步推销。

2. 有利于推销人员顺利地开展推销洽谈

经过一个约见的过程，推销人员获得顾客的同意，就可以初步赢得顾客的信任与支持。约见又是接见的准备阶段，通过约见，推销人员初步接触顾客，可以对顾客有一个感性的认识，使推销准备工作更充分；也使顾客有了初步准备，为后面的推销面谈铺平道路。

3. 有利于推销人员客观地进行推销预测

推销人员可以根据约见时的情况及顾客的初步反应，了解顾客的需求，从而对推销面谈及顾客异议做出接近实际的预测。

4. 有利于推销人员合理地利用时间，提高推销的计划性

推销人员往往都有这样的经历：由于没有事先约好而使推销计划成为一厢情愿的空文，有时在会客室里空等很长时间而一无所获。因此，只有与顾客约好见面时间后制订推销计划，依约前去拜访，从而使推销时间得到合理利用，才有落实的可能性。

总之，推销人员不可轻视约见工作。它是推销工作中不可缺少的一环，能把推销前的

准备工作与直接的面谈推销连成一体。

二、约见顾客的内容

约见的内容主要取决于面谈的需要与顾客的具体情况，取决于访问活动的客观要求。具体内容大致有以下几个方面。

（一）确定约见对象

进行推销访问时，首先要明确具体的访问对象。一般来说，推销人员在开始约见之前就已经选定了访问对象。但在实际推销工作中，推销人员往往发现自己无法直接接触访问对象，需要先和他们的下属或接待人员接触。

确定约见对象时应注意：

（1）尽量设法直接约见购买决策人或者对购买决策具有重大影响的重要人物，避免在无权人与无关人身上浪费时间。

（2）尊重接待人员。在实际的推销工作中，推销人员常常不能直接与访问对象联系。在一些大型工商企业和重要的行政部门，那些有决策权的人为方便工作、减少干扰，通常都配备了专门的接待人员，负责接待包括推销人员在内的各类人员。这样一来，推销人员首先面对的往往是秘书和接待员之类的人。为了能顺利地约见主要人物，推销人员应尊重有关接待人员，应在言行中把他们当作同等重要的“要人”，从而取得他们的合作与支持。因为，有时是他们把守着推销人员与约见对象的大门。要取得接待人员的合作，就必须使有关接待人员感到，他们的权威在于能使推销人员顺利地约见其上级领导，而不在于为难与阻挠推销人员。

同步案例3-1

某智能安防设备公司销售员李悦负责开拓华北地区企业客户。在接触某大型连锁酒店集团时，她发现采购决策权集中在集团采购总监手中，但对方电话被前台严格拦截，传统拜访均未获得成功。于是李悦经过思考采取了以下措施：

1. 以客户技术人员身份，突破信息屏障

李悦以“某企业智能门锁技术人员”身份致电前台：“您好，我们计划开发一款智能门锁，需要向贵集团的采购部负责人调研了解有关普通门锁的使用情况。”前台核实后，将电话转接至采购部。李悦并未急于推销，而是以“方案需要定制”为由，成功获得了采购总监的姓名（潘总）、电话和邮箱，并强调后续会发送合作意向书。

2. 尊重接待人员，建立长期关系

首次接触后，李悦并未忽视前台的作用。她通过社交媒体发现前台主管小徐是马拉松爱好者，便以“请教备赛经验”为由主动联系，并在后续沟通中赠送运动手环作为小礼物。小徐逐渐放下戒备，透露潘总近期关注“节能降本”议题，并建议李悦从该角度切入。

3. 精准触达决策者

李悦通过收集到的信息，向潘总发送邮件，标题为“智能门锁节能方案：助力贵集团年省电费超20%”，内容包含同行业案例（某酒店年省18万元电费）及实测数据。邮件发出次日，潘总主动约见，最终促成200万元的订单。

思考

销售员李悦通过哪些措施成功地约见了采购总监？

（3）做好约见前的准备工作。推销人员要想见到与推销有关的人，就要在约见前做好各项准备，以便“过五关斩六将”。例如：应事先准备好必要的介绍信、引见信、名片、身份证、通行证，并刻意打扮自己，甚至还要保持良好的态度。

（二）确定约见事由

约见的第二项主要内容就是明确约见的目的。任何人都不会接受没有理由的约见，特别是在双方从未谋面或不熟悉的情况下，所以推销人员在约见访问对象时，必须告诉对方访问的原因和需要商谈的事项。当然，任何推销访问都是为了推销产品。但每次访问的具体目的都可以不同，应视推销活动的不同进展与具体情况而有所区别。同时，每次访问的事由不宜过多。一般可以从以下几个方面来确定事由：

（1）认识、投石问路。和从未谋面的顾客第一次见面，推销人员可以把“认识”“投石问路”与约定谈话时间等作为目的。

（2）留下印象。对于将来有可能对推销有用的人，推销人员可以把第一次见面的目的确定为“给对方留下一个好印象”，方便以后联系。

（3）市场调查。有时为进一步做好市场调查与继续做好约见前的准备工作，推销人员可以与顾客进行“火力侦察”式接触，目的只是“了解了解”。

（4）正式推销。推销人员直接向约见对象推销产品。

（5）签订合同。如各方面条件具备，推销人员可以把某次约见确定为正式签订合同。

（6）提供服务。推销人员当面向顾客介绍产品的使用情况，解答顾客在产品使用中的疑问，提供咨询及技术业务方面的服务。

（7）收取货款。推销人员了解货款回缴情况，上门约见顾客，当面催讨顾客拖欠的货款。这也是推销人员约见顾客的一个主要目的。

（8）联络感情。逢推销对象的重要日期（如生日、结婚纪念日等）或者传统节假日，推销人员可以以各种形式约见顾客，甚至约见顾客的家属亲朋，借以表达合作愉快的心得体会或承蒙关照的感谢之意等，把增进与顾客的情感和建立良好的人际关系作为约见的目的。

（三）确定约见时间

约见顾客的时间安排是否适宜，会影响到约见顾客的效率，甚至关系到推销洽谈的成败。约见的时间应主要根据顾客的情况确定，需要事先充分地沟通与商定。当与顾客的约定时间敲定以后，推销人员要立即记录下来，并且要严格按照约定时间准时到达，应坚决避免迟到或约而不到。因此，在与顾客确定约见时间方面，推销人员应注意：

（1）尽量替顾客着想。最好由顾客确定时间或由顾客主动安排时间。当顾客的时间倾向与推销人员的时间安排有矛盾时，推销人员应尽量迁就与尊重顾客的意见。如果推销人员因与另外顾客有约在先而发生时间上的冲突，应如实向约见对象说清楚。

（2）根据访问对象的特点确定见面时间，避免在顾客最忙碌的时间内约见顾客。推销人员应注意顾客的生活作息时间与上下班活动规律，从中寻找顾客较为轻松与愉快的时间为见面时间。如一个做保险业务的推销人员总是比别人早起两个小时，从而可以在顾客吃早餐时或早餐前的活动与晨练中约见顾客。

（3）视推销产品与服务内容的特点确定约见与洽谈生意的时间。时间应更能衬托出产品的优势与服务内容的重要性。

（4）讲究推销信用。确定约见时要考虑到一些意外情况。约见时间一旦明确，推销人员应立即用笔记录在案，并且应严守信用，克服困难，准时到达约见地点。

（5）合理利用访问时间，提高推销访问效率。推销业绩的好坏高低，与推销人员是否合理地安排时间有直接关系。在时间安排上，推销人员应尽量减少各种等待时间，而尽量增加与顾客见面与开展推销的时间。同时，对不可避免的等待时间，推销人员应尽量加以利用，如通过接待人员了解情况，搞好与接待人员的关系，复习推销要点等。

（四）确定约见地点

与顾客约定在什么场合见面，这也是推销人员需要经常面对和处理好的问题。总的来说，要以顾客的意见和方便为主。除了工作场所和顾客家里以外，在公共场所约见也是可行的，如茶馆、酒吧、咖啡馆等。地点以安静和便于谈话交流为宜，环境越雅致越好。一般选择与确定约见地点应坚持“方便顾客、有利于约见和推销”的原则，这样才可能利于交易的达成。约见地点的选择一般有以下几种：

（1）工作地点。对生产用品的推销人员来说，最佳的地点一般是访问对象工作单位的办公室。因为在大多数情况下，顾客是被动的，而推销人员应采取主动。在工作地点约见，方便双方讨论问题，进行反复商议以达成共识。

（2）居住地点。对生活用品的推销人员来说，则通常以顾客居住地为约见地点，既方便顾客，又显得亲切、自然。

（3）社交场合和公共场所。座谈会、酒会等社交场合，和歌舞厅、公园、广场等场所，气氛轻松愉快，有利于拉近推销人员与顾客的距离。但太嘈杂与来往人太多的地方只适合进行礼节性拜访、初次见面或联络感情，不能作为实质性谈判的地方。

三、约见顾客的方法

（一）当面约见

当面约见是指推销人员与顾客当面约定访问事宜。推销人员可以利用与顾客会面的各种机会进行当面约见。例如：在途中不期而遇时，在见面握手问好时，在起身分手告别时。

当面约见是一种理想的约见方式。推销人员可以在当面约见时观察到顾客的态度等，对约见有所准备；可以有机会交流感情、表达思想，给顾客留下良好印象，使顾客乐意接受约见。

当面约见的优点：

（1）有利于发展双方关系，加深双方感情。当面约见能及时得到顾客的反应，缩短双方的距离，增加亲近感，甚至建立信任与友谊关系。

（2）有利于推销人员进一步做好接近准备，了解顾客的有关情况。

（3）比较可靠。有时，约见情况比较复杂，必须当面约见才能说清楚。当面约见可以消除对方的顾虑。

（4）节约信息传递费用，简便易行，对双方都比较方便。

当面约见的缺点：

（1）受地理限制，远距离的顾客往往很难面约。

（2）受时机的限制，有时很难碰巧遇到所要面约的顾客。

（3）效率限制，面约花费的时间与精力较多，面约较少的顾客还行，多了就很难在短时间内办到。

（4）当面约见一旦遭到顾客拒绝，推销人员便会处于被动局面，难以挽回败局。

（二）电话约见

电话约见就是推销人员以打电话的方式约见顾客。对老顾客，电话约见方便、快捷、效率高，但如果是初次电话约见，在有介绍人介绍的情况下，需要简短地告知对方介绍者的姓名、自己所属的公司与姓名、打电话的事由，然后请求与对方面谈。务必在短时间内给对方以良好的印象，不妨说类似“这东西对您是极有用的”“采用我们这种机器定能使贵公司的利润提高一倍以上”“贵公司陈小姐使用之后认为很满意，希望我们能够推荐给公司的同事们”等的话，接着再说：“想拜访一次，当面来说明，可不可以打扰您 10 分钟？只要 10 分钟就够了。”要强调不会占用对方太多时间。

电话约见的一般步骤包括：问候、介绍自己和公司、感谢顾客倾听、说明约见目的、确定约见时间和地点、再次致谢。在约见顾客时，推销人员必须以与顾客约定面谈时间和地点为主要目的，这一点是尤其需要注意的。

电话约见的要领与技巧包括：

（1）尽量不要先说出价格。

（2）简单扼要地说明商品特色。

（3）由推销人员决定拜访的日期。

（4）先取得对方信任。

（5）说话速度不宜过快。

（6）强调“不强迫购买”。

（7）多问问题，尽量让顾客说话。

电话约见有许多优点，比如迅速及时、方便、灵活，而且能够避免当面遭遇拒绝的尴尬，是广泛应用的方法之一。

（三）信函约见

信函是比电话更为有效的传递媒体。虽然随着时代的进步出现了许多新的传递媒体，但多数人始终认为信函比电话显得更尊重他人一些。因此，使用信函来约见访问，所遭到的拒绝比电话要少。另外，运用信函约见还可将商品目录、广告小册子等一起寄上，以增加顾客的关心度。也有些行业甚至仅使用广告信件来做生意。这种方法有效与否，在于使用方法是否得当。当今，广告信件泛滥，如果不精心设计，很可能被顾客随手丢掉，达不到预期效果。

通常情况下，信函的内容包括问候、寄信的宗旨、拟拜访的时间，同时附上广告小册子。一般信函的写法是：“……届时倘有不便，请在信封所附明信片上指定适当的时间……”并且在明信片上先写上“×月×日，上午/下午×时”，只要请访问对象在明信片上填上指定日期、时间并寄回即可。这样做在实践中可获得更好的效果。

使用信函约见必须事先仔细研究与选择。如果对方的职业或居所不适宜收信，那么使用信函约见的方法自然会失败。如果对一些问题，如收信人对该商品是否会注意、收信人的职位是总经理还是业务员、寄达的地方是办公室还是私人住宅等均未认真考虑，随意将信函寄出，难免会被当成垃圾信件处理掉。

为了提高信函约见的成功率，推销人员在写约见信函时应注意以下几个问题：

（1）信函形式亲切，措辞委婉恳切。约见信函要尽可能自己动手书写，而不使用冷冰冰的印刷品，信封上最好不要盖“邮资已付”的标志，要动手贴邮票。措辞委婉恳切的信函往往能博得顾客的信任与好感，容易使对方同意见面。

（2）内容要简洁、有重点。约见信函应尽可能言简意赅，只要把约见的时间、地点、事由写清即可，切不可长篇大论、不着边际。

（3）要引起顾客的兴趣及好奇心。约见信函要以引起顾客的好奇心为中心，投其所好，以顾客的利益为主线劝说或建议其接受约见要求。

（4）不要过于表露希望拜访顾客的迫切心情。

（5）电话追踪。在信函发出一段时间后要打电话联系顾客，询问顾客的想法与意见，把电话约见与信函约见结合起来使用，可大大提高约见效果。

信函约见的优点：

（1）目的容易达到。信函可以不受限制地送达特定顾客的手中，只要内容能使顾客感兴趣就会引起顾客的积极回应。

（2）费用低。信函约见的成本较为低廉。

（3）体裁自由。推销人员可以不受时间的限制，对约见信函精心设计，仔细推敲所使用的语言，避免各种失误和不当之处。

信函约见的缺点：

（1）时间长。不适用于紧急约见。

（2）反馈率低。有的顾客对约见信函不重视，或不拆开看就丢在一边。

（3）无法解答顾客的疑问。信函只是一种单向信息传递，对顾客的疑问不能当面解答。

（四）委托约见

委托约见是指推销人员委托第三者约见顾客的方法。委托约见包括留函代转、信件传递、他人代约等。受推销人员之托的第三者，是与推销对象有一定社会联系和社会交往的人士，如接待人员、秘书、同事、邻居、亲友等。

委托约见的优点：

（1）容易达到约见顾客的目的，有利于推销人员接近顾客，获得推销对象的真实信息。

（2）可以通过受托人与目标顾客的特殊关系对其施加影响，使其克服对推销人员的戒备心理，从而节省推销时间，提高推销效率。

（3）有利于推销人员明确重点，克服约见障碍，提高推销效果。

委托约见的缺点：

（1）受推销人员社交圈大小等因素的制约。

（2）不如自约亲切，顾客往往不给予足够的重视。

（3）推销人员处于被动地位，不如自约可靠，如果受托人不太负责任，常常引起误约，贻误推销时机。

（五）广告约见

广告约见是指推销人员利用各种广告媒体约见顾客的方式。现代广告媒体主要有广播、电视、报纸、杂志、路牌、招贴、直接邮寄等。利用广告进行约见，可以把约见的目的、对象、内容、要求、时间、地点等准确地告诉广告受众。广告约见的适用情况：约见顾客较多或约见对象不太具体、明确，或者约见对象姓名、地址不详，在短期内无法找到等。

广告约见的优点：

（1）约见对象较多，覆盖面大，可以扩大推销人员的影响，树立企业形象。

（2）有利于推销人员上门，节省推销时间，提高约见效率等。

广告约见的缺点：

(1) 约见费用高。

(2) 针对性较差。

(3) 不利于推销人员安排具体约见事宜。

(4) 难以引起目标顾客的注意等。

除了以上介绍的几种基本方法外，还有其他的约见方法，如登门约见、名片约见、家庭约见等。各种方法应结合使用，互相补充，不断创新，增强约见的效果。一切方法都因人而异、因事而异、因地而异，离开了约见的具体内容和具体的推销环境，就谈不上什么最佳的约见方法。推销人员应根据具体情况确定具体的约见方法。只要推销人员灵活运用各种约见方法，取信于人，就一定可以成功地约见顾客。

【操作平台】

任务训练　约见顾客的情境表演

1. 训练目的与要求

(1) 了解约见顾客的准备工作与要求。

(2) 掌握约见顾客的技巧和方法。

(3) 培养沟通、接待能力。

2. 训练内容与步骤

(1) 将全班同学分组，每 4～6 人为一组。

(2) 请同学们根据实际，每组设计一个小品剧，进行约见顾客的情境表演（可设计一个失败的例子和一个成功的例子，根据所给资料进行表演）。

(3) 各组准备资料并分发给每个同学。

资料：有一次，一家公司的总经理约保险推销员原一平于某天某时去他办公室洽谈。那天原一平应约赴会，来到总经理办公室门前，一边与女秘书打招呼一边脱大衣。他以为预先约定的会面肯定没有问题，岂料女秘书挡驾说："总经理交代过，今天上午有急事，不能见任何客人。"

原一平解释说："是总经理亲自打电话约我来的。"

"对不起，他今天确实有紧急事务。"女秘书的话也不容置疑。

"如果总经理确实忙，那你就让我进去一分钟，我只向总经理问候一声，证明我依约来了立即就走。"

"那好吧，就给你一分钟。"

秘书拉开总经理室的大门说："请！"

原一平进入总经理室时，总经理正背对着门口坐在安乐椅上。他听到有人进来，就把椅子转了过来："早上好！原先生，请坐。"原一平站着向总经理问候了几句，转身就告辞了。总经理感到惊奇，满腹狐疑地问："怎么刚进门就要走了？"

原一平说："您的秘书小姐只给我一分钟。真抱歉，时间到了，我不得不告辞了。明天上午8时，我再来拜访吧！"说着就开门离去了。

也许这位总经理早把自己邀请别人的事忘得一干二净。但原一平明白，作为一名推销员要信守诺言。

第二天早上，原一平又依约前来，得到了女秘书和总经理的热情接待，并顺利做成一笔生意。

思考：

1）假如秘书小姐坚决不让原一平进入总经理办公室，你认为原一平应该怎么做才恰当？

2）如果原一平借进入办公室之机向那位总经理推销，将可能出现什么样的效果？

3）你是否觉得有比原一平的方法更好的处理办法？具体怎么做？好在哪里？

（4）同学们以小组为单位，讨论后分别利用2～3种约见方法，自编自演小品剧，并在小组内表演。

（5）小组讨论、修改小品剧。

（6）向全班同学演示。

3. 成果体现与检测

（1）每个小组提交一个设计好的小品剧。

（2）学生根据各组准备的道具及表演的表现互相评价。

（3）教师根据设计好的小品剧和表演评估打分。

任务2 接近顾客

【走进推销】

投"顾客"所好

【任务相关知识】

知识　接近顾客

微课：

接近顾客方法实训

一、接近顾客的含义及原则

（一）接近顾客的含义

接近顾客是指推销人员正式接触推销对象的过程。它是推销面谈的前奏，这一过程从时间上讲是很短暂的，在整个推销中所占的比例很小，但这一环节却非常重要，决定着推销能否顺利进入实质性的洽谈阶段。因此，成功地接近顾客是保证洽谈顺利进行的重要前提。没有成功的接近，也就没有成功的推销，接近顾客是直接关系到推销目标实现的一个重要环节。

（二）接近顾客的原则

接近顾客的原则，概括来讲，就是推销人员通过介绍自己、介绍自己所代表的企业、介绍推销品特点和利益等来引起顾客的注意和兴趣，使顾客愿意同推销人员交谈下去。具体包括三个方面。

1. 吸引顾客的注意

在推销过程中，推销人员常常会遇到这样的事情：尽管顾客已事先答应推销人员的约见，但在见面时，顾客却忙于其他事务，注意力分散，或在推销人员介绍推销品时，中间有外来干扰，如接听电话、请示工作、办公室内人来人往等，难以集中精力来倾听推销人员的介绍。因此，接近顾客的首要目的就是要吸引顾客对推销人员的注意，进而把注意力集中到推销话题上来。

2. 激发顾客的兴趣

顾客注意力的产生是由外界影响而引起的，而注意力的保持，则是由对该项事物的兴趣所决定的。因此，推销人员在接近顾客时，应当根据事先了解的顾客的兴趣和爱好，提出顾客感兴趣的话题，诱发其兴趣的产生。尽管顾客的兴趣爱好各不相同，但都关心推销人员会给他们带来什么利益。推销人员要善于创造条件并提供充足的理由，促使顾客倾听推销人员的建议，让顾客知道能为他解决什么问题，能使他获得哪些利益，这样顾客才会有兴趣。

3. 引导顾客转入洽谈

接近与洽谈是有一定区别的。接近阶段通常选择有利于让对方了解自己、易于沟通双方感情、能够创造良好气氛的话题，以引起顾客的注意和兴趣。洽谈阶段的话题往往集中在推销产品、建立和发展双方业务关系上。推销人员应当知道只有在工作顺利完成之前，洽谈工作才能顺利展开。推销人员应当明确接近与洽谈的区别和联系，在引起顾客注意并使其产生兴趣后，要巧妙地转移话题，轻轻松松地由接近转入洽谈。

二、接近顾客常见的方法

微课：

接近目标顾客的方法

为了在较短的时间内达到接近顾客的预期目的，必须有适当的接近方法。根据顾客及推销的具体情况，接近顾客的方法主要有以下几种。

（一）介绍接近法

介绍接近法是指推销人员自行介绍或经由第三者介绍而去接近推销对象的一种方法。它主要包括口头介绍和书面介绍两种方式。在推销中，接近的对象不同，介绍的方式也有所区别。

1. 自我介绍法

在一般情况下，推销人员是通过自我介绍的方法接近顾客的。通过约见，推销人员按时在约定地点拜见顾客，通过口头自我介绍的方式让顾客了解自己的身份、姓名、背景及目的。同时，推销人员应通过展示身份证、名片、单位介绍信等有关证件来证明口头介绍的准确性。目前，很多推销人员用名片做自我介绍。推销人员的名片正面通常写明其姓名、工作单位、职务、联络方法等，反面则介绍公司的主要产品目录、服务项目、开户银行等内容。推销人员在接近顾客时适时递上一张名片，可以让顾客尽快了解推销人员和所推销产品的概况，迅速缩短与顾客的距离。

自我介绍是最常用的方法，也是其他许多接近方法的基础。但是，事实表明，推销人员在开始接近顾客时所做的自我介绍绝大多数是毫无意义的。顾客一般不大关心推销人员的自我介绍，只有在推销品或者推销人员的建议令他感兴趣后，才重新询问推销人员的姓名或查看其名片。所以，在接近顾客之初，推销人员进行自我介绍时要和其他方法配合使用。

2. 他人引荐法

在可能的情况下，推销人员可以通过顾客社交圈里的人介绍而接近顾客。推销人员在接近顾客时，只需要把第三者开具的介绍信、便条、名片、介绍卡等交给顾客，就能轻松接近顾客，如能由介绍人亲自引荐则效果更好。推销人员所找的介绍人都是熟悉顾客，或者与顾客往来密切和对顾客能产生直接或间接影响的人。介绍人所起作用的大小，要看推销人员、顾客与介绍人员关系的密切程度。但这种方法也有局限性，有时顾客碍于人情勉强接待推销人员，却不一定有购买诚意，只是虚于应付，而在有些情况下，顾客还忌讳熟人的引荐。推销人员应努力扩大自己的交往面，争取有关人士的协助和引荐，但应注意尊重介绍人的意愿，不可勉为其难。

（二）赞美接近法

赞美接近法是指推销人员利用顾客的虚荣心理，通过赞美顾客而接近顾客的方法。喜欢听人说好话是人的共性，说好话的人总比说坏话的人更受人欢迎。因此，赞美接近法是一个较方便的接近顾客的好方法。在采用赞美接近法时应注意以下几点。

1. 选择适当的赞美目标，避免冒犯顾客

个人的长相、衣着、举止谈吐、风度气质、才华成就、家庭环境、亲戚朋友等，都可以给予赞美。若顾客讲究穿着，可向他请教如何搭配衣服；若顾客是知名公司的员工，可表示羡慕他能在这么好的公司上班。切忌信口开河、胡吹乱捧，否则必将弄巧成拙。

2. 真诚赞美顾客，避免虚情假意

赞美顾客，一定要诚心诚意，把握分寸。赞美的话若不真诚，就成为拍马屁，这样效果当然不会好。赞美比拍马屁难，它要先经过思索，不但要有诚意，而且要选定既定的目标。“王总，您这房子像座宫殿。”这句话听起来像拍马屁。“王总，您这房子的大厅设计得真别致。”这句话就是赞美了。事实上，不合实际、虚情假意的赞美，只会使顾客感到难堪，甚至导致顾客对推销人员产生不好的印象。

3. 针对不同顾客，选择不同的赞美方式

对不同类型的顾客，赞美的方式也应不同。对严肃型的顾客，赞语应自然朴实，点到为止；对虚荣型的顾客，则可以尽量发挥赞美的作用；对年老的顾客，应该多用间接、委婉的赞美语言；对年轻的顾客，则可以使用比较直接、热情的赞美语言。

每一个人都渴望得到别人真诚的赞美。有人说：“赞美是畅销全球的通行证。”因此，懂得赞美的人，肯定是会推销自己的人。

同步案例 3-2

小张是一家外企的部门经理，公司对着装要求较高。这天小张去商场想要购买一件比较正式的连衣裙，试衣时遇到了两个风格迥异的推销员。在了解了小张的购买需求后，两个推销员分别为自己推荐的衣服进行了以下推销：

推销员一：你穿这件很好看，这件卖得最好。

推销员二：我觉得你试穿的这件连衣裙真的很有品位、很干练啊！这件连衣裙的款式和你的气质很搭，同时也非常适合你的肤色和身材！很适合你这样的职场人士！说实话，你是这款衣服上架以来，我看到穿着最显气质的一位顾客了。

小张最后开心地购买了推销员二的衣服。推销员二使用了 FFC 赞美法，所谓 FFC 赞美法，就是指在赞美一个人的时候遵循三个步骤，先用细腻的语言来表达自己的感受（Feeling），然后再进一步通过陈述事实（Facts）来证明自己的感受并非空穴来风，最后再通过一番比较（Compare），来表达对对方的深度认同。FFC 赞美法的应用不局限于个人之间的交流，它在推销领域中也得到了广泛应用。正确应用 FFC 赞美法可以帮助推销员更好地接近顾客、建立品牌形象、提升客户好感度和忠诚度。

思考

推销员二是如何灵活运用 FFC 赞美法接近顾客的？在采用这种方法时要注意哪些问题？

拓展阅读

赞美的力量

（三）馈赠接近法

馈赠接近法是指推销人员利用赠品来引起顾客的注意，进而和顾客认识并接近，并由此转入推销面谈的接近方法。一些小而有意义的礼品符合顾客求小利、求雅趣的心理，极易形成融洽的气氛，因此，在实际推销中经常被推销人员用作接近顾客的“跳板”。推销人员在选择馈赠的礼品时，应注意以下几点：

（1）慎重选择馈赠礼品。在进行接近准备时应做好调查，摸清情况。首先，应确定顾客会不会把赠送礼品看成不正当的行为，把送礼的推销人员看成骗子。其次，了解顾客对礼品的价值观念，以确定送礼的方式。最后，了解顾客的爱好和需求，尽量投其所好、送其所用。

（2）用来作为接近的礼品只能当作接近顾客的见面礼与媒介，而绝不能当作讨好顾客的手段。

（3）礼品的内容与金额的大小必须符合国家有关规定，不可把馈赠变成贿赂。

（4）礼品尽量与所推销的产品有某种联系。

（四）产品接近法

产品接近法是指推销人员直接利用所推销的产品引起顾客的注意和兴趣，从而顺利进入推销面谈的接近方法。由于这种方法以推销品本身作为接近媒介，因而也被称为实物接近法。

推销人员采用产品接近法，直接把产品、样本、模型摆在顾客面前，让产品作自我推销，给顾客一个亲自摆弄产品的机会，以产品自身的魅力引起顾客的注意和兴趣，既给了顾客多种多样的感官刺激，又满足了顾客深入了解产品的要求，这是产品接近法的最大优点。

这种方法最适合有特色的产品，或颜色鲜艳、雅致，或功能齐全，或造型别致等，因为这类产品很容易吸引顾客的注意力，诱发顾客的询问。但是，采用产品接近法也存在一定的局限性。首先，推销品应精美轻巧，便于携带。其次，推销品必须是看得见、摸得着的有形实体，无形产品和服务（如各种保险、旅游、服务等）无法利用产品接近法。最后，推销品必须品质优良，不容易损坏或者变质，操作简便，使用效果显而易见，这样才经得起顾客反复摆弄，并使顾客从触摸、检验和操作中感受到产品所能带来的利益。

同步案例 3-3

一个推销员在推销一种洗地毯的水，她敲开了一户人家的门。当时女主人很忙，对这位推销员不太感兴趣。见此，经过专业训练的推销员说："太太，您不买没有关系的，我只是告诉您，现在市场上已经有了这种洗地毯的清洁剂，您看一看，真的很好。您家的房子那么大，地毯很漂亮，有没有什么地方有一点点脏，我帮您去清洗清洗。"结果这位妇女只好打开了大门，让她进来。餐厅的地毯上有小孩洒的可乐，这位妇女说："那么你看看能不能帮我清洗掉。"推销员就把一点清洁剂倒在上面，擦了擦，然后再拿毛巾一抹，那里的污点果然不见了。这位妇女也觉得很吃惊，一下子买了两瓶。

思考

案例中的推销员采用了什么方法来接近顾客？

（五）表演接近法

表演接近法是指推销人员利用各种戏剧性的表演手法来展示产品的特点，从而引起顾客注意和兴趣的接近方法。这是一种古老的推销术，也被称为马戏接近法、戏剧化接近法。在现代推销中，这种方法仍有重要的利用价值。例如：一位消防用品推销员见到顾客后尚未开口，就先从提包里拿出一件防火衣，然后将它放进一个大纸袋子里，用打火机点燃纸袋，纸袋烧完后露出了仍然完好无损的防火衣。这一戏剧性的表演，使推销员不费口舌就拿到了订单。

表演接近法实际上只是把产品示范过程戏剧化，迎合某些顾客求新、求奇的心理，从而把顾客自然地带入购买的情景之中。在具体应用这种方法时应当注意：表演所用的道具应当是推销品或者其他与推销活动有关的物品，表演的内容应与推销密切相关；应当尽量使表演产生戏剧性效果，既出人意料，又合乎情理，既能打动顾客，又不露表演的痕迹；应当尽量让顾客参与其中，使之成为重要角色，以激发顾客的兴趣，并增强真实感。

同步案例 3-4

一家铸砂厂的推销员为了做成与一家已多年未曾往来的铸铁厂的业务，多次前往该厂拜访采购科长。但是采购科长始终避而不见，推销员死缠不放。采购科长迫不得已给他5分钟的见面时间，希望这位推销员能够知难而退。

这位推销员胸有成竹，走进办公室后，在采购科长面前一声不响地摊开一张报纸，然后从皮包里取出一个砂袋，突然间将里面的铸砂猛地倒在报纸上，顿时屋内砂尘飞扬，几乎令人窒息，呛得采购科长咳了几声。

采购科长十分恼火地大吼起来："你在干什么?"

这时，推销员才不慌不忙地开口说话："这是贵公司目前所采用的铸砂，是上星期我从你们的生产现场向领班取来的样品。"

说着，他又在地上另外铺上了一张报纸，然后又从皮包里取出另一袋铸砂猛地倒在报纸上，这次却不见砂尘飞扬。面对静静躺在报纸上的这堆铸砂，采购科长十分惊异。

紧接着，这位推销员又取出两袋样品，对其性能、硬度和外观都做了详细的对比和介绍，使那位采购科长惊叹不已。

就是在这场戏剧性的演示中，推销员将两种铸砂的质量以最直观的方式展现在顾客面前，并顺利地赢得了订单。

思考

本案例中的推销员是如何赢得订单的?

（六）利益接近法

利益接近法是指推销人员抓住顾客追求利益的心理，利用其所推销的产品或服务能给顾客带来的利益、实惠、好处，引起顾客的注意和兴趣，进而转入面谈的接近方法。从现代推销原理来讲，这是一种最有效、最省力的接近顾客的方法。因为这不仅符合顾客求利的心理，而且符合商业交易互利互惠的基本原则。顾客购买商品的目的是想通过商品使用价值的实现而从中获得某种利益，工商企业的购买更是直接以营利为目的。

推销人员采用利益接近法时，如果能够用精练的语言把产品的优势与顾客当时最关心的利益和问题挂钩，那么，接近与洽谈都会成功。但需注意，产品优势以及推销能带给顾客的利益应是实实在在的，而不是夸大其词，否则就会失去顾客的信任或导致推销没有实际效益。

同步案例 3-5

随着生活节奏的加快、自媒体的大热，时间短、节奏快、内容有趣的微短剧受到人们的追捧，一些中规中矩的说教科普类文章人们却越来越反感。这也给一些严肃的官方媒体提供了新的宣传方向，其中，深圳市卫健委就通过发布“微短剧＋科普”视频提升了官媒热度，广受观众喜爱。

深圳市卫健委发布科普视频“穿越到霸总剧里当怨种医生”不到 24 小时，抖音平台点赞量突破 20W，闯进抖音热榜，微博话题阅读量近 300W，B 站观看量超 20W，由此开始了短剧＋科普的模式。这种模式把受众高、辐射范围广的短剧作为载体，从中间插入科普知识，比一般的科普视频更有趣，也更受用户欢迎。

从这条科普视频中，可以看出不少霸总短剧的经典梗，符合大部分观众对霸总短剧的刻板印象。比如男女主永远听不进别人的话，沉浸在自己的世界里。这条科普视频里还出现了“治不好她，我要你陪葬”“让整个江城的人陪葬”等霸总的经典对白。尽管它的性质是科普视频，但其中的短剧元素还是相当丰富的，4 分钟的视频出现了女主得绝症、心机女配出场、男主胃病咳血、女主复活归来等情节，每 20 秒左右出现一个让观众匪夷所思的点。主人公医生面对男女主的纠缠，发出打工人的怒吼：“颠公颠婆，我真的很想下班啊！”

深圳市卫健委带头拍的这部微短剧本质上是短剧＋创意广告，是期望用微短剧这种热门的，自带爽感、关注度的碎片化内容形式，让更多读者接触到科普内容，起到了非常好的宣传作用。

思考

深圳市卫健委是如何正确把握观众利益点、引起观众兴趣从而达成较好的宣传效果的？

拓展阅读

顾客利益的把握

（七）问题接近法

问题接近法也叫问答接近法或讨论接近法，是指推销人员利用提问方式或与顾客讨论问题的方式接近顾客的方法。在实际推销工作中，问题接近法既可以单独使用，也可以和其他各种方法配合使用。如好奇接近法、利益接近法等都可以用提问作为引人入胜的开头。推销人员可以首先提出一个问题，然后根据顾客的回答再提出其他一些问题，或提出事先设计好的一个问题，以引起顾客的注意和兴趣，引导顾客去思考，环环相扣，一步步达到接近的目的。

推销人员在具体运用问题接近法时，应当注意以下几点：

（1）问题必须突出重点，有的放矢。推销人员必须在接近准备的基础上设计所提问题，问题要能一针见血、切中要害。例如："你愿意节省一点成本吗？"这个问题就不够明确，只是说明"节省成本"，究竟节省什么成本、节省多少、多长时间，都没有加以说明，很难引起顾客的注意和兴趣。"您希望明年节省 7 万元材料成本吗？"这个问题就比较明白确切，容易达到接近顾客的目的。一般来说，问题越明确，效果越好。

（2）问题表述必须简明扼要，抓住顾客的关注点，最好能形象化、量化、直观生动。例如，可以对酒店经理说："您希望保证贵酒店在正常经营的情况下，明年电费开支减少 15%吗？"可以对食品店经理说："您是否想在不增加营业面积和费用开支的情况下使贵店明年的销售额增加 50%？"这样的提问能抓住顾客的关注点，引起顾客的注意和兴趣。

（3）问题应当具有针对性、耐人寻味，应当是顾客乐意回答和容易回答的，要避免有争议、伤感情和顾客不愿意回答的问题，以免引起顾客的反感。

同步案例 3-6

某图书公司的一位推销书籍的女士面对顾客时总是从容不迫、平心静气地提出三个问题：

"如果我送给你一套有关个人效率的书籍，你打开书发现内容十分有趣，你会读一读吗？"

"如果你读了之后非常喜欢这套书，你会买下它吗？"

"如果你没有发现其中的乐趣，请把书重新塞进这个包里寄回给我，好吗？"

这位女士推销的开场白简单明了，使顾客几乎找不到说"不"的理由。后来这三个问题被该公司的全体推销员采用，成为标准的接近方法。

思考

本案例中的推销员是运用什么方法接近顾客的？运用这种方法应注意哪些问题？

拓展阅读

一次成功的推销接近

（八）好奇接近法

好奇接近法是指推销人员利用顾客的好奇心理而接近顾客的方法。每个人都有不同程度的好奇心。现代心理学表明，好奇是人类行为的基本动机之一。那些不熟悉、不了解、不知道或与众不同的东西，往往会引起人们的注意，推销人员可以利用人人皆有的好奇心来引起顾客的注意。例如：某推销员对顾客说："我这里有一份资料说明了贵公司上个月销售量下降20%的原因。"某地毯推销员对顾客说："每天只花一角六分钱就可以给您的卧室铺上地毯。"顾客对此感到惊奇，推销员接着讲道："您卧室为12平方米，我厂地毯价格每平方米为24.8元，这样需297.6元。我厂地毯可铺用5年，每年365天，这样平均每天的花费只有一角六分钱。"推销员制造神秘气氛，引起了对方的好奇，然后在解答疑问时，巧妙地把产品介绍给顾客，顾客的态度立即从冷淡转为积极关注。

采用好奇接近法时，应注意：

（1）引起顾客好奇的方式必须与推销活动有关；

（2）必须做到出奇制胜；

（3）引起顾客好奇的手段必须合情合理，奇妙而不荒诞。

同步案例3-7

南京市红山森林动物园近年来广受年轻人的喜爱，直播、文创等新型经济在这里蓬勃发展。这座被坊间称赞为"中国最好"的动物园不仅靠着非常有爱的饲养方式吸引了众多游客前去打卡游览，就连品牌方也纷纷寻求合作。究其成功原因，是红山森林动物园将观众的好奇心利用到了极致。

一、"云养宠"线上营销新玩法拉爆好奇心

南京市红山森林动物园及时抓住了直播的风口，推出了Zoo直播这一栏目，开辟了"云游园"的游览模式。工作人员开着直播，走在动物园里，像介绍节目嘉宾一样介绍每个动物，将它们各自的名字、性格、爱好、趣味故事告诉观众，让观众对这些"毛孩子"产生好奇心并提出"云养宠"概念。

其中，最吸引人的玩法就是"拟人化"。在谈论认养的动物时，红山森林动物园秉着一贯"万物平等"的原则，并没有将动物看成是动物，而是将它们当作自己的孩子、朋友。在认养页面上，每只动物都有自己的简介，简介中充满了个性化的描述，看起来非常生动有趣。比如在介绍名叫小黑的狼时，写下"曾得罪过狼后，现在夹着尾巴做狼"这种如此有画面感的文字；形容一只名叫露露的狼是"佛系少女，上班摸鱼"；甚至简介中还会具体描述哪两只是"打打闹闹的好兄弟"，哪两只是"恩恩爱爱的小情侣"。当给它们贴上"吃货""寡王""宠妻"等这些人类标签，一下就拉爆了大家的好奇心、缩短了认养者和动物们的心理距离，谁还能忍住不"云养宠"、不去现场看看这些自带"人设"的小动物呢？

二、丰富文创周边满足好奇心

线上营销获得成功后，南京市红山森林动物园紧接着推出了文创周边。从冰箱贴开始试水，到如今拥有种类丰富的文创周边，红山森林动物园不仅有方巾、T恤、趴趴水獭公仔、小熊猫手环、动物园限定款盲盒等常规文创产品，甚至还脑洞大开地用蟒蛇皮、狮子毛、鹦鹉羽毛等“原料”制成各种各样的饰品或动物保护符，售卖黑猩猩画作和野生便便肥。红山森林动物园的这些举动无一不体现了其年轻化的心态和创新的营销策略，通过跨越传统的经营语境，用更为开放和互动的方式为游客带来了全新的体验。

思考

南京市红山森林动物园使用了哪种接近顾客的方法？运用这种方法需要注意的要点有哪些？

（九）请教接近法

请教接近法是指推销人员利用向顾客请教问题与知识的机会接近顾客的方法。一些生产资料市场中的购买者，往往是一些专业水平较高的人士，尤其是在购买行为模式中担任决策角色或有重要影响的人，大多认为自己是该行业的专家。因此，用请教的态度与方法去接近顾客，由于满足了顾客自尊的心理需求，容易受到欢迎。尤其是对一些年轻资浅的推销人员而言，请教接近法是一个较好的方法。在具体应用时应注意：

（1）请教时态度要诚恳，语言要谦虚。尽量让顾客多说多讲，推销人员应毕恭毕敬，洗耳恭听，多听多记。

（2）赞美在先，请教在后。如要请教，首先应对顾客的专长特点有一定了解并尽力加以肯定与赞美，然后再提出与所推销的产品有关的问题进行请教。

（3）请教在前，推销在后。如果请教的问题提得恰当，顾客自然会注意到推销品。如果顾客一时没有联想到所推销的产品，推销人员应再就推销品有关问题请教顾客。这样，顾客也许会较快地接受产品。

（4）请教过程中要注意分析顾客的讲话内容，从中寻找资料，分析并确定推销的重点。

同步案例 3-8

王先生是一家杂货店的老板，他比较固执保守，非常讨厌别人向他推销。这次，香皂推销员小李来到店铺前，还未开口，他就大声喝道：“你来干什么？”但这位推销员并未被吓倒，而是满脸笑容地说：“先生，您猜我今天是来干什么的？”

杂货店老板毫不客气地回敬他：“你不说我也知道，还不是向我推销你们那些破玩意儿的！”

小李听后不仅没有生气，反而哈哈大笑起来，然后微笑地说道："您老人家聪明一世，糊涂一时，我今天可不是来向您推销的，而是求您老向我推销的啊！"

杂货店老板愣住了，说："你要我向你推销什么？"

小李颇为认真地回答："我听说您是这一地区最会做生意的，香皂的销量最大，我今天是来讨教一下您老的推销方法。"

杂货店老板活了一辈子，其中大半生的时间都是在这间小杂货店中度过的，还从来没有人登门向他求教过。今天看到眼前这位年轻的推销员对他崇敬有加，心中不免有些得意。

于是，杂货店老板便兴致勃勃地向小李大谈其生意经，谈他的杂货店，从他小的时候跟随父亲做生意，谈到后来自己接过这间小店，最后一直说到现在："人都已经老了，但我仍然每天守着这个杂货店，舍不得离开它。在这里我可以每天都能见到那些老朋友、老顾客，为他们提供服务，同他们一起聊聊天，我过得非常愉快。"

杂货店老板与推销员聊了整整一个下午，而且聊得非常开心，直到推销员起身告辞。刚到门口，杂货店老板突然想起什么来了，大声说："喂，请等一等，听说你们公司的香皂很受欢迎，给我订 30 箱。"

思考

杂货店老板为什么会购买推销员的产品？

（十）聊天接近法

聊天接近法是指推销人员利用各种机会主动与顾客打招呼进而聊天，并由此转入推销面谈的接近方法。当推销人员实在无其他办法与已经确定为潜在顾客的人接近时，就可以寻找各种机会主动上前找话搭讪，继而攀谈，待有了一定的了解后再表明自己的推销人员身份，并进一步开展实质性的推销活动。实施聊天接近法时应注意：

（1）找准顾客。聊天接近法不会很快进入推销程序，有时要用很长时间追踪与寻找机会，花费很多精力，所以一定要选准顾客。

（2）选准时机。与顾客聊天的场合应是顾客独自一人而无他人打扰的地方。时间最好是顾客较充裕的自由掌握的时间，如散步、闲坐、观景、晨练时等。

（3）积极主动。推销人员应看准目标与时机，积极热情地主动出击，充满信心地上前搭讪聊天。

（4）尽量紧扣主题。在与顾客聊天时，不可漫无边际地闲聊，而应尽快转入推销主题。

除了上述介绍的方法外，还有反复接近法、服务接近法等。推销人员应当在推销实践中灵活运用，并根据推销的实际情况创造一些新的行之有效的接近顾客的方法，以取得推销的成功。

【操作平台】

任务训练　接近顾客的情境设计

1. 训练目的与要求

（1）掌握接近顾客的技巧和方法。

（2）培养沟通、应变能力。

2. 训练内容与步骤

（1）将全班同学分组，每4～6人一组。

（2）请同学们根据所给资料每组设计一个小品剧，进行接近顾客的情境表演（可设计一个失败的例子和一个成功的例子）。

（3）各组准备资料并分发给每个同学。

资料：

两次推销接近的比较

推销员甲在推销接近过程中与刘经理的一段对话：

推销员：刘经理，你好！我今天向你推荐我们的一款新产品。

刘经理：你好。请坐。

推销员：我向你推销一种新产品，并提供一个样品。

刘经理：那么怎么卖呢？

推销员：400元一斤。

刘经理：太贵了，北方市场不好卖。

推销员：质量好啊。

刘经理：你先把样品放在这儿，我这几天较忙，过几天再联系吧。

推销员：谢谢，再见。

刘经理：再见。

推销员乙在推销接近过程中与刘经理的一段对话：

推销员：刘经理，你好。

刘经理：你好。

推销员：我是东方饮料有限责任公司的业务代表××，这是我的名片（双手呈上）。今天我想向你介绍一种我们公司的新产品。

刘经理：让我先看一下名片。东方饮料有限公司，请坐。

推销员：谢谢。这是我们的新产品，你看一下。

刘经理：好，好。

推销员：这是我们公司的简介。

刘经理：挺漂亮的。

推销员：我们的公司成立于1994年，现在年产量达到了30万吨。最近我们从国外引进了一套新的生产线，开发出了新的产品。

刘经理：从哪个国家引进的？

推销员：从德国引进的。并且我们请了多名专家研究开发，才推出这一新产品。上市以后，市场反应相当不错。北京市场我们还没有开始做。今天找你来就是想跟你商量一下，怎样把北京市场做起来，看你有没有这个打算。

刘经理：嗯，看起来你们的产品还不错。我听了你的介绍后，对你的产品也很有兴趣。能不能介绍一下，你们作为供应商，对批发商都有哪些服务？

推销员：我们的服务是多方面的，比如广告、促销、设计。如果我们能合作，一定会收到很好的效果。

刘经理：那你先把样品和公司介绍材料留下来，我呢，过一两天跟其他几位采购经理一起研究一下。好吧？

推销员：好吧！

刘经理：研究完，我们再给你一个明确的答复。

推销员：那你什么时候能给我消息呢？

刘经理：今天是周二，嗯……我下周一给你答复吧！

推销员：好的，那么下周一我再到你的办公室等你的消息。

刘经理：好的。

推销员：谢谢你，再见。

刘经理：再见。

思考：

请对上面两个推销员在推销接近中的表现及结果进行评价。

(4) 同学们以小组为单位，进行讨论，自编自演小品剧，并在小组内进行表演。

(5) 小组讨论、修改小品剧。

(6) 向全班同学演示。

3. 成果体现与检测

(1) 每个小组提交一个设计好的小品剧。

(2) 学生根据各组准备的道具及表演的表现互相评价。

(3) 教师根据设计好的小品剧和表演评估打分。

学习情境小结

推销人员对目标顾客进行初步接触或再次访问是推销过程的一个重要环节。为增强推销人员的自信心，提高推销洽谈的成功率，在接近顾客前要做好充分的准备。

接近准备工作做好后，就可以约见顾客了。约见顾客是指推销人员事先征得顾客同意，进行推销访问的行为过程。约见顾客的内容包括确定约见对象、约见事由、约见时间与约见地点等；约见的方法有当面约见、电话约见、信函约见、委托约见、广告约见等。

接近顾客是推销人员正式接触推销对象，开展推销面谈的前奏。为吸引顾客的注意力，提高推销洽谈的成功率，接近顾客还需掌握一定的方法技巧。常用的方法有：介绍接近法、赞美接近法、馈赠接近法、产品接近法、表演接近法、利益接近法、问题接近法、好奇接近法、请教接近法、聊天接近法等。

素养提升

关键词：积极、守时、礼貌、遵纪守法、诚信、谦虚、协作

一、名人警言

1. 言必信，行必果。——孔子
2. 能用众力，则无敌于天下矣；能用众智，则无畏于圣人矣。——孙权
3. 时间就是生命，无端地空耗别人的时间，其实无异于谋财害命。——鲁迅
4. 诚者，天之道也；思诚者，人之道也。——孟子
5. 不骄方能师人之长，而自成其学。——谭嗣同
6. 当我们大为谦卑的时候，便是我们最近于伟大的时候。——泰戈尔

二、小故事

故事 1

小林是一家仓库资源业务公司的业务员，因为业务关系需要约见一家公司的总经理张申。小林在约见张申前通过网络资料收集等方法不仅了解了张申公司的现状，还了解到张申曾在成都某部队服役，退伍后到北京创业，如今小有成就，其为人耿直、重情重义且时间观念极强。小林通过电话约定与张申下午 3 点在张申办公室面谈。

小林当天穿着得体，带上相关业务方案资料提前 15 分钟在张申公司等待。果然，张申对小林的如约而至和精神饱满的形象感到满意。面谈过程中，小林注重自己的坐姿，表现得大方得体，并在不经意间透露自己同为退伍军人的父亲对自己的严厉教导，赢得了张申的好感，两人相谈甚欢。最终，因为小林提前做了充足准备，为张申的公司量身定做了方案，双方很快达成协议，成功达成合作。

不仅是约见顾客，日常与人交往，我们也应当做到守时、做好充足的准备，以饱满的精神和得体的穿着来体现对他人的尊重。

故事 2

近年来，农村年轻人纷纷外出打工挣钱，农村出现大量留守老人，一些来路不明的不

良商家就盯上了这些老人，利用表演接近法，通过虚假宣传向老人推销“三无”净水器，诈骗农村老人的钱财。

这些不良商家往往先讲课、送小礼品，吸引老人去参加他们的活动，然后继续宣传、利用电解水等手段说：看你们这边的水污染多严重，为了你们家人和孩子的健康考虑……之后再天花乱坠地介绍他们的净水器多好，先利用优质净水器做演示，向老人展示净化后的优质水源，通过讲课告知老人原价6 000多元的净水器做活动只卖2 000多元，还有电磁炉、电饭锅、鸡蛋、米面等赠品，相当于花2 000多元既买了一个6 000多元的净水器，又得到很多赠品。

有老人经过几小时的“洗脑”，被骗1.2万元，而实际上老人买回的净水器都是一些不合格或者没有生产许可的产品，只是被不良商家贴上了虚假标签，赠送的产品也往往是劣质的“三无”产品，有很大的安全隐患。这些骗子一般三天左右就能骗完一个村的老人，然后迅速辗转下一个村，上当老人钱财受损、苦不堪言。近年来，政府也在加大力度整治这些诈骗行为。

企业和推销人员在实际工作过程中应当讲诚信、遵守法律法规，严禁虚假宣传、销售“三无”产品、诈骗等行为；普通民众应当提高辨识能力，选择正规渠道购买合规产品，遇到类似事件要学会用法律保护自己的合法权益。

作业单

一、单项选择题

1. 在推销过程中，约见是接近的前奏，也是（　　）的开始。

A. 接近　　B. 说服　　C. 拜访　　D. 推销洽谈

2. 快捷、便利、费用低、范围广，不仅可以非常容易地约见国内顾客，而且还为约见国外顾客提供了非常有效的途径。这种约见方式是（　　）。

A. 电话约见　　B. 网上约见　　C. 信函约见　　D. 委托约见

3. 推销人员直接把产品、样品、模型摆在顾客面前，以引起顾客对其推销的产品足够的注意与兴趣，进而导入面谈的接近法是（　　）。

A. 赞美接近法　　B. 介绍接近法　　C. 问题接近法　　D. 产品接近法

4. 推销人员直接阐述说明产品给顾客带来的好处，以引起其注意和兴趣，进而转入洽谈的接近方法是（　　）。

A. 问题接近法　　B. 介绍接近法　　C. 表演接近法　　D. 产品接近法

5. “张先生你好，我是李丽，在东阳公司任职，我想向你介绍一下我们公司最近新生产的笔记本电脑的情况”。这种接近方法为（　　）。

A. 赞美接近法　　B. 介绍接近法　　C. 问题接近法　　D. 产品接近法

二、多项选择题

1. 约见的内容包括（　　）。

A. 约见对象　B. 约见事由
C. 约见时间　D. 约见地点
E. 约见过程

2. 下列地点中，可作为推销人员访问地点的有（　　）。

A. 顾客住所　B. 顾客工作地点
C. 推销人员住所　D. 公共场所
E. 社交场所

3. 约见法人购买者要准备好（　　）。

A. 企业的基本情况　B. 企业的生产经营情况
C. 采购管理　D. 组织人事关系

三、问题思考

1. 推销人员在接近顾客前需要做好哪些准备工作？
2. 接近个体准顾客与接近团体（组织）准顾客在准备工作上有哪些不同？
3. 约见顾客的基本内容包括哪些？约见的主要方法有哪些？
4. 为什么说自我介绍法是推销人员最常使用的方法，也是作用最微弱的方法？
5. 什么是产品接近法？运用产品接近法时应注意什么问题？
6. 什么是利益接近法？在什么样的条件下采用利益接近法效果比较好？
7. 推销人员在运用推销接近的方法技巧时应注意哪些问题？

四、案例分析

资料 1：

美国柯达公司老板伊斯曼曾捐款在罗切斯特市建造一座音乐厅、一座纪念馆和一座戏院。为承接这批建筑物内的座椅安装业务，家具制造厂商展开了激烈的竞争，结果都铩羽而归。

正是在此情况下，优美座位公司经理亚当森亲自出马，前去拜访伊斯曼，希望拿下这笔价值 9 万美元的生意。

伊斯曼的秘书在引见前，就对亚当森说：“我知道你想得到这笔订单，但我可以告诉你，如果你占用了伊斯曼先生 5 分钟以上的时间，你就完了。他是一个很严厉的大忙人，所以你进去后要快快地讲，讲完马上出来。”亚当森微笑着点头称是。

亚当森被引进伊斯曼的办公室后，看见伊斯曼正埋头于桌上的一堆文件，于是他静静地站在那里仔细地打量起这间办公室来。“先生有何见教？”过了一会儿，伊斯曼抬起头来，发现了亚当森。秘书把亚当森做了介绍后，便退了出去。这时，亚当森没有谈生意，而是说：“伊斯曼先生，在我们等您的时候，我仔细观察了您的这间办公室。我本人长期从事室内的木工装修，但从没见过装修得这么精致的办公室。”

伊斯曼回答说：“哎呀！你提醒了我一件差不多已经忘记了的事情。这间办公室是我亲自设计的，当初刚建好的时候，我喜欢极了，但后来一忙，就没机会仔细欣赏一下这个房间了。”

伊斯曼走到墙边，用手在木板上一擦，说：“我想这是英国橡木，是我的一位专门研究室内细木的朋友专程为我订的货。”

伊斯曼心情极好，带着亚当森仔细地参观起办公室来，把办公室内的所有装饰一一地向亚当森做介绍，从木质谈到比例，又从比例谈到颜色，从工艺谈到价格，然后又详细介绍了他的设计经过。亚当森微笑着聆听，饶有兴趣。

亚当森看到伊斯曼的谈兴正浓，便好奇地询问起他的经历来。伊斯曼便向他讲述了自己苦难的青少年时代的生活，自己和母亲在贫困中挣扎的情景，自己发明柯达相机的经过，以及自己为社会所做的巨额捐赠……

亚当森听得出神，由衷地赞扬他的功德心。本来秘书已经警告过亚当森，谈话不要超过 5 分钟。结果，亚当森和伊斯曼谈了一个小时又一个小时，一直谈到中午。最后，伊斯曼对亚当森说：“上次我在日本买了几把椅子，放在我家中的走廊里，由于日晒，都脱了漆。我昨天到街上买了油漆，打算亲自把它们重新漆好，您有兴趣看看我的油漆表演吗？好了，到我家里和我一起吃午饭，再看看我的手艺。”

结果可想而知，最后亚当森拿到了 9 万美元的订单。

分析：

在本案例中，亚当森为得到 9 万美元的订单做了三件事，给了我们哪些启示？

资料 2：

“恒暖”公司提供的产品是适用于别墅的绝缘电热器。它的主要特点是能大大地节省供暖费用。以前这种产品都是通过推销人员挨家挨户地上门推销的。下面是一位推销人员上门推销的过程。

[顾客把门打开了一半，推销人员向后退了半步]

推销人员：“您好！我想找张先生。”

顾客：“我就是，您有什么事儿吗？”

推销人员：“张先生，这套房子这么漂亮，是您的吧？”

顾客：“是啊，不过，您到底有什么事呀？”

推销人员：“我先做一下自我介绍。我叫小谢，是‘恒暖’公司的！”（他递上了一张名片。顾客为了接名片，不得不向前走了一步。）

推销人员：“张先生，我想您一定希望能够最大限度地减少供暖费用！”

顾客：“对，可是我们一般不买上门推销的产品！”

推销人员：“我也不建议您那么做，张先生！您还记得您去年冬天的供暖开支是多少吗?”

顾客：“记得，差不多3 000元!”

推销人员：“如果我现在说，根据目前的能源价格，您每年至少可以从这3 000元中省出800元，那您感兴趣吗?”

顾客：“但是，您怎么能做到这一点呢?”

推销人员：“张先生，如果我可以进去谈的话，只需要7分钟，您就可以知道‘恒暖’是怎样帮您做到这一点的。我可以进去坐一会儿吗?”

顾客：“您不能在门口说吗?”

推销人员：“为了得出准确的数据，我必须从里面看看您房子的墙壁和窗户，张先生。而且，在这儿我也没法把我的材料展示给您看！每年省出的800元一定值得您付出这7分钟时间……”

顾客：“嗯，我一般是不让陌生人进来的，不过今天给您开个特例……我对您的产品还是比较好奇……”

分析：

（1）推销人员运用的接近方法是什么?

（2）简述推销人员成功的理由。

（3）评价一下推销细节。

资料3：

赵经理：

您好!

我是××保险公司的司丽，和您的同学刘涛是好朋友，从他那里得知您在事业上取得了非凡的成就，恭喜您！我非常想能有机会向您讨教成功之道，同时也让我有机会给您推荐一份新的保险计划，许多与您一样的成功人士对我们的产品都很认同，相信对您一定会有帮助。我将在近日拜访您，恳请接见。

祝万事如意!

司丽　呈上

××年××月××日

分析：

（1）本案例属于什么约见方式？这种约见方式有什么优缺点?

（2）除上述约见方式外，还有什么约见顾客的方式？各有什么优缺点?

学习情境 4　推销洽谈

学习导图

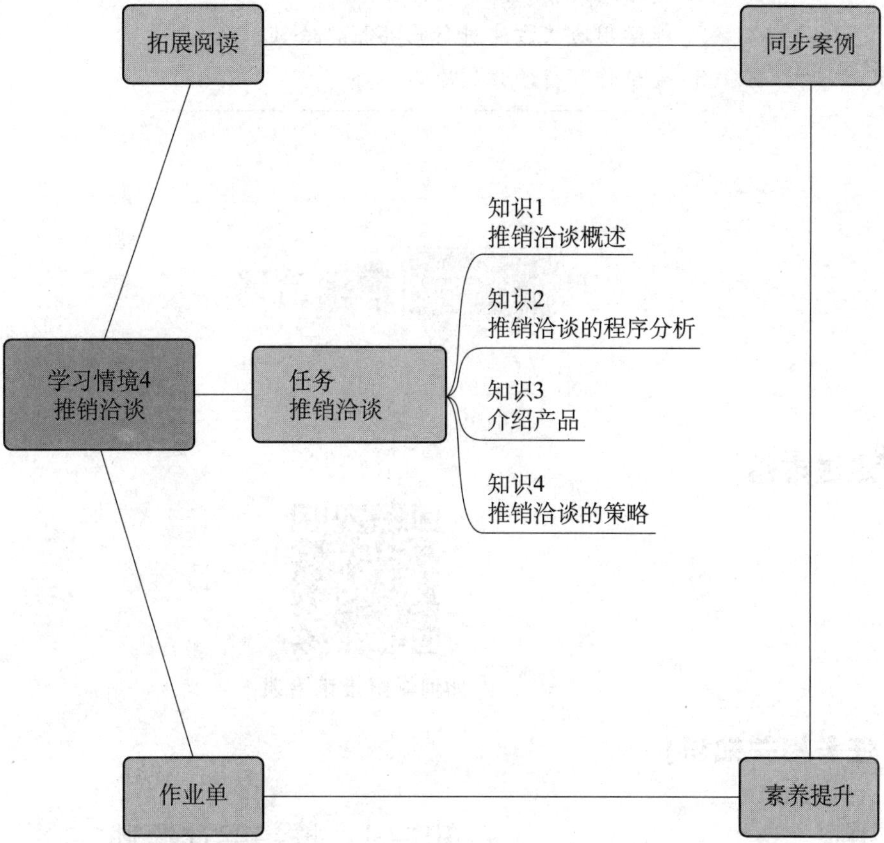

学习目标

● **育德目标**

1. 树立注重顾客满意、用心为顾客解决问题的职业素养。
2. 培养“敬业、诚信”的社会主义核心价值观。

● **知识目标**

1. 认识推销洽谈的目标与内容。
2. 熟悉推销洽谈的原则与步骤。
3. 理解产品特点与利益。
4. 掌握产品介绍的方法和技巧。
5. 掌握推销洽谈的方法和技巧。

● **能力目标**

1. 灵活运用推销洽谈的方法和技巧。
2. 能运用洽谈方法进行产品推销洽谈。
3. 会制作可行的推销洽谈程序。

任务 推销洽谈

【走进推销】

如何做好推销洽谈

【任务相关知识】

微课：

推销洽谈

知识1 推销洽谈概述

一、推销洽谈的概念和原则

（一）推销洽谈的概念

推销洽谈是买卖双方为达成交易，维护各自利益，满足各自的需要，就共同关注的问题进行沟通与磋商的活动，又称推销面议。在现代推销环境里，推销洽谈的方式和方法也在不断变化，人们可以利用一切可以沟通的形式进行推销洽谈，除了传统意义上的面对面的洽谈外，还有电话、邮件、网络视频、电子邮件等形式。学习现代推销洽谈技术，有助于推销人员借助不同的洽谈形式高效地完成推销工作。

（二）推销洽谈的原则

推销洽谈实际上是一个沟通和寻找利益交叉点的过程。推销人员都希望尽快实现自己的目标，但这并不意味着推销人员在洽谈过程中可以任意调整己方的目标，更不能为了满足顾客需求，不顾公司原则，随意夸下海口调高或调低洽谈目标。也就是说，推销人员在洽谈中应坚持一定的原则，确保实现自己的目标。那么在推销洽谈中，应遵循怎样的原则呢？

1. 针对性原则

所谓针对性原则，是指推销洽谈应该服从推销目的，具有针对性。一般包括以下几个方面：

（1）针对顾客的动机特点开展洽谈。推销洽谈应该从顾客的动机出发，加以引导。顾客需要什么，推销人员就推销什么。有些顾客是中间商顾客，他们购买的动机是在市场上适销对路且物美价廉；有些顾客是最终消费者，他们的动机多种多样，如求实、求廉、求新、求美、求异等。因此，推销人员应该以迎合顾客动机为基础，组织洽谈内容。

（2）针对顾客的心理特征开展洽谈。不同的顾客具有不同的个性和心理特征。例如：有的内向，有的外向；有的随和，有的固执；有的自卑，有的自傲；有的慎重，有的草率；有的冷淡，有的热情等。推销人员只有针对不同个性心理的顾客采取不同的洽谈策略才能取得实效。

（3）针对顾客的敏感程度开展洽谈。不同的顾客对产品的敏感程度不一样。比如：有的顾客对价格特别敏感，尤其是一些中间商；有的顾客对产品的质量非常敏感。推销人员在组织洽谈的过程中，必须根据顾客的特点，设计合理的洽谈方案，增强产品的竞争能力，力争取得成功。

2. 鼓动性原则

所谓鼓动性原则，是指推销人员在推销洽谈中用自己的信心、热心和诚心，以自己的丰富知识有效地感染顾客，说服和鼓动顾客采取购买行动。

推销人员要始终抱定成功的信念，相信自己的产品和服务，热爱自己的事业、自己推销的产品和自己的顾客。同时，在推销洽谈中要表现出专家的风范，用广博的知识去说服和鼓动顾客，更要善于用具有感染力和鼓动性的语言去生动形象地传递非理性信息，打动顾客的心。

3. 倾听性原则

所谓倾听性原则，是指推销人员在推销洽谈过程中，不要只是向顾客传递推销品信息，而且要注意倾听顾客的意见与要求。

为了达到推销的目标，推销人员切忌滔滔不绝地从企业自身的角度去介绍产品，而要善于倾听，善于观察顾客的需求。其实，这也是一种推销的原则。许多成功的推销经验告诉我们，有时推销人员说得越多反而越会使顾客产生反感情绪；相反，尽量让顾客去表达自己的意愿，少说多听，有时会取得意想不到的效果。

4. 参与性原则

所谓参与性原则，是指推销人员在推销洽谈过程中，积极地设法引导顾客参与推销洽谈，促进信息双向沟通。

推销人员要与顾客打成一片，使顾客产生认同感和归属感，以提高推销效率。有时，推销人员还要设法引导顾客积极参与洽谈过程。例如：引导顾客发言，请顾客提出和回答问题，认真听取顾客的意见，让顾客试用推销品等。这些活动都能使顾客参与推销活动，使顾客产生满意感，从而充分调动顾客的积极性和主动性，创造有利的洽谈气氛，提高推销洽谈的成功率。

5. 诚实性原则

所谓诚实性原则，是指推销人员在推销洽谈过程中切实对顾客负责，真心诚意地与顾客进行推销洽谈。

（1）推销人员在出示有关证明文件时，如推销人员的身份证明和推销品的有关证明，不能伪造证明，欺骗顾客。目前，少数企业为了扩大产品的影响力，经常号称自己公司的产品是经过××级别认证，销量排行第×位，经××部门认定的合格产品等，这样的光辉头衔缺乏真实性，是一种误导顾客的行为。

（2）推销人员推销的产品必须与企业产品完全一致。有时，为了达到推销的目的，有的推销人员故意将质量不同于原产品的样品带去跟顾客洽谈，这种做法完全是一种欺骗行为。

（3）推销人员在介绍产品时，要诚实守信，不能用假话欺骗顾客。

同步案例 4-1

一位房地产经纪人正在和顾客讨论有关一所大房子的交易问题。他们一起去看房子，房地产经纪人觉察到顾客对房子颇感兴趣，便对顾客说："现在，当着你的面，我告诉你，这所房子有下列几个问题：（1）取暖设备要彻底检修；（2）车库需要粉刷；（3）房子后面的花园要整理。"顾客很感激经纪人把问题指出来，之后他们又讨论了房子交易的一些其他问题。最后的交易结果可想而知。

思考

这位房地产经纪人推销成功的经验是什么？

二、推销洽谈的内容

在洽谈方案中，必须事先确定洽谈可能涉及的内容。洽谈的内容也应围绕顾客所关心的问题来确定。一般包括以下几个方面。

（一）产品条件洽谈

一般来说，产品条件洽谈的内容包括产品本身及其规格、性能、款式、质量等，这是顾客最关心的问题。对个体顾客和生产者顾客来说，购买产品的目的就是要得到一定的使用价值，满足生活消费和生产消费的需要。对中间商来说，购买产品是为了转卖，满足获取利润的需要。不管是中间商还是最终顾客，所关心的产品的侧重点和要求是不同的。不同顾客对质量的要求也是不同的，质量高的产品能引起顾客的购买欲望，有时候质量低的产品也会吸引一部分顾客购买。对个体顾客和生产者顾客而言，推销人员的介绍和洽谈应以产品的适用性为重点；对中间商来说，推销人员应着重介绍产品的市场前景。

（二）价格条件洽谈

价格是推销洽谈中最敏感的问题之一，因为它涉及买卖双方的利益。推销人员应认识到，价格并非越低越好，价格低的产品不一定畅销，价格高的产品也不一定没有销路。因为任何顾客对产品价格都有自己的理解，顾客对价格有时斤斤计较，有时又不十分敏感，主要取决于顾客需求的迫切程度、需求层次、支付能力和消费心理等。在价格洽谈中，推销人员要在不违反公司政策的基础上，灵活运用价格这一敏感的洽谈焦点，针对顾客的不同要求，巧妙定价。比如：对价格比较敏感的顾客，推销人员可以根据情况适当降价；而对价格不是很敏感的顾客，推销人员可以适当提高价格，同时完善产品相关的维修保养、售后服务等，让顾客有超值的感觉。

（三）其他条件洽谈

1. 服务

服务是营销中不可或缺的一个环节，推销人员要将自己公司所承诺的服务范围准确、真实地传递给顾客，告知顾客彼此的权责范围，以免发生不必要的麻烦。

销售服务的内容一般包括以下几点：（1）兑现向顾客承诺的送货时间；（2）兑现向顾客承诺的送货方式、送货地点、运输方式等；（3）兑现向顾客承诺的提供零配件、工具、维修以及技术咨询和培训服务等；(4) 兑现免费安装、维修、退换、养护、保养等方面的服务。

2. 结算条件

在洽谈方案中，结算问题都必须先明确，包括结算的方式和时间。双方应本着互利互惠、互相谅解、讲求信誉的原则进行磋商。

洽谈中要确定的主要内容有：采用现款还是采用本票、汇票、支票方式支付；是一次付清、延期一次付清还是分期付清，以及每次付款的时间和数额；在付款时间方面，是提前预付还是货到即付或其他方式。

3. 保证条款

保证条款是指在交易过程中，买卖双方对买进、售出的商品要承担某种义务、责任，以保证双方利益的担保手段。这种协议实质上也是为了进一步明确双方在交易中的权利和义务，它是一种担保措施，也是纠纷解决的办法。通常情况下，为了避免纠纷，双方都要严格、谨慎地签订一份协议，以保证交易的顺利进行。通常情况下，对于一些比较大宗的交易，为了降低风险，谨慎的双方往往会就双方履行和违约等有关权利、义务、纠纷诉讼、处理办法事先进行协商，以免引起不必要的麻烦。

知识 2　推销洽谈的程序分析

前面我们讲到了推销洽谈的目的和原则，那么在具体实施推销洽谈时，推销人员有没有一个规范的步骤去参考呢？答案是肯定的。一般而言，推销洽谈的程序大致可分为准备阶段、正式洽谈阶段、检查确认阶段。每个阶段都有不同的基本要求和工作重点。为此，我们一定要掌握好洽谈的步骤，循序渐进，逐步实现推销洽谈的目标。

一、推销洽谈的 4P

(一) 目标 (Purpose)

推销洽谈前必须制定一个可行的目标。洽谈者只有明确了洽谈目标，才能弄清自己的努力方向，在洽谈中把握分寸，保证洽谈的顺利完成。具体来说，洽谈的目标包括以下几点。

1. 寻找顾客的需要

从市场营销的角度去考虑，企业的根本目的是实现最大利润，而实现利润的途径是满足顾客需求。推销是市场营销中促销的一种手段，推销人员在洽谈之前，也必须尽量设法找出顾客的真正需要，投其所好。有的推销人员赢得洽谈机会后，只是从企业自身的角度去介绍自己产品的特点、自己的价格政策或对顾客的优惠措施，唯独不去思考、判断此刻顾客在考虑什么，顾客最关心的是什么。往往说了半天后，顾客会不耐烦地说："如果我需要你的产品，我会跟你联系的，再见。"其实，推销洽谈的最根本目的就是满足顾客需求，所以推销人员要善于让顾客发表见解，从他们的话语中了解他们的真正所需，这样才能增加成功的机会。

同步案例 4－2

某房地产公司的刘迪听说××公司的王科长近日有购房的打算，立刻去王科长的家里拜访。

"王科长，听说您打算购置一栋住宅，不知是真是假？"

"是有这个打算。现在住房太挤，住着一点也不舒服。因此，我想换一套大一点的房子！"

"我们公司现在有几栋房子，正准备出售，不知您有没有兴趣？面积和户型一定能使您称心如意！"

然后，刘迪带王科长去了公司房子所在地。他边走边介绍："这栋房子总价才×××万元，这在市区内已经十分便宜了，您认为怎么样？"

"太贵了，太贵了！"

"您等一下，我再和主管商量商量。"

隔了一段时间，刘迪又回来对王科长说："刚才，我和主管商量了一下。主管说，我们在××地也有一处类似的房子，户型和这也差不多，周围环境也不差，而价格适合您的要求，您觉得怎样？"

"那我们去看看吧！"

当王科长看了××地的房子以后，感觉还可以，于是就和刘迪签了订单。签单之后，刘迪顺便又适当地补充了一句："我们公司设计的房子有配套的装修服务，如果需要请联系我们。"

思考

案例中的推销员为什么能成功地与顾客签订订单？

2. 介绍产品信息

推销的一个重要目的是让顾客了解产品，最终实现购买行为。推销人员要根据不同顾客的需求，适宜地将产品的信息传递给对方，如企业规模、企业生产情况、产品功能、商标、质量、价格、服务、销售量等。此时切忌滔滔不绝地讲述自己的产品。一般来讲，顾客所面对的推销人员不止一个，市场上肯定存在竞争关系，只有传递那些最能满足顾客需求的信息或者企业产品优于其他同类产品的信息才能有机会成功。当然，推销人员要赢得顾客的充分信任，在传递信息的时候务必客观真实、实事求是。

3. 处理顾客异议

在推销过程中，顾客难免会提出一些问题，恰当处理这些问题是推销成功的关键，切忌因为推销心切，掩盖产品不好的信息而欺骗顾客。只有客观真实地解释说明，巧妙地把产品的优点突出来，才能解决顾客的诸多疑虑。比如：顾客认为产品的样式不好，推销人员如果明知道这确实是个问题却说："不会啊，我觉得我们公司的产品样式是最齐全、最完美的。"这样一来，只能增加顾客对推销人员的反感，甚至对这家公司的不信任。相反，如果推销人员此时换一个角度去回答可能效果会不同。可以这样回答："哦，我们公司的产品的确样式单一，我也发现了这个问题，但由于这种产品的核心技术跟其他同类公司不一样，所用的材料不同，这样做的优点在于……因此样式只能这样了。"最终消除了顾客心中的疑虑。推销人员只有在诚实守信的基础上掌握适当的语言技巧，才能消除顾客异议。

4. 有效促使顾客采取购买行为

推销活动的最终目的是要说服顾客采取购买行为。有时，顾客由于选择机会很多，难免会犹豫不决，出现反复行为，甚至会产生复杂的心理冲突，但最终还是会做出购买或不购买的决策。在洽谈过程中，推销人员必须准确把握顾客购买决策的心理冲突，站在顾客的角度，有理有据地为他们分析利弊，通过优质的产品、良好的信誉、知名的品牌、完善的售后服务最终促使其尽快做出购买决策。

同步案例 4-3

某发电厂是小王所在公司的新顾客，需购买仪表。该厂由小王负责。小王采用许多办法与该公司的采购人员和技术人员建立了密切关系。一次，发电厂的技术人员反映有一台新购的仪表有质量问题，要求给予调换。小王当时正在忙于同另一个重要顾客洽谈业务，拖了几天才处理这件事情，他认为凭着双方的关系，发电厂技术人员不会介意，可是那家发电厂以后购买仪表时，又转向了其他供应商。

思考

推销员小王失去顾客的原因是什么？

（二）计划（Plan）

计划是对推销洽谈的具体安排，包括要讨论的议题、参加的人员、双方要遵循的规则等。制订洽谈计划是洽谈准备阶段的首要环节，其中包括：对洽谈的预期评价，确定推销洽谈的时间、地点，进一步核实顾客的基本情况，提供产品样品和服务的有关信息，选择推销洽谈的策略和方法，做好洽谈的心理准备等。制订合理的推销洽谈计划关系到推销的成败，要做大量的准备工作，比如对顾客基本情况的了解，就需要掌握顾客的姓名、年龄、职务、性格、偏好、工作作风、顾客本人及其所在部门的状况等。此外，为了能够达成购买意向，还需要知道顾客的资金情况、是否有权购买、是否有迫切的需求等。只有准备到这种程度，才能在推销洽谈中灵活、有针对性地推销。

（三）进程（Pace）

进程是推销洽谈的具体时间安排，包括所需的总时间和洽谈进度安排。

（四）个人档案（Personal Files）

个人档案是指双方洽谈小组各成员的具体情况或双方洽谈人的具体情况，包括姓名、职务、年龄、性别、性格特点、习惯爱好、在洽谈中的地位和作用等。

二、推销洽谈的程序

推销洽谈的程序可分为三个阶段：准备阶段、正式洽谈阶段、检查确认阶段。

（一）准备阶段

准备阶段一般包括：资料准备、工具准备、心理准备及洽谈场所和人员的准备。前两个问题已在其他学习情境中介绍了，这里不再讲述，下面只介绍后面两个问题。

1. 心理准备

洽谈的心理准备主要是指洽谈人员要从思想上高度重视，并对洽谈中可能出现的一些问题做好应变的准备。特别是洽谈中出现的预想不到的情况和对己方不利的情况，要事先设想出应对措施，以便到时处变不惊、沉着冷静。例如：上门推销，对方不接待怎么办？对方态度恶劣怎么办？对方有意回避怎么办？

2. 洽谈场所和人员的准备

推销洽谈并非都在买方的办公室进行，如果是在卖方的公司、展销会、订货会等地进行洽谈，卖方就要对洽谈场所进行准备。洽谈场所的准备包括房间、家具、文具、需要使用的相关设备等。对洽谈人员的组成也应提前安排与通知。洽谈场所和人员的准备通常是和推销洽谈的形式和内容紧密联系在一起的。一对一的洽谈，推销方主要考虑派谁洽谈最为合适，如果已经知道对方洽谈人员的职务、年龄等情况，最好派出与对方职务同等、年龄相近的洽谈人员。洽谈场所不需要太大，家具也不需要太多。多对多的洽谈，推销方应做好组织和分工，要考虑对方派出的洽谈小组的构成。洽谈场所需要大一些的房间，要准备供双方洽谈小组进行洽谈的长桌，在安排座位时应该特别注意双方主谈人的位置应处于正中。此外，如有可能，可以安排一些沙发供洽谈中间休息。要注意推销洽谈人员的准备，一定要贯彻职级相等或己方职级略高于对方的原则，以免使对方产生受轻视或受辱的感觉。

（二）正式洽谈阶段

这一阶段分为摸底阶段、报价阶段、磋商阶段。

1. 摸底阶段

在这一阶段，谈判双方试探性地提出问题，互相了解对方，旨在建立推销洽谈气氛、交换意见、开场陈述。这一阶段一般从见面入座到洽谈实质内容之前。在这一过程中，要竭力营造一种轻松、友好、愉快与和谐的谈判气氛。如果洽谈双方是对立、猜忌的，将在很大程度上影响谈判的结果。因此，在谈判的摸底阶段，谈判双方最好不要直奔主题，应以一些非业务性、轻松的话题开头，这将对推销洽谈起到积极的促进作用，是谈判得以顺利进行的润滑剂。

在这一阶段，如果谈判双方彼此对谈判的气氛满意、彼此诚意合作，接下来往往要选派代表进行一个开场陈述，要将自己的立场做一个粗略的叙述，同时听取对方的陈述。开场陈述一般采用书面、口头或书面与口头相结合的形式，全面陈述本方立场。开场陈述时间不宜过长，点到为止，使对方能很快提问，从而展开沟通与交流。

2. 报价阶段

在报价阶段，洽谈双方分别提出具体交易条件，它是开局阶段开场陈述的具体化，涉及谈判双方的基本利益。因此，报价阶段是推销洽谈十分重要的阶段，是洽谈的核心和关键。

谈判一方在向另一方报价时，首先应该弄清楚报价时机与报价原则。一般而言，在对方对推销品的使用价值有所了解后才报价，对方询问价格时是报价的最好时机，报价时最好按照产品等级报价，价格有高有低，便于对方结合自身情况综合考虑。报价的原则一般要坚持做到表达清楚、明确，态度坚定、果断，不主动对自身价格做解释，尽量留有充分的磋商余地，便于对方讨价还价。

3. 磋商阶段

这一阶段也称讨价还价阶段，是指洽谈双方为了各自的利益、立场，寻求双方利益的共同点，并对各种具体交易条件进行磋商和商讨，以逐步减少彼此分歧的过程。在这一阶段，双方都极力阐述自己的立场、利益的合理性，施展各自的策略和手段，企图说服对方接受自己的主张或做出一定程度的让步。磋商阶段是双方利益矛盾的交锋阶段，谈判双方之间存在分歧或彼此处于对立状态是不可避免的，因此，双方应适当地让步，从而寻求解决彼此分歧并达成协议的办法。在此阶段，切记在没有真正把握对方意图和想法的时候，不可轻易做出妥协、让步。让步时不做无利益的让步，不做同等幅度的让步，不做过早的让步，不做大幅度的让步。此阶段是洽谈的最关键阶段，也是最难的阶段，处理好这个阶段的问题是成功洽谈的重中之重。

（三）检查确认阶段

检查确认阶段是推销洽谈的最后阶段，也是收获最终成果的阶段。当双方进行实质性的磋商后，经过彼此的妥协让步，重大分歧基本消除，意见逐步统一，趋势逐渐明朗，最终双方就有关的交易条款达成共识，于是推销洽谈便进入成交阶段。

检查确认的内容包括：

（1）检查成交协议文本。最后文本一定要格式化并经过法律顾问的审核。

（2）签字认可。经过检查审核后，由洽谈小组组长或洽谈小组成员签字认可。

（3）在检查确认阶段，要做好货款的点收和产品的检查验收工作，对小额款项进行直接支付。

（4）最后进行诚挚的感谢并礼貌告别。

同步案例 4－4

张经理想将现有的一辆丰田小汽车卖掉，然后再购买一辆宝马汽车。张经理的一位朋友得知后，想购买这辆丰田小汽车，问张经理这辆车的价钱，张经理回答说："你出个价吧。"这位朋友说："8 万元行吗？"张经理回答说："老朋友了，就按你说的价格定了吧"。事后，张经理的朋友怀疑这辆车不值这个价，心里总不是滋味。

思考

为什么张经理的朋友不但不领情，而且心中还不是滋味呢？这个案例给了我们什么启示？

知识 3　介绍产品

请比较下面的两个实例：

实例 1：推销商品房。

推销员（错误的回答）：好的，我们有许多造型美观的商品房正待出售呢，而且这些房子的价格也不贵。

推销员（正确的回答）：请坐，××先生，我们有许多造型美观的商品房正上市，我保证它们中一定有符合你要求的。如果你愿意提供更多的情况，我们会帮助你选择。你想要什么户型和多大面积的？

实例 2：推销家用隔热层。

推销员（错误的回答）：这种新型隔热层的销售额是其他材料的一至二倍。它是一种新的化学材料，防火性能好。我们通过调查发现，如果居室天花板不安装任何隔热材料，至少损失 40％的热量。安装隔热层后，损失的热量不到 5％。

推销员（正确的回答）：××女士，我肯定您会很乐意在您的居室安装这种隔热层。

当孩子们在家时，您肯定希望室内保持恒温，我们生产的这种材料可以做到这一点。而且，××女士，如果安装上这种防火隔热材料，您的天花板也更易于保持清洁。在没有隔热材料保护的情况下，由于热空气的流动，天花板容易出现裂缝，维修时大概也要花费您一笔不小的费用。

介绍产品是一项艺术性与技巧性均较强的工作。清楚并巧妙地将产品的种种特性介绍给顾客，引发顾客的兴趣，是推销洽谈中不可缺少的一个步骤。

微课：

介绍产品的方法

一、介绍产品的方法

如何向顾客介绍产品，方法有许多种，除了前文介绍的费比模式（FABE 模式），这里着重介绍解答五个“W”。

推销人员在策划如何介绍产品时，可以考虑以下五个“W”，具体内容包括以下几点。

（一）你为什么来（Why）

这个问题包括：

（1）推销人员为什么来访问顾客？

（2）顾客为什么要腾出时间听推销人员介绍所推销的产品？

（3）顾客为什么要买推销品？

这几个“为什么”，在推销人员去见顾客之前就应注意。若在访问开始时让顾客明白“访问原因”，往往会产生较好的效果。

（二）产品是什么（What Is It）

很多推销人员见到顾客后，立刻会告诉顾客他的产品是什么样子、什么原理、有多少款式可供选择、价格多么优惠等。可惜说得口干舌燥，顾客就是不为所动。究其原因，是推销人员在向顾客推销产品时，没有让顾客真正了解产品，没有向顾客说明推销品能给顾客带来的利益。因此，推销人员在与顾客洽谈时，应向顾客说明推销品与顾客之间的利益关系，这样顾客才有可能静下心来专注于推销人员对产品的推销。

同步案例 4-5

这里是两份电磁炉产品介绍：

NO. 1

第一部分：电磁炉是什么。它是不需要明火或传导式加热的无火煮食厨具。

第二部分：介绍工作原理。电磁炉通过电子线路板组成部分产生交变磁场，当把含铁质锅具底部放置炉面时，会切割产生交变电流，导致锅具铁分子高速无规则运动，以致分子互相碰撞，摩擦产生热量。

NO. 2

第一，电磁炉体积小，外观优美，方便整洁。

第二，用电工作，无明火，安全系数高。

第三，煎、炸、烹、煮、火锅样样都行，是真正的烹饪神器。

思考

上述两种产品介绍，哪一种介绍卖出产品的机会多一些？为什么？

拓展阅读

推销员到底卖的是什么？

（三）谁谈的（Who Say So）

在推销工作中，推销人员要想使顾客对自己所推销的产品有信心，并使其认为与自己交易是可靠的、有保障的，就要对这一问题进行解答。顾客对推销人员的人格非常重视，他会细心体察与推销人员的谈话，并对“谁谈的”这个问题相当感兴趣。因此，企业的名誉、经验、信用等是非常重要的问题。推销人员不要以为顾客对推销人员所属企业十分了解而忽视这一环节。

（四）谁曾这样做过（Who Did It）

这里的“谁”是指曾购买过推销人员的商品并从中获益的人。若这位顾客与推销人员原先的顾客是旧识，那么这种方法往往更能发挥效用。当然，推销人员也可列出顾客名单来获取顾客的信任。

（五）顾客能得到什么（What Do Get）

这个问题是推销人员必须回答的。他要告诉顾客可以从这笔买卖中获得利益及利益的具体内容，让顾客相信该交易是值得的。同样的产品，不同的人有不同的购买动机。比如一辆汽车，有人买是为了代步，有人买则是为了显示身份，还有人买仅仅是为了追赶潮流。总之，不管推销人员出售什么产品，顾客所购买的都不仅是产品本身，而是产品所带来的好处。推销人员应向顾客详细说明他可以从交易中获得的好处，如所能节约的时间、降低的成本、带来的便利、增加的安全、扩大的销路等。

同步案例 4-6

一些企业的CEO每个月都要购买数量可观的方便面，这是为什么呢？他没有钱到高档餐厅用餐吗？或者他只是为了填饱肚子，对食物毫无挑剔？当然不是。选择方便面是因为他们工作繁忙，吃方便面可以节约宝贵的时间。从这个层面上讲，CEO买的不是方便面，而是自己的时间。

思考

为什么说CEO买的不是方便面，而是自己的时间？

同步案例 4-7

第二次世界大战时期，美国军方推出过一个保险计划，每个士兵每月交10美元投保，万一战死，他的家属将获得1万美元的赔偿。连长把这个保险介绍给全连的兄弟，认为大家会踊跃购买，没想到却无一人报名。这时，一个老兵站起来对大家说："兄弟们，假如我们购买保险，战死沙场，我们的家属将得到1万美元赔偿；假如我们没有购买保险，在前线死后一分钱也得不到。大家请想一想，政府会派那些死了要赔1万美元的士兵上前线，还是会派死了也白死的士兵上前线？"于是，大家踊跃购买保险。

思考

为什么老兵的演说能使大家踊跃购买保险？

二、产品介绍的目标和次序

产品介绍的目标就是卖出产品。卖出产品不仅是产品介绍的目标，还是所有推销环节的目标。因此，产品介绍环节有区别于其他推销环节的使命。

（一）产品介绍的目标

微课：

产品介绍应注意的问题实训

（1）顾客通过产品介绍能清楚地了解到什么？

（2）应该创造何种气氛，让顾客对产品产生何种感觉？

（3）听完产品介绍的顾客将做什么？

仍以上面电磁炉的产品介绍为例，推销人员在做完产品介绍后：

第一，顾客至少能够了解到NO.2的所示信息。

第二，NO.2的介绍让顾客产生电磁炉非常适合家庭烹调，买回家会很方便的感觉。

第三，听完产品介绍后顾客将做什么？当然是购买产品，这是介绍产品目标达成的自我检测。

（二）产品介绍的次序

每个产品都附加很多信息，但这些信息中有顾客需要知道的，也有顾客不需要知道的，有顾客非常关心的，也有顾客无所谓的。推销人员在介绍产品信息时，有必要将已知信息进行分类，按照先后顺序进行排列，如图 4-1 所示。

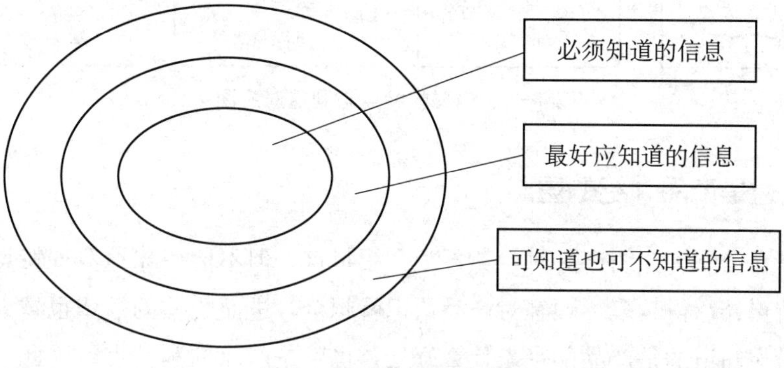

图 4-1　信息分类排序图

在图 4-1 中，圆心部分首先是顾客必须知道的信息；其次是最好应知道的信息；最后是可知道也可不知道的信息。介绍产品自然是按从内到外的顺序进行。

同样以电磁炉的产品介绍为例：

圆心内容：电磁炉用电工作，无明火，安全系数高；电磁炉热效率高，能有效缩短烹饪时间，节省家庭开支；煎、炸、烹、煮、火锅样样都行，是真正的烹饪神器。

次圆内容：电磁炉体积小，外观优美，方便整洁；电磁炉是适用的厨具。

外圆内容：电磁炉的工作原理、未来前景等。

三、产品介绍时应注意的问题

产品介绍是通过对所提供的解决方案和产品优点的介绍，使顾客相信你介绍的解决方案和产品恰好能满足他们的需要的过程。推销人员在向顾客介绍自己推销的产品时，应掌握并恰当运用一定的技巧以达到引起顾客兴趣、激发顾客购买欲望的目的，并最终达成交易。成功的产品介绍需要注意以下几个方面。

（一）区分产品特点和利益

产品的特点和利益是互不相同的两个概念。对推销人员来说，明确它们之间的联系和区别，是有效进行产品介绍的一个前提。

产品特点是指产品本身所固有的特征，如材质、结构、尺寸等。

产品利益是指顾客从购买的产品中得到的价值，也就是产品的特点能给顾客带来哪些方面的好处。

我们仍然以电磁炉的产品介绍为例，它的特点是电力工作、热效率高、功能齐全、体积小质量轻等，而每个特点又对应着一个利益点，如图 4－2 所示。

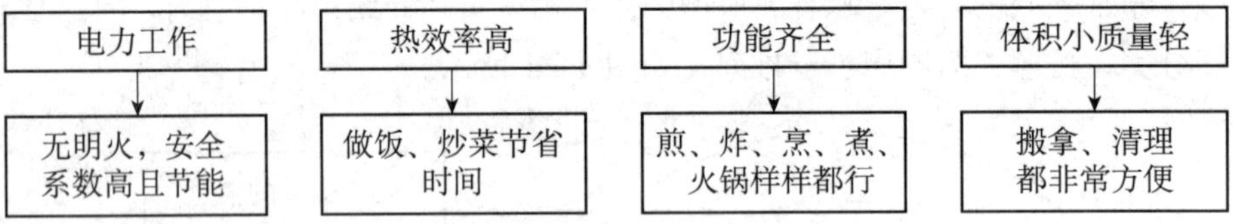

图 4－2　电磁炉特点与利益对应图

（二）利益是产品介绍的重点

推销人员在向顾客介绍产品时，免不了介绍特点，但不能一味地罗列特点。很多推销人员认为，特点介绍得越多，顾客对产品认识就越全，进而购买的欲望也越大。其实并非如此，顾客最想知道的是产品能带来什么好处，也就是产品的利益点。因此，在介绍产品时，遵循“特性→优点→顾客利益点”的陈述原则，特点为轻，利益为重。

仍以电磁炉为例。

第一种产品介绍：电磁炉顾名思义就是用电工作的，热效率高，功率可达 1 900 瓦。功能非常齐全，能满足基本的烹饪需要。而且，它的体积比较小，没有多少重量，符合现代家电轻巧的趋势……

第二种产品介绍：这种品牌的电磁炉能煎、能炸、能烹、能煮，冬天想吃火锅也没问题，真正是一炉多作。功率从 700 瓦到 1 900 瓦不等，想快就快，想慢就慢，一切都在掌握之中。再说它用电工作，没有明火，使用起来安全放心……

第一种介绍注重电磁炉的特点，第二种介绍则倾向于利益。对比来看，顾客显然更喜欢后一种。

（三）销售陈述妙趣横生，吸引潜在顾客

产品陈述需要遵循注意力、兴趣、渴望以及行动的原则。除了针对销售对象的需要展示你的产品所具有的优越性和价值外，还必须使销售陈述变得生动有趣，充分调动你的形体语言，而最好的形体语言技巧之一便是微笑。

通过提问、试用产品、产品演示等方法激发顾客参与到销售陈述中来，通过让潜在顾客参与，你会抓住顾客的注意力，减少顾客对购买的不确定性和抵触情绪。事实上，使买方积极地描述利益比你描述相同的内容而买方消极地听效果更好。

（四）证明性销售陈述更有力量

可借助第三方来证实你的产品的优势和利益。用事实说话：图片、模型、视频资料等。让专家说话：权威机构的检测报告或专家的论据。让数字说话：产品的销售统计资料及与竞争者的比较资料。让公众说话：来自媒体特别是权威报纸、杂志的相关产品报道。让顾客说话：顾客推荐函以及一些实际使用的实例等。

四、精彩的演示

演示，就是推销人员通过一定的方法，将产品优点、利益等展示给顾客，以促成交易的行为。其方法主要有以下几种。

（一）产品演示法

在现代推销环境里，推销品越来越多，推销信息越来越复杂。推销人员无法完全利用口头语言来传递全部推销信息，与其费尽千言万语，不如拿出推销品让顾客亲自看一看、摸一摸、闻一闻、尝一尝。根据现代推销学原理，推销品本身就是一位沉默的推销员，是一个最准确可靠的购买信息源，是一个最有效的刺激物。产品演示法可以制造一种真实可信的推销情景。如一位推销玻璃的推销员当着顾客的面用锤子砸玻璃，甚至让顾客亲身实践，使顾客惊异于玻璃的强度，继而信服。又如一位瓷器推销员把看起来十分精致的盘子放在地上，然后笑容可掬地对顾客说："你可以站到盘子上试试，来，请吧！"顾客迟疑地小声说："那能行吗？"推销员诚恳亲切地说："没问题，试一试吧！"当顾客站到精美的盘子上而没有发生他所担心的破损时，盘子牢固的质量已经得到了确凿无疑的证明。应注意，顾客的参与，比推销人员的独自演示更具说服力，也更能调动顾客的兴趣。

推销人员做示范时要注意：

（1）推销任何产品，都要向顾客做示范。无论顾客是否了解，推销人员都应尽一切可能做示范。而对那些复杂的、技术性能要求高的产品，更有必要通过演示使其具体化。推销人员要充分利用所掌握的资料，并把资料的使用与所预期的目标有机地结合起来，使推销活动达到事半功倍的效果。

（2）充分使用演示工具。如果推销人员不能随身携带产品，可以利用模型、样品、照片和图片做示范。推销人员要能熟记和灵活运用有关产品的所有数据，并能根据需要随时随手画出示意图和图表，这样有助于顾客产生形象概念，留下生动的感官印象。

（3）在使用产品过程中做示范。为了使顾客在了解产品外观形态的基础上更多地了解产品的实际功能和特点，推销人员需要示范怎样使用产品，并尽可能地让顾客亲自体验产品。

（4）给示范动作增添戏剧性。有时，为了使推销的产品更具有吸引力，做示范时要适当地安排些小插曲。例如：一家跨国公司的推销员为了向顾客证明他们公司生产的电子计算机的按键富有弹性，灵敏度高，用一根香烟触摸按键。这些经过充分准备并富有戏剧性的示范动作会使顾客产生一种新奇感，对产品产生浓厚的兴趣。

（5）示范要规范。在产品演示中，无论是动作还是语言都要标准化，以显示你的专业水平。

（6）要控制示范时间。示范时间不能过长，时间太长会让顾客觉得你占用了他太多时间。

（7）慎重对待宣传印刷品。通常情况下，顾客在接到推销人员送给他的小册子时，会以为业务洽谈接近尾声，往往会以客气的方式送推销人员出门，使洽谈中断而达不到效果。所以，为了让顾客对一些重要问题引起注意，推销人员不仅要把小册子送给顾客，还要对宣传印刷品上的主要内容进行必要的解释，确保顾客对其内容有透彻的了解。

（8）注意顾客的参与感。要请顾客参与演示活动，以便使顾客亲身体验到推销品的优点，产生认同感和占有欲望，从而提高推销洽谈的成功率。

拓展阅读

列车上的精彩推销

同步案例 4－8

一个成功的推销者，能运用技巧形成一种强大的影响力，让顾客产生参与感，并最终接受自己的建议。

史密斯先生在美国亚特兰大经营一家汽车修理厂，同时还是一位十分有名的二手车推销员。在亚特兰大奥运会期间，他总是亲自驾车去拜访那些想临时买部廉价二手车开一开的顾客。

他总是这样说："这部车我已经维修好了，您试试性能如何？如果还有不满意的地方，我会为您修好。"然后他请顾客开几公里，再问道："怎么样？有什么地方不对劲吗？"

"我想方向盘可能有些松动。"

"您真高明。我也注意到了这个问题，您还有没有其他意见？"

"引擎很不错，离合器没有问题。"

“真了不起，看来您的确是位行家。”

这时，顾客便会问他：“史密斯先生，这部车子要卖多少钱？”

他总是微笑着回答：“您已经试过了，一定清楚它值多少钱。”

若这时生意还没有谈妥，他会鼓励顾客继续一边开车一边商量。如此做法，使他的笔笔生意几乎都顺利成交。

思考

史密斯成功推销的原因是什么？

（9）帮助顾客从示范中得出正确的结论。推销人员的每次示范都应该有具体的目标。也就是说，推销人员在未做示范前就要明白这次示范要证明什么，示范结束后还要检查示范对顾客所产生的影响。许多推销人员往往忽视事后的检查，因此，即使他们的示范动作十分出色，到头来也只能收到微乎其微的效果。当然，判断推销人员的示范成功与否，要视顾客对推销人员的信服程度而定。如果推销人员想通过示范使顾客相信推销品经久耐用、效能高、易操作，那么，做完示范以后就要直截了当地向顾客提出这样一个问题：“你现在是否相信这种产品确实像示范所证实的那样？”顾客的回答可能有以下几种：

第一：“这种示范说明不了问题。”

第二：“哎……我简直不知怎么说才好。不过，乍看起来倒挺好，但是……”

第三：“你的话真是句句属实啊！你的示范使人印象深刻，难以忘怀。”

第一种回答清楚地表明推销人员的示范失败了。假设推销人员没有向顾客提问，对示范的效果就会茫然不知，那推销人员就失去了改进的机会。

第二种回答表明推销人员的示范虽不能说是失败，但也可以说他不能完全令人信服。这有可能是顾客还在怀疑推销品的质量。出现这种情况的原因可能是推销人员把顾客的期望值估计得过低，或推销人员过高地估计了示范的效果。

第三种回答表明推销人员的示范达到了预期效果，即顾客对推销人员成功的示范表示信服。此时推销人员应抓住良机，进一步唤起顾客的购买欲望，实现产品销售的目的。

（二）文字、图片演示法

文字、图片演示法是指推销人员通过演示有关推销品的文字、图片资料来劝说顾客购买推销品的洽谈方法，特别适用于不能或不便直接演示的推销品，如家具、商品房、成套设备等。此种方法还适用于用语言不便简要说明或难以说明的产品相关信息，如一些产品的设计原理、工作原理、统计数据、价目表等。采用文字、图片演示法既准确可靠，又方便省力、生动形象，可以使顾客容易理解、印象深刻。使用这一方法应注意：

（1）要收集系统性、准确性、权威性较高的推销品相关资料。演示材料的设计创作要力求与推销主题思想一致。

（2）遵循既能充分展示推销品的特点，又能针对顾客的主要购买动机的原则，提前做好资料的选择、整理与展示的准备工作，力求突出推销品的特点，给顾客以强烈的刺激，如文字的放大特写、图片的色调结构等，达到反差衬托的效果。

（3）坚持资料的可靠性、真实性、新颖性，随时修正、补充、更新有关的演示资料。

（4）要注意目标市场顾客的特点和不同的洽谈环境，选择并准备不同的演示资料系列。

（三）证明演示法

证明演示法是指推销人员通过演示有关证明资料劝说顾客购买推销品的方法。为了有效地说服顾客，推销人员必须出示有关证明材料，这是现代推销洽谈中经常使用的方法。这些证据包括：

（1）有关权威部门的鉴定、验证性文件，如检查合格证书、质量鉴定证书等。

（2）有关部门颁发的奖状、奖章。

（3）有关技术与职能部门提供的资料、数据、认可证明书。

（4）有关权威人士的批示、意见，知名人士的签字与言论。

（5）有关消费者的心得体会、来信，特别是消费者购买事例。

推销人员针对顾客的从众心理，及时演示推销证明，增强推销的说服力，具有良好的推销效果。使用这一方法应注意：证明资料要真实可靠，具有权威性和针对性。同时，注意演示技巧，意在证明而非炫耀，并令顾客心悦诚服。

（四）影视演示法

影视演示法是指推销人员通过录音、录像、电影、音响等现代影视工具，生动形象地传递大量的推销信息，制造真实可信的推销气氛，充分调动顾客的情感，增强推销说服力和感染力的推销方法。在许多生产资料推销、批发推销和国际贸易中，已经广泛采用影视演示法。使用这一方法应注意：要根据推销洽谈的实际需要，搜集、制作、整理有关的影视资料；要掌握有关音像设备的操作和维修保养技术，熟练地演示推销资料；要辅之以广告宣传等促销手段，实施综合性的推销策略。

知识 4　推销洽谈的策略

推销人员在向顾客推销商品时，一定要注意采用适当的策略，这样商品才有可能卖出去。推销洽谈的策略林林总总，不能尽数，下面是几个在实践中卓有成效的策略。

一、自我发难策略

自我发难策略是指在洽谈中针对对方可能提出的问题，先自行提出，再加以解释、阐明立场的洽谈策略。例如：由于己方的报价比其他企业同类产品高 20%，估计对方一定会对这一问题心存疑虑，并且会怀疑己方洽谈的诚意，进而影响到他们对洽谈的态度和信心，因此，在洽谈的一开始就应予以介绍：与同类产品的报价相比，本企业的价格要高 20%，看起来似乎价格过高，但实际上并不高。第一，本企业采用的是优质原料，其成本高，质量绝对可靠，而其他企业产品采用的是普通原料。第二，本企业的产品合格率比其他同类产品的高 30%，并且采用的是国际 ISO9000 标准，产品已获得国家专利，有独特的性能。第三，在一年之内，对不合格的产品一律给予退换。第四，本企业是该行业最大的供应商，货源充足，能够保证长期稳定的供应。通过这种自我发难，解释疑难，能使对方认为己方是以诚相见，从而解除疑虑，使洽谈达到预期目的。但是，这种策略必须建立在深入调查、知己知彼的基础上，问题必须选得恰当，理由必须令人信服。否则，不但达不到预定的目的，还会使自己陷入被动局面。

二、回答方式策略

顾客先发制人对商品进行评价，这时你要注意：

（1）倾听对方所说的话。

（2）尽量给对方最圆满的解释，使他满意。

（3）如果过去对顾客说了某些话，就兑现过去对顾客的承诺。

（4）即使是相同的理由，也要一再地说给顾客听。

（5）温和而有礼貌地对待顾客。

（6）向顾客保证给其他顾客的待遇都没有他好。

（7）尽量重复地向顾客指出这次交易将会提供给他完美的售后服务。

（8）向顾客说明其他有能力及受尊敬的人也做了相同的选择。

（9）让顾客亲自去调查某些事情。

（10）如果可能，向顾客保证未来交易他将得到的优待。

（11）让公司高级主管亲自出马，使顾客更满意、更有信心。

（12）让顾客了解商品的优点及市场的情况。

三、扬长避短策略

扬长避短策略是指在洽谈中尽量突出己方优点和长处，避免谈及缺点和不足的策略。

这种策略的目的是要以优遮丑，弥补在洽谈中所处的不利地位。例如：本企业产品在合格率及技术先进性方面落后于同类产品。但是，价格便宜、大量供应、提供不合格产品的退换货制度、提供零配件供应和厂家售后维修的支持等是己方的长处。因此，推销人员可以在这些方面下功夫，突出推销品的优势，说服对方签订合约。但扬长避短绝不意味着弄虚作假，欺骗对方，而是突出优势，弥补不足。在某些条件上己方不如别人，但在另外一些条件上己方占有一定的优势，甚至是绝对的优势，在综合考虑下，己方并不比别人差。

四、吊起顾客胃口策略

所有的人都有一种"越是得不到的东西，越想得到"的心理，而这正可运用于推销。

运用这一技巧的关键在于促使顾客尽快采取购买行动。例如：推销人员可以这样告诉顾客："敝公司从下星期起将提高售价"或是"从下个月起，将减少商品供应量"。当然，这类说辞不能过于夸张，点到为止即可。如果太夸张，可能不利于交易，甚至引起反作用。

五、先发制人策略

先发制人策略是指在洽谈中由己方先提出有关条件和合同草本的策略。例如：己方预先提出了包括产品价格、供应数量、各种规格产品的构成比例、付款方式等内容的洽谈框架。在这种情况下对方很难另起炉灶，再提出自己的方案，只能在已提出的方案基础上提出自己的意见。先发制人要求知己知彼，熟悉行情及双方的力量对比，提出的条件要适度，过高容易吓跑对方，过低则会失去一定的利润。这种策略对卖方来说，多用在大企业对小买主的情况；对买方来说，多用在供过于求，许多卖主对一个或少数几个买主的情况。先发制人并不意味着一口说死，不可改变，提出方案的一方还要准备应变方案，即哪些条件是可以让步的、哪些条件是不能让步的、让步可以让到什么程度等。如果对方采取这种策略，己方不应为其所动，不能被对方牵着鼻子走，应该坚信，任何条件都是可以通过洽谈改变的，所以要按照己方原定的洽谈方针进行洽谈，不能被对方方案束缚住自己的手脚，而不敢提出自己的方案或条件。

六、步步为营策略

步步为营策略是指在洽谈中，不是一次就提出总目标，而是先从每一个具体目标入手，最后完成整个目标的洽谈策略。例如：先就订货数量、产品规格、型号、质量标准等进行洽谈，待达成一致意见后再就产品价格进行洽谈，然后就付款方式、交货时间等进行洽谈，等等。在每个具体问题上都取得了成果，也就完成了总的洽谈任务。

七、折中调和策略

折中调和策略是指在洽谈处于僵持局面时，由一方提出折中调和方案，即双方都做出一些让步以达成协议的策略。例如：我同意降价 10%，但你也得同意将订货数量增加 30%；我愿意以优惠价供应给你这条生产线，但你必须再订购 1 000 套散件；等等。折中调和貌似公平，但实际上并不一定，所以，应对这种策略必须权衡得失，要经过仔细的计算，用数字说明问题。而不能认为对方让步一半，我方也让步一半，这是对等的，谁也不吃亏。这种想法有时会使己方受到较大的损失，而对方得到利益。折中调和本身就意味着双方都有让步的余地，所以，坚持自己的原则立场，在关键问题上不做让步，有时是可以使对方妥协继而达成交易的。

八、价格洽谈策略

价格洽谈是各项洽谈内容中最为棘手的问题，因为价格是调整买卖双方经济利益的杠杆，价格的每一个细微变化，都是一方利益的增加和另一方利益的损失。所以，在研究价格洽谈的具体策略之前，首先必须明确价格洽谈的原则和要求。价格洽谈的原则可以概括为八个字：以我为主，随机应变。以我为主，就是说在价格洽谈中，不管对方采取什么样的策略，己方要坚持既定的洽谈方针，在重大原则问题上不应轻易改变；随机应变，就是在洽谈的策略和方法上要机动灵活，可以根据洽谈时的具体情况进行调整。其具体原则如下：

（1）喊价要“狠”。无论是卖方还是买方，在第一次出价时，必须喊出高价（低价），以免对方因低价（高价）降低对己方的印象和评价，也为以后的讨价还价留下充分的回旋余地，使己方在谈判中更富有弹性，便于掌握成交时机。

（2）明确底线。要确定己方能够接受的基本价格。基本价格对卖方来说就是最低价格，对买方来说就是最高价格，这是双方最后的价格底线。

（3）制定目标。一般来说，价格目标可以分成三个层次：最理想价格、最可能价格、勉强接受价格（价格底线）。也就是说，每一方在洽谈当中的价格目标是一个区域，而不是一个点。双方的成交价格取决于双方的价格目标区域重合的范围，重合的范围越大，洽谈成功的概率越高。

（4）确定幅度。幅度即在讨价还价当中己方降价（加价）的幅度和次数。

当然，除了上述四个方面之外，价格洽谈的成功与否，还取决于洽谈人员被赋予的权限大小和随机应变的能力等其他条件。

报价和磋商是洽谈中的两个核心问题，不仅在很大程度上决定了生意能否成交，还将在很大程度上决定是盈利还是亏损。

【操作平台】

任务训练一　推销洽谈

1. 训练目的与要求

（1）加深对推销洽谈技巧和策略的认识与理解。

（2）培养进行业务洽谈的能力。

2. 训练内容与步骤

（1）将全班同学分组，每6～8人一组。

（2）请同学们根据实际，每组设计一个小品剧，进行推销洽谈的情境表演（可设计一个失败的例子和一个成功的例子，根据所给资料进行表演）。

（3）各组准备资料并分发给每个同学。参考资料如下：

资料1：

顾客名称：NS。

经营规模：年销售额××万元，下属店铺××个。

采购部长：50岁，精力旺盛，经验老到，善谈。

设定条件：一般来讲，年轻推销员与年老的顾客负责人之间不易沟通。一方是初出茅庐；另一方是德高望重，身处要位，对推销工作的成功有着至关重要的作用。用5分钟，看推销员如何取得对方的好感与信任，创造出一个良好的洽谈气氛。

资料2：

顾客名称：大型百货公司。

经营规模：与本企业无任何业务关系，年销售额为××万元。

采购部长：50余岁，寡言少语，有威严感，盛气凌人。

设定条件：根据有关资料，选定大型百货公司为待开发的新顾客。推销员首次前往该公司，与采购部长洽谈推销。作为一个专职推销员，你应如何与对方洽谈，以拿到对方的订单？

（4）同学们以小组为单位，讨论后利用2～3种方法进行推销洽谈，并自编自演小品剧，在小组内进行表演。

（5）小组讨论、修改小品剧。

（6）向全班同学演示。

3. 成果体现与检测

（1）每个小组提交一个设计好的小品剧。

（2）学生根据各组准备的道具及表演的表现互相评价。

（3）教师根据设计好的小品剧和表演评估打分。

任务训练二　产品介绍

1. 训练目的与要求

（1）选择一件自己熟悉的产品，写一份产品说明，要求体现将产品特点转化为顾客的利益。

（2）通过完成本任务，了解和掌握产品特点与利益，寻找并强调顾客利益，能初步运用销售陈述的基本要领进行产品陈述。

2. 训练内容与步骤

（1）将全班同学分组，每 8～10 人为一组。

（2）收集资料，小组讨论。

（3）小组每个成员写出一份产品说明。

（4）小组组织交流与表演。

（5）各小组推荐学生在全班进行交流与表演。

3. 成果体现与检测

（1）同学互相评价。

（2）教师根据各组表演的表现和产品说明，评估打分。

任务训练三　产品示范

1. 训练目的与要求

（1）选择一件自己熟悉的产品，进行产品销售示范。

（2）通过完成本任务，了解和掌握销售示范的方法、销售示范的技巧并进行产品演示。

2. 训练内容与步骤

（1）将全班同学分组，每 8～10 人为一组。

（2）准备相关的道具。

（3）以小组为单位，向全班同学演示。

3. 成果体现与检测

（1）同学互相评价。

（2）教师根据各组准备的道具及表演的表现评估打分。

学习情境小结

推销洽谈是买卖双方为达成交易，维护各自的利益、满足各自的需要，就共同关心的问题进行沟通与磋商的活动。按照推销洽谈人员的组织方式划分，推销洽谈可以分为一对一、一对多、多对一、多对多等类型。推销洽谈的内容主要涉及产品条件、价格条件和其他条件。

推销洽谈应遵循的原则有：针对性原则、鼓动性原则、倾听性原则、参与性原则和诚实性原则。

推销洽谈的程序可分为三个阶段：准备阶段、正式洽谈阶段、检查确认阶段。

介绍产品的方法主要有 FABE 模式和解答五个“W”两类。

产品介绍的目标：顾客通过产品介绍能清楚地了解到什么？应该创造何种气氛，让顾客对产品产生何种感觉？听完产品介绍的顾客将做什么？

产品介绍的次序：首先是顾客必须知道的信息，其次是顾客最好应知道的信息，最后是顾客可知道也可不知道的信息。

产品介绍时应注意的问题：第一，区分产品特点和利益；第二，利益是产品介绍的重点；第三，销售陈述要妙趣横生，吸引潜在顾客；第四，证明性销售陈述更有力量。

精彩的演示方法有产品演示法，文字、图片演示法，证明演示法，影视演示法。

卓有成效的推销洽谈策略主要有：自我发难策略、回答方式策略、扬长避短策略、吊起顾客胃口策略、先发制人策略、步步为营策略、折中调和策略和价格洽谈策略等。

素养提升

关键词：诚信守法、契约精神、真诚、耐心、细致

一、名人警言

1. 君子养心，莫善于诚。——荀子

2. 家有常业，虽饥不饿；国有常法，虽危不乱。——韩非子

3. 耐心是高尚的秉性，坚韧是伟大的气质。无论何人，若是失去耐心，便失去了灵魂。——培根

4. 幽默和风趣是智慧的闪现。——莎士比亚

5. 合抱之木，生于毫末；九层之台，起于累土；千里之行，始于足下。——老子

6. 丈夫一言许人，千金不易。——司马光

二、小故事

故事 1

推销过程中，顾客难免提出异议，而推销人员应当正确看待异议。顾客提出异议，说明对你的产品是感兴趣的，应当以耐心、真诚的态度解决顾客异议。

如一家羽绒产品销售店中，面对顾客异议，不同的推销员，处理的方法也不同：

(1) 顾客：这些羽绒服和羽绒被打折这么低，价格这么便宜，里面会不会有猫腻啊？

A 推销员：不打折您嫌贵了，便宜了您又怀疑有猫腻，您还真是难伺候呢！

B 推销员：价钱这么低是因为最近是我们品牌 10 周年庆典，以低价回馈消费者，到本周五活动就结束了哦，我们这个店开业 5 年了还是第一次有这么低的价格呢！品质您大可放心，我们都是包售后的，购买之后有任何问题，您可以随时来找我们，我们这么大的品牌是有口皆碑的。

(2) 顾客：羽绒被要是重新拆洗的话会很麻烦的，我看还是算了吧。

A 推销员：确实挺麻烦的，那你要不要看看普通的被子呢？

B 推销员：您说的对，羽绒被拆洗确实挺麻烦，不过如果您有需要，可以把被子拿过来，我们有专门的拆洗人员帮您拆洗，一年内免费，如果您成为我们的会员，过了一年拿来拆洗也能获得最大的优惠哦。

想一想：如果你是顾客，更喜欢哪一个推销员呢？

耐心、真诚的态度在任何场合都更易获得他人的好感。无论从事任何行业，我们都应当具备基本的职业素养和服务意识，以认真、负责的态度对待工作。

故事 2

某日，几个年轻人乘公交车，因为车上人多很挤，轮到他们买票时，已经开出了好几站了，售票员要算票价，就问他们："你们从哪里来，要到哪里去？"领头的年轻人一听，笑着回答："我们从东土大唐来，要去西天取经。"售票员立马接道："几位大师乘错了，这是由北往南的车。"年轻人一愣，随后笑笑，潇洒地说："那就先去南海看下观音姐姐吧！"车上的人听完均哈哈大笑。

故事中的年轻人以幽默诙谐的语言表达给其他人带来了快乐，面对错误时依然能够保持乐观的心态，值得我们学习。在推销过程中，我们需要利用幽默的语言表达和乐观的心态赢得顾客的好感。在生活中，我们也需要保持幽默、乐观、积极，做有趣的人。

作业单

一、单项选择题

1. 推销人员通过演示有关的证明材料或进行破坏性表演，来劝说顾客购买推销品的洽谈方式是指（　　）。

A. 产品演示法　　B. 介绍法

C. 影视演示法　　D. 证明演示法

2.（　　）是指推销人员在推销洽谈过程中，积极地设法引导顾客参与推销洽谈，促进信息双向沟通。

A. 诚实性原则　　B. 鼓动性原则

C. 倾听性原则　　D. 参与性原则

3. 对产品演示法理解不正确的一项是（　　）。

A. 根据推销品的特点来选择演示方式和演示地点

B. 任何产品使用产品演示法都能取得最好的效果

C. 操作演示一定要熟练

D. 操作演示一定要具有针对性

二、多项选择题

1. 正式洽谈阶段一般分为（　　）。

A. 摸底阶段　　B. 报价阶段　　C. 磋商阶段　　D. 准备阶段

2. 在推销产品过程中常用的演示方法有（　　）。

A. 产品演示法　　B. 文字、图片演示法

C. 证明演示法　　D. 影视演示法

三、问题思考

1. 推销洽谈的策略有哪些？

2. 良好的洽谈开端包括哪些准备工作？

3. 推销洽谈的方法有哪些？

4. 洽谈的目标主要包括哪些内容？

四、案例分析

资料1：

（1）郑州柴油机厂为打开该厂“金牛”牌柴油机在内蒙古的市场，举行了一场别开生面的“拔河赛”。一台装有“金牛”牌柴油机的拖拉机，与十几台装有相同马力、不同牌号柴油机的拖拉机轮番较量，无不取胜。

（2）推销人员：“王经理，这是《人民日报》刊登的关于我们厂的消息。您看，这是中央领导到我们厂参观视察的报道。”推销人员把报纸的复印件及其中画了红线的地方指给王经理看。

（3）楼盘推销人员向顾客说：“您看，这是实地拍摄的照片。远处是山，近处是水，这是超市、学校、公路，楼盘位置就在这里。这里风景美丽、交通方便，不久肯定升值，

一定是买屋置业的好地方。”推销人员把房子及四周景色的实际拍摄照片递给顾客看，并介绍着说。

（4）一位推销人员为在杭州推销生长在高山云雾中的绿色蔬菜，把种植蔬菜的某高山盆地的风景及蔬菜的长势拍摄成影像，在超市门口播放，宣传无化肥、农药污染蔬菜的好处，一下子吸引了来超市购物的顾客，从此也打开了杭州市场。

分析：

以上四个案例中，企业和推销人员在洽谈时各使用了什么演示技巧？它们各有什么特点？

资料 2：

推销员小胡供职的湖南怀化一家综合性服务企业策划了一个“十佳礼仪小姐大奖赛”的广告演出活动。他受命推销公司活动计划，以赢得广告顾客的支持，获得营业收入。

当地的工商企业不少，从哪家企业开始呢？小胡想，参与这个活动的企业必须具备两个条件：一是效益好，能有广告资金投入；二是重视广告宣传，乐于投入资金。一家制药企业——广州白云山制药总厂怀化分厂进入了小胡的视野。这是一家沿海地区先进企业与内陆企业合办的工厂，联营后，通过加大科技投入、不断开发新产品、努力提高产品质量、强化销售等一系列措施，发生了很大的变化。特别是企业带来的注重广告宣传、注重销售等新的营销观念深深地吸引了小胡，他决定上门推销。

厂长年龄和小胡差不多，30 岁出头，是一位精明的医学硕士。因为年龄相仿，经历相似，可以交谈的话题很多，容易相处，一见面，小胡决定先不谈正事，融洽感情再说。自我介绍后，小胡即代表公司感谢白云山制药总厂对湖南特别是湘西人民的支持，对他们远离家乡、远离亲人在外艰苦创业的精神表示钦佩，并和他谈起了工作、生活和工厂生产情况。待气氛缓和之后，小胡将一本《公共关系》杂志递给了厂长，并翻出事先折好页的文章，请厂长指教。

推销为什么要带上一本杂志呢？原来事前小胡做了充分准备。临去之前，小胡请一位与厂长很熟的朋友为他约见。动身时，小胡又带了一本《公共关系》杂志，里面刊登着小胡的一篇文章《公关广告的基本类型》，文章中引用了广州白云山制药总厂开展赞助型公关广告的实例。这也算是小胡和白云山制药总厂的联系，拿着到时肯定会有用的。果然不出所料，杂志起到了作用，厂长看到已用红线画出的白云山制药总厂的实例后，马上来了兴趣，不仅把实例看完，还把文章从公关广告与商品广告的不同，一直到公关广告有赞助型、服务型等七种基本类型的全文都认认真真看了一遍。待厂长看完抬起头来，小胡乘机把计划和盘托出。或许是文章的宣传效应，没等小胡怎么解释公关广告宣传如何重要，厂长便对这次活动表现出浓厚的兴趣，并就其中一些技术性问题进行询问。等听完小胡圆满的回答，了解到活动安排十分周密后，厂长便欣然应允，答应投入广告费 10 万元，买下本次大奖赛活动的冠名权。很快，一份关于举办“十佳礼仪小姐大奖赛”的广告宣传协议书正式签署，10 万元广告费如期汇到了小胡公司的账户上。

分析：

1. 推销洽谈的过程包括哪些？
2. 小胡成功的原因是什么？

学习情境5　顾客异议处理

学习导图

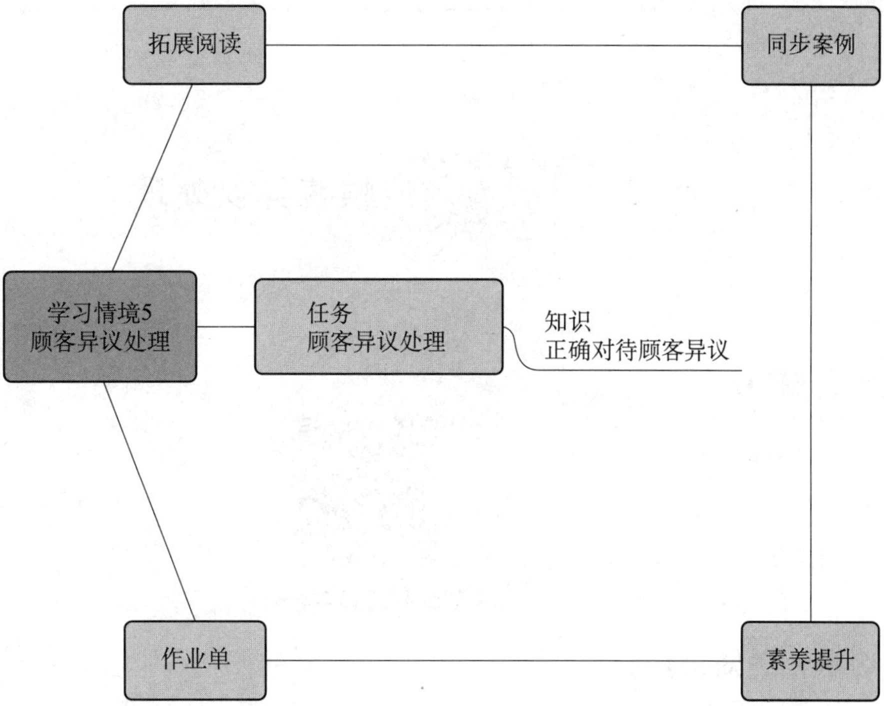

学习目标

- **育德目标**

1. 培养服务意识，能够妥善处理人际关系。
2. 树立底线思维，在商品推销中，不夸大其词，不弄虚作假。

- **知识目标**

1. 认识顾客异议的类型与成因。
2. 熟悉顾客异议处理的原则和策略。
3. 掌握顾客异议处理的方法和技巧。

- **能力目标**

1. 能够识别和区分顾客异议的类型。
2. 能够及时地处理顾客异议。

任务　顾客异议处理

【走进推销】

如何处理顾客异议

【任务相关知识】

知识　正确对待顾客异议

据有关资料统计，推销人员吸引一位新顾客的成本是留住一位老顾客的 6 倍。由此可见，处理顾客异议，管理好与顾客的关系是推销人员的必备素质。当推销人员接近顾客后，顾客对来自推销人员的建议、观点，不可能毫无疑问地全盘接受，他们会提出各种形式的意见、问题，并以此作为拒绝购买的理由。即使推销人员所推销的产品或服务正是顾客所需要的，也不例外。

一、顾客异议的含义、产生的原因及表现形式

（一）顾客异议的含义及两面性

从接近顾客、调查、产品介绍、示范操作、提出建议书到签约的每一个推销步骤，顾客都有可能提出异议。推销人员如果懂得顾客异议产生的心理及处理技巧，就能冷静地化解异议，使成交更有希望。一位专家曾说过：“推销是从顾客的拒绝开始的。”

1. 顾客异议的含义

微课：

顾客异议

顾客异议是指顾客针对推销人员及其在推销过程中的各种活动所做出的一种反应，是顾客对推销品、推销人员、推销方式和交易条件发出的怀疑、抱怨，提出的否定或反对意见。在实际推销过程中，推销人员经常会遇到“对不起，我很忙”“对不起，我没时间”“对不起，我没兴趣”“价格太贵了”“质量能保证吗”等问题被顾客用来作为拒绝购买推销品的理由，这就是顾客异议。

同步案例 5-1

小李是一位地板砖的推销员，他正拜访一个顾客。

表明来意后，顾客说：“谢谢，我还没打算买地板砖，如果需要我会打电话给你的。”

“你的房子马上要装修，反正要买地板砖。我带来了样品，不妨先看看再说。”

顾客看了样品说：“还不错，就是价格有点贵。”

“能不能冒昧问一下，你的房子是自己住还是出租，或有其他用途？”

“当然是自己住。”

“既然这样，别说我们的地板砖没有便宜货，即使有，你也不能用啊！相反，用我们的地板砖，却能省钱！”

顾客半信半疑：“真的吗？”

“我算过了，根据你房屋的面积，用普通地板砖在6 000元左右，用我们的地板砖要10 000元左右，相差4 000元。但是，用普通地板砖使用不到两年就会产生裂痕，表面还会有‘爆皮’现象，即使不算人工费用和给生活造成的损失，你还要再花钱买新的地板砖。与其这样浪费人力、物力、财力，不如一次搞定，保证十年之内不会出现质量问题。”

顾客仔细想了想，决定购买小李的地板砖。

思考

在本案例中，顾客提的是什么异议的？

2. 顾客异议的两面性

顾客异议存在于整个推销洽谈的过程中，它既是推销的障碍，也是成交的前奏与信号。顾客在购买活动中有异议是绝对的，没有异议是相对的。推销人员必须明确：顾客异议是推销活动中不可避免的，对销售而言，可怕的不是有异议而是没有异议，不提任何意见的顾客通常是最令人头疼的顾客。我国有一句经商格言“褒贬是买主，无声是闲人”，说的就是这个道理。

有异议表明顾客对产品感兴趣，有异议意味着有成交的希望。推销人员通过对顾客异议的分析可以了解对方的心理，知道他为何不买，从而按病施方、对症下药，而对顾客异议的满意答复，则有助于交易的成功。日本一位推销专家说得好：“从事销售活动的人可以说是与‘拒绝’打交道的人，战胜‘拒绝’的人，才是销售成功的人。”

同步案例 5-2

第一天，推销员小王向一名男子推销剃须刀。

男子看完后，说：“这真是一把物美价廉的剃须刀！”

“那你就买一把吧，今天大优惠，可以送你一瓶剃须泡。”

男子耸耸肩膀道：“的确很棒，但是我不需要。”

第二天，小王又碰到该男子。

男子主动说：“把昨天的剃须刀给我看看。”

男子试了一下说：“用起来可真舒服，但价格这么贵！”

小王说：“昨天你认为它物美价廉，难道你忘了吗？”

男子道：“当然没忘，可昨天我的旧剃须刀还没有坏呀！”

思考

为什么说“贬货人”才是买货人？

（二）顾客异议产生的原因

顾客对推销品、推销条件或推销者行为的异议不仅是购买态度问题，往往有深层次的原因，其主要原因有如下：

1. 顾客方面的原因

顾客方面，其异议主要来自顾客的心理，即其心理上产生的推销障碍。

（1）顾客的需求原因。顾客的需求是发生购买行为的根本动力，也是形成推销异议最基本的原因。

顾客的需求是社会需求。马斯洛把复杂的人类需求由低到高分为五个层次：生理需求、安全需求、社交需求、尊重需求和自我实现需求，顾客的需求会从低到高依次发展。

人们的需求与国家的经济状况和个人的经济水平是密切联系着的，需求的程度不同，需求的层次也会不断变化。处于不同层次的顾客面对同一商品自然会有不同的评价。一样的商品，有的顾客认为档次太高，而有的顾客则认为档次还不够，这显然是由顾客的需求引发的异议。

(2) 顾客的认知原因。顾客的认知原因主要表现为推销人员的推销品和建议与顾客所持的观点相距太远，以致双方明显对立，使推销人员的说服遭到拒绝。主要包括以下几种情况：

第一，顾客的知识结构。一般来说，顾客因其知识结构的限制，容易对推销的某些产品产生异议。

第二，顾客没有认识与发现自己的需要，他们安于现状，固守原来的购买内容、购买方式与购买对象而不思更改，缺乏对新产品、新服务项目、新供应商的需求与购买动机。

第三，顾客缺乏对产品的认识，尤其是对高科技产品的特点与优势并不了解，因而便会提出异议。

(3) 顾客的购买习惯。顾客作为有独立思考与行为能力的个人，有自己对问题的见解和情感，这些见解和情感方面的认识，很可能带有片面性而又难以用讲解或说服的方法加以消除。对某些商品抱有偏见、成见、偏好、习惯及对某一品牌、品种、广告等的心理信仰，会造成顾客对某一商品“情有独钟”。当推销建议与顾客的购买习惯矛盾时，顾客不愿意改变其习惯，就会对推销品、货源、价格及推销人员等提出异议。

(4) 顾客的购买权力。顾客的购买权力是交易成功的一个重要条件。无论是集体购买还是个人购买，都有一个购买权力的决策中心。如果你选定的准顾客，在其公司或家庭中并非当家做主者，他就无权决定是否购买推销品，无权决定购买何种推销品，或者无权决定以何种价格及支付方式购买推销品等。在这种情况下，顾客就会提出权力异议，拒绝推销人员和推销品。

(5) 顾客的支付能力。有无支付能力是衡量准顾客非常重要的因素。支付能力是交易实现的保证。如果顾客缺乏支付能力，顾客就会因此提出各种理由来阻碍成交，由此而引发的异议是多种多样的。

2. 产品方面的原因

产生推销异议除顾客方面的原因外，还有来自产品的原因。如果产品质量、产品价格、产品服务等方面存在问题，就可能引起顾客异议。

(1) 产品质量原因。顾客购买推销品，首先关心的是推销品的实用性和适用性。推销人员在推销过程中，应该把推销品能够满足顾客某种需要的实用性和适用性放在首位。如果推销品没有顾客所需要的效用或效用还未能被顾客所认识，顾客就会提出各种异议，从而形成推销障碍。这类异议有：一是推销品确实存在不能满足顾客需要的缺陷与不足；二是顾客缺乏经验或出于主观上的考虑，以质量为理由，拒绝购买；三是顾客所了解的关于质量的有关信息与标准有误；四是推销人员推销工作不当，使顾客对推销品的质量产生误会；五是顾客以质量为筹码进行压价。

（2）产品价格原因。价格原因是推销异议最常见的形式。当顾客认为推销品的价格太高，不是物有所值时，总是希望通过讨价还价，争取到能够接受的价格后才进行交易，否则就会提出异议。顾客认为价格较高的原因是多方面的，比如：顾客的经济状况、支付能力；顾客基于对同类产品或对代用品价格的比较；顾客对推销品价格心中没有底，想试探价格的虚实；顾客没有真正购买意图，以价格高作为拒绝的理由。

（3）产品服务原因。服务是推销产品整体概念的重要组成部分，服务能为顾客带来许多附加的利益。顾客购买某种推销品，其实质已不是购买产品本身，而是购买推销品的效用和利益。如果企业或推销人员不能给顾客更多的附加利益，顾客就会提出异议。例如：产品售后不退不换，产品没有售后服务，没有售后服务点；软件类产品没有升级服务；推销人员的态度不好，令顾客感到缺乏服务诚意和服务精神；不能提供比竞争对手更好的服务。

3. 推销人员方面的原因

在市场竞争中，可能产品和服务都不相上下，但推销人员的业绩有很大差别。这说明，推销成功与否和推销人员有很重要的关系。其主要原因有：推销人员素质不高、推销信誉不佳、推销信息不足、推销环境不良等。

（1）推销人员素质不高。训练有素的推销人员，不仅推销业绩好，而且在推销工作中会给企业争得荣誉，树立企业形象；相反，素质较低的推销人员，在实际推销工作中不注重推销礼仪，不讲究推销艺术，缺乏必要的精神和气质，无法取信于顾客，甚至使顾客产生厌恶和反感，自然遭到顾客的冷遇和拒绝。对此，推销人员要不断努力提高自身的素质，以良好的形象和熟练的技巧来化解顾客异议。

（2）推销信誉不佳。在实际推销活动中，有的企业与推销人员因为采取不负责的态度，不严格履行承诺，甚至欺骗或坑害顾客等，严重地损害了推销信誉。在这种情况下，顾客完全有理由提出有关异议。所以在推销工作中，推销人员除了做好产品推销工作之外，更重要的是用实际行动争取顾客的信任。

（3）推销信息不足。推销人员要向顾客发出大量的推销信息，但由于顾客接受能力和理解能力的差异，或推销人员传递信息的方式欠妥、表达不力，顾客可能会认为推销信息还不充分而提出异议，希望能提供更多的信息。掌握各种推销信息的推销人员，不仅能以诚挚的态度赢得顾客的信任，而且在推销过程中，能帮助顾客克服信息不足的困难，当好顾客的参谋，引导顾客做出正确的购买决定。

（4）推销环境不良。顾客的消费需求与所处的自然环境和社会环境关系密切，并受其影响与制约。推销环境不良是指顾客所处的客观环境不利于推销。在不同的推销环境里，顾客有不同的购买能力和购买习惯，有不同的消费水平和结构。推销人员的推销活动必须符合推销环境的要求。否则，顾客必然会提出购买异议。因此，推销人员要掌握不同环境中的政治、经济、文化、竞争等多方面的知识，增强适应推销环境的能力，这也是推销人员必备的素质。

总之，形成推销异议的原因是多种多样、复杂多变的，推销人员应该认真分析、研究形成各种异议的真实原因，进而有的放矢，排除异议，以期取得推销的成功。

（三）顾客异议的表现形式

在实际推销活动中，顾客异议的表现形式多种多样，归纳起来主要有以下几种。

1. 需求异议

需求异议是指顾客认为不需要产品而形成的一种反对意见。它往往是在推销人员向顾客介绍完产品之后，顾客当面拒绝的反应。例如：顾客说“我们根本不需要它”“这种产品我们用不上”“我们已经有了”等。这类异议有真有假。真实的需求异议是成交的直接障碍。推销人员如果发现顾客真的不需要产品，那就应该立即停止推销。虚假的需求异议或是顾客拒绝的一种借口，或是顾客没有认识或不能认识自己的需求。推销人员应认真判断顾客需求异议的真伪，对持有虚假的需求异议的顾客，设法让他认识到推销品能带给他的利益和服务，使之动心，再进行推销。

2. 财力异议

财力异议是指顾客认为缺乏货币支付能力的异议。例如：顾客说“产品不错，可惜无钱购买”“近来资金周转困难，不能进货了”等。一般来说，对顾客的支付能力，推销人员在寻找顾客的阶段已进行过严格审查，因而在推销中能够准确辨认真伪。真实的财力异议处置较为复杂，推销人员可根据具体情况，或协助对方解决支付能力问题，如答应赊销、延期付款等，或通过说服使顾客觉得购买机会难得而负债购买。对作为借口的财力异议，推销人员应该在了解真实原因后再作处理。

3. 权力异议

权力异议是指顾客以缺乏购买决策权为理由而提出的一种反对意见。例如：顾客说“我做不了主，还需要请示上级”“我们的主管不在”等。

权力异议与需求异议和财力异议一样，也有真实或虚假之分。真实的权力异议是推销活动的直接障碍，推销人员应对顾客的购买权力进行认真分析，找准目标顾客。虚假的权力异议，应看作顾客拒绝推销人员的一种借口，要采取适当的转化技巧进行化解。

4. 价格异议

价格异议是指顾客以推销品价格过高为理由而拒绝购买的异议。例如：

推销员：“先生，剃须刀售价 358 元，现在优惠，只要 300 元。”

顾客：“300 元也很贵呀！能不能再便宜一点？”

顾客提出价格异议，表明他对推销品有购买意向，只是对产品价格不满意而进行讨价还价。当然，也不排除以价格高作为拒绝推销的借口。在实际推销工作中，价格异议是最常见的，推销人员如果无法处理这类异议，推销就难以成功。

讨价还价是购买习惯，顾客总想用更低的价格购得产品，哪怕价格本身已经很低。所以，推销人员可以用产品质量、款式等打消这种价格异议。

5. 产品异议

产品异议是指顾客认为产品本身不能满足自己的需要而形成的一种反对意见。具体表现为对质量、式样、设计、结构、规格等方面提出异议。例如：

推销员："这种品牌的剃须刀有50年历史了，可以说驰名中外。"

顾客："可是设计一点也不人性化，拿在手里不舒服。"

产品异议表明顾客对产品有一定的认识，但了解还不够，担心这种产品能否真正满足自己的需要。因此，顾客虽然有比较充分的购买条件，还是不愿意购买。为此，推销人员一定要充分掌握产品知识，能够准确、详细地向顾客介绍产品的使用价值及利益，从而消除顾客异议。

6. 推销人员异议

推销人员异议是指顾客针对个别推销人员，表示对他们的不信任而提出的异议。有些顾客不肯购买推销品，只是因为对某个推销人员有异议。他不喜欢这个推销人员，不愿让其接近，也排斥此推销人员的建议。但顾客肯接受自认为合适的其他推销人员。例如：

顾客："不，还是算了吧。"

推销员："这样的剃须刀都不买，还想买什么，我看你纯属瞎溜达!"

对这种情况，顾客不投诉你就不错了，哪还会掏钱买货。

导致推销人员异议产生的情况：

(1) 推销人员表现得不耐烦，包括语言、行为、眼神等各方面。

(2) 推销人员不注意推销礼仪。

(3) 推销人员工作不专注，三心二意。

推销人员对顾客应以诚相待，与顾客多进行情感交流，做顾客的知心朋友，消除异议，争取顾客的谅解和合作。

7. 货源异议

货源异议是指顾客对推销品的来源、推销人员的来历提出的异议。例如：顾客说"我用的是××公司的产品，我们有固定的进货渠道""买国有企业的产品才放心"等。顾客提出货源异议，表明顾客愿意购买产品，只是不愿向眼下这位推销人员及其所代表的公司购买。当然，有些顾客是利用货源异议来与推销人员讨价还价，甚至利用货源异议来拒绝推销人员的接近。因此，推销人员应认真分析货源异议产生的真正原因，利用恰当的方法来处理货源异议。在企业信誉不佳、同行竞争激烈等情况下，顾客可能产生货源异议。

8. 购买时间异议

购买时间异议是指顾客有意拖延购买时间来拒绝推销或达到其他目的的一种购买异

议。顾客总是不愿马上做出决定。事实上，许多顾客用拖延来代替说“不”。推销人员经常听到顾客说“让我再想一想，过几天答复你”“我们需要研究研究，有消息再通知你”“把材料留下，以后答复你”等。这些拒绝很明显意味着顾客还没有完全下定决心，拖延的真正原因，可能是因为价格、产品或其他方面不合适。有些顾客还利用购买时间异议来拒绝推销人员的接近和面谈。因此，推销人员要具体分析，有的放矢，认真处理。

由于推销的环境、顾客及推销方法等不同，顾客表示异议的时间也不相同。一般来说，顾客表示异议的时间有以下几种：

（1）首次会面。推销人员应预料到顾客一开始就有可能拒绝安排见面时间。如果这个顾客非常符合潜在顾客的条件，推销人员应事先做好心理准备，想办法说服顾客。

（2）产品介绍阶段。在这一阶段，顾客很可能提出各种各样的质疑和问题。事实上，推销人员正是要通过顾客的提问去了解顾客的兴趣和需求所在。如果顾客在推销介绍的整个过程中一言不发、毫无反应，推销人员反而很难判断介绍的效果了。提出疑问，往往是购买的前兆。

（3）推销结束（试图成交）阶段。顾客的异议最有可能在推销人员试图成交时提出。在这一阶段，有效地处理顾客的异议显得尤为重要。如果推销人员只在前面两个阶段圆满地消除了顾客的异议，在最后关头却不能说服顾客，那么一切努力都将付诸东流。

为了避免在成交阶段出现过多的异议，推销人员应该在准备推销介绍时就主动回答顾客有可能提出的异议，为成交打下基础。如果在试图成交阶段顾客的异议接二连三，就说明在前面推销介绍阶段存在的漏洞太大。

微课：

识别真异议和假异议

二、如何识别真异议和假异议

（一）真异议和假异议的概念

（1）真异议，是指顾客不愿意购买产品的真实原因。

（2）假异议，是指顾客对推销人员所介绍的产品有需求，但不把真正的异议提出来，而是以其他理由掩盖其真实的想法。比如：有人为了掩饰自己不能做出购买决定，就推说商品质量不好，或是托词要比较比较再决定。例如：一个饥肠辘辘的乞丐来到面包店，他身上只有 1 元，而最便宜的面包标价 2 元。

乞丐：“我只有 1 元，连最便宜的面包也买不起！”（这是真异议）

乞丐：“真是物美价廉的面包，可惜我刚刚吃饱！”（这是掩盖无支付能力的假异议）

对于推销人员来说，真异议比较容易解决，顾客认为价格高，那就进行价格协商；顾客觉得产品款式不好，那就推荐其他款式。见招拆招，容易排除障碍。

假异议相对就困难一些，推销人员必须识破假异议，并找出真异议，这样才有可能说服顾客购买。如何辨别真假异议就成了一个亟待解决的问题。

（二）用限制性提问辨别真假异议

所谓限制性提问，就是对顾客回答范围做出限制的提问。顾客提出一个异议，推销人员可回答："那请问，如果我能够圆满解决你提出的问题，你会考虑我的建议（购买建议）吗？"例如：

顾客："256元，太贵了。"（提出价格异议，但不知是真是假）

推销员："觉得价格贵呀，那如果我能给你打折扣，你买吗？"（限制性提问辨别真假）

顾客："问题也不全在价格上，你看这款式太老土了，穿在身上一点也不洋气。"（价格异议是假，产品异议为真）

推销员："没关系，我们还有其他款式，你看这款怎么样？"（积极解决真异议）

顾客："不错，这个我喜欢……"（一个真异议被消除）

限制性提问不但能够分辨真异议和假异议，还能循环使用，挖掘出顾客的全部异议。要知道，在推销实践中，只要还有一个异议未被消除，交易就难以达成。所以，推销人员要熟练运用限制性提问，让所有异议无所遁形。

三、处理顾客异议的原则

顾客异议可谓五花八门，原因也是多种多样。但是，推销人员处理异议时可以遵循一些原则，再对症下药，这样就能产生较好的效果。

（一）预测异议内容，事前做好准备工作

"不打无准备之仗"，这是推销人员面对顾客拒绝时应遵循的一个基本原则。推销前，推销人员要充分估计顾客可能提出的异议，做到心中有数。这样，即使遇到难题，到时候也能从容应对。事前无准备，就可能不知所措，顾客得不到满意答复，自然无法成交。可以说，良好的准备工作有助于消除顾客异议的负面性。

同步案例 5-3

一名汽车经销商近期推出了一款新车型，该车型具有先进的技术和环保特性，但价格相对较高。销售团队在推广过程中遇到了客户的异议，主要集中在价格和性价比问题上。销售团队通过市场调研和客户反馈，预测到以下主要异议：

1. 价格异议：客户认为新车型的价格超出预算。
2. 性价比异议：客户对新车型的性价比表示怀疑。
3. 技术异议：客户对新车型的技术特性不够了解，担心其可靠性。

为了有效应对这些异议，销售团队采取了以下准备措施：

1. 价格策略准备：制定灵活的价格方案，如分期付款、旧车置换优惠等。

2. 性价比分析：准备详细性价比分析报告，突出新车型的长期价值和节省成本的潜力。

3. 技术培训：对销售团队进行新车型技术特性的深入培训，确保每位销售人员都能清晰解释技术优势。

4. 客户案例：收集和整理使用新车型的客户正面反馈和案例，作为说服客户的有力证据。

5. 异议应对手册：制定异议应对手册，列出常见异议及标准应答，供销售人员参考。

销售人员首先与客户建立良好的沟通和信任关系。通过询问和倾听，了解客户的具体需求和关注点。在介绍过程中，销售人员主动提出并解释可能的异议点，如价格和性价比问题。针对客户的异议，提供预先准备好的解决方案和论据。突出新车型的独特优势和符合客户需求的特性。

通过有效的预测异议和准备策略，销售团队成功地转化了许多潜在客户的异议，提高了成交率。客户对新车型的认识更加全面，对价格和性价比的疑虑得到解答。

思考

预测异议内容的重要性有哪些？

（二）选择恰当的时机

一项对几千名推销人员的研究表明，优秀推销人员所遇到的顾客严重反对的机会只是其他推销人员的十分之一，原因在于优秀推销人员往往能选择恰当的时机对顾客的异议提供满意的答复。在恰当时机回答顾客异议，便是在消除异议负面性的基础上发挥其积极的一面。异议处理时机有没有一个统一标准呢？不同情况的异议，处理的时机并不相同。处理异议的不同时机选择有以下两种：

1. 即时处理的异议

即时处理就是顾客提出异议后，推销人员马上进行处理。大多数异议处理的最佳时机就是顾客提出异议的同一时刻，这样不但能立刻消除推销障碍，还会增强顾客的购买信心。例如：一位顾客看上一套职业装，无论款式、做工还是面料，这位顾客都非常满意。以下是他们的对话：

顾客："1 000元，也太贵了！"

推销员："不贵的，现在四折销售，刚刚400元。"（处理掉第一个异议）

顾客："是吗？"（表示欣喜，产生购买冲动）

推销员："这是今年最流行的款式，一直卖得很好。"

顾客："可是我不喜欢红色的。"（第二个异议）

推销员："没关系，还有蓝色、银灰色和肉色的，你喜欢哪个颜色？"

顾客："拿件银灰色给我试试吧。"（第二个异议处理完毕，决定购买）

2. 推迟处理的异议

有些异议，在特定情况下不适合立刻处理，需要推销人员拖延时间，以待最佳时机。例如：一位推销员向一位女士推销化妆品。以下是他们的对话：

女士："你们的产品很贵，我不用。"（提出价格异议）

推销员："不买也没关系，你可以免费体验一下。"（推迟处理异议）

在推销员的劝说下，女士同意体验。推销员为女士做皮肤测验，女士从计算机仪器上清楚看见脸部巨大的毛孔以及隐藏在里面的污垢。

女士："天哪，怎么这么脏！我每天都认真洗脸啊！"

推销员："用普通洗面奶很难彻底清理毛孔污垢，日积月累就会出现这样的结果。"

推销员拿出一款洗面奶清洗左脸，完毕后用仪器进行测试对比，左脸明显比右脸干净许多。

推销员："你看，对比很明显。如果坚持使用一个月，你的皮肤就会变得光嫩细致。"

女士："我还是再考虑一下吧。"（产生购买冲动，但价格异议起了阻碍作用）

推销员："这样吧，你第一次用我们的产品，给你八五折优惠，算是交个朋友。"（把握时机，处理价格异议）

女士："那我就用一下试试吧。"（还是有点贵，但确实很想买，衡量后决定购买）

从这个例子可以看出，推销员如果立刻处理顾客价格异议，反而会将顾客赶走。这种推迟处理异议的方法，尤其适用于那些购买欲望不强的顾客。因为这类顾客首先会提出最棘手的问题交给推销员解决，推销员无法使其满意时，顾客也就成功脱身了。如果推销员先以产品卖点打动顾客，再处理那个棘手异议，就会容易许多。

（三）耐心倾听

顾客在接受推销过程中，对推销品以及推销人员自身持有不同的意见和反对意向，这些异议绝大多数不是恶意的，而是对产品的审视以及对其真正价值的感性评估。对此，推销人员应做到耐心倾听，忌与顾客争辩，给顾客留"面子"。

1. 耐心聆听

推销人员与潜在顾客交谈虽然是推销过程中的一个必要部分，但在推销访问的初始阶段，倾听的重要性远远大于交谈，尤其是当推销人员诚心诚意要获知潜在顾客的需求与态度时，倾听的重要性更为突出。因此，当顾客提出各种异议时，推销人员首先要做的就是耐心倾听，不打断。如果推销人员能带着浓厚的兴趣听顾客说完异议，不仅能分析判断出顾客异议的真实原因，使处理更有针对性，而且还能给顾客留下重视顾客意见的好印象。

2. 忌与顾客争辩

在推销过程中由于各种原因产生的顾客异议，有时是毫无道理的。但不管顾客如何批评，推销人员都应坚持不与顾客争辩，尊重对方人格，和气开导，增加信息传递数量，提高信息质量，使推销工作顺利进行。“占争论的便宜越多，吃销售的亏越大。”与顾客争辩，失败的永远是推销人员。例如：

如果顾客问：“你的产品信誉好吗?”

推销员不要说：“我的产品在全市是信誉最高的。”而应该说：“好多人都这样告诉我，我才知道，这种产品在全市信誉最高。”

如果顾客说：“你的产品不错，就是太贵了。”

推销员不要说：“价格不贵。”而应该说：“好多人原来也认为价格太高了，但等他们发现使用这种产品的好处后，就都改变了看法。”

如果顾客说：“我真的不认为你们的产品像你说的那样好。”

推销员不要说：“那你鉴赏水平太低了。”而应该说：“很高兴听到你的意见，你能进一步表明你的意思吗?”

一般情况下，顾客提出异议是正常的，推销人员应该诚恳欢迎，虚心接受，并做出补偿辩护，即承认产品的缺陷和不足，寻找产品的其他优点来补偿产品的缺点，引导顾客从产品优点方面考虑问题。

即使顾客异议是错误的，推销人员也不要直接反驳，而是通过间接的方式说服他，在任何情况下都要避免同顾客发生争吵。要讲究说服的艺术，耐心启发顾客，用启发代替争论，要善于运用避免引起争论的语言。

3. 给顾客留“面子”

顾客的意见无论是对是错，是深刻还是幼稚，推销人员都不能给对方留下轻视的感觉。推销人员要尊重顾客的意见，讲话时面带微笑，正视顾客，听对方讲话时要全神贯注，回答顾客问话时语气不能生硬。“你错了”“连这你也不懂”“你没明白我说的意思，我是说……”这样的表达方式虽然抬高了自己，但贬低了顾客，挫伤了顾客的自尊心。例如：

顾客：“你们的冰箱太贵了，人家××牌子才××元。”

推销员：“没错，谁都知道××牌便宜，但便宜无好货。”

顾客：“不是呀，我的一个朋友用了 8 年，都没问题。”(引证错误)

推销员：“8 年? 你开玩笑，据我所知那个品牌刚生产不到 2 年。”

顾客：“难道是我在编瞎话不成?”

推销员：“这我就不清楚了，反正我们冰箱的质量在国内是一流的。”

顾客：“你说清楚，你什么意思?”(顾客为了保全面子，准备鱼死网破)

推销员：“没什么意思，买不起贵的，反正有便宜货。”(推销员又雪上加霜)

顾客：“你这是什么态度，我要投诉你!”

上例中，不但交易没有成功，推销员还遭到顾客的投诉，简直是“赔了夫人又折兵”。而导致这样一种结局的原因就是推销员没有给顾客留“面子”。否则，将是另一番情形。

例如：

顾客："你们的冰箱太贵了，人家××牌子才××元。"

推销员："没错，谁都知道××牌便宜，但便宜无好货。"

顾客："不是呀，我的一个朋友用了8年了，都没问题。"（引证错误）

推销员："你的朋友用的冰箱大概不是××品牌。如果我没记错，这是近几年才生产的新品牌……"（即使直接反驳，也要语气缓和，让顾客自己意识到错误，面子得以保全）

或者："如果用我们的冰箱，十多年也不会有问题，因为我们的冰箱在质量上……"

推销员委婉指出顾客的错误，顾客会心存感激，交易成功的可能性就比较大。即使忽略这个无关异议，也无损交易继续进行。所以在推销异议处理过程中给顾客"面子"是尊重顾客的一种表现。而顾客有了"面子"，在心理上也更容易接受产品。

四、处理顾客异议的基本步骤

我们以下面的例子来说明处理顾客异议的基本步骤。

顾客："这洗衣机价格太贵了，××牌的便宜多了。"

推销员点头，让顾客继续发表反对意见（A）。

顾客："买你们的要多花800元，我都能再买个××洗衣机了。"

推销员："你主要是认为价格难以接受，是吗（B）？如果是我，我也会觉得贵了那么一点（C），但是我们的洗衣机质量很好……（D）"

异议的处理没有固定格式，但有个基本步骤可供参考。上面这个例子中推销员运用的就是异议处理的经典步骤：

（1）倾听反对意见——例中A部分。

（2）复述顾客提出的问题——例中B部分。

（3）对顾客表示理解——例中C部分。

（4）回应顾客的问题——例中D部分。

五、处理顾客异议的方法

顾客异议形式多样，错综复杂。推销人员要积极深入地分析根源，探寻有效解决顾客异议的方法，为排除推销障碍、促成交易打下良好的基础。常见的处理顾客异议的方法有以下几种。

（一）直接否定法

直接否定法又称反驳法，是指推销人员根据较明显的事实与充分的理由直接否定顾客异议的处理方法。理论上讲，这种方法应尽量避免。直接反驳对方容易使气氛僵化而不友好，使顾客产生敌对心理，不利于顾客接纳推销人员的意见。但如果顾客的反对意见是源于对产品的误解，而你手头上的资料可以帮助你说明问题时，不妨直言不讳。态度一定要友好而温和，最好是引经据典，这样才有说服力，同时又可以让顾客感到你的诚意，从而增强顾客对产品的信心。

直接否定法适用于处理由于顾客的误解、成见、信息不足等而导致的有明显错误、漏洞、自相矛盾的异议。例如：一位顾客向一位房地产经纪人提出购买异议："我听说这房子的财产税超过 1 000 美元，太高了!"推销人员非常熟悉有关税收法令，知道这位顾客的购买异议并没有可靠的根据，于是有根有据地加以反驳："这房子的财产税是 618.5 美元。如果您不放心，我们可以打电话问一问本地税务官。"在这个案例里，推销人员有效地使用直接否定法否定了顾客提出的有关异议。正确运用直接否定法，以合理而科学的根据反驳顾客，可以增强推销论证的说服力，增强顾客的购买信心。但这种方法在使用方面也存在一些缺陷，比如：容易使顾客产生心理压力和抵触情绪，甚至可能伤害顾客的自尊，引起顾客的反感或激怒顾客，造成推销洽谈的紧张气氛，不仅没有化解顾客异议，反而使异议成为成交障碍。

同步案例 5-4

顾客："这包食品怎么过期了?"

推销员："不好意思，您看到的这个日期是生产日期，这批产品是上个星期才出厂的，这里才是保质期。"

思考

顾客提出的异议是什么？推销员采用了哪种处理异议的方法？采用这种方法时应注意哪些问题？

(二) 间接否定法

间接否定法又称回避处理法或转折处理法，是推销工作的常用方法，即推销人员根据有关事实和理由来间接否定顾客的意见。应用这种方法时首先承认顾客的看法有一定道理，不直接提出反对意见。在表达不同意见时，尽量用"是的""只是""是啊""最后"等词语，先对顾客的异议表示同情、理解，或者是简单地重复，使顾客心理有暂时的平衡，然后用转折词"只是""然而"把话锋一转，再对顾客异议进行婉转的反驳。例如：

顾客："不行，这个商品价格太高了。"

推销员："确实，这个商品价格是不低。只是我要补充说明的是，它比同类商品多了三项功能，您看……"（给顾客演示）

这样就轻松地反驳了顾客的意见。

在推销实践中，间接否定法较直接否定法使用得更为广泛。这种方法不是直截了当地否定顾客的异议，而是先退后进，语气比较委婉，一般不会冒犯顾客，容易被顾客接受，能够缩短推销人员与顾客的心理距离，使顾客感到被尊重、被承认、被理解，委婉而富有人情味，有利于保持良好的推销气氛和人际关系。这种方法在实际运用中也有一定的局限性。推销人员首先做出的“退让”，可能会削减顾客购买的信心，降低推销人员及其推销说服的力量，也会促使顾客因为受到鼓励而提出更多的异议。特别是这种方法要求推销人员不要直接反驳顾客异议，而是回避顾客异议内容，转换推销话题的角度，可能会使顾客觉得推销人员圆滑、玩弄技巧而产生反感情绪。

同步案例 5-5

一位推销员正在向顾客推销一种箱包：

推销员：“这是今年的新款。”

顾客：“不会吧，你们的产品比其他品牌贵那么多？”

推销员：“确实，我们的产品价格比较高，因为我们的原材料、生产线都是一流的，为了保证产品质量，维护消费者权益，我们还……”

思考

（1）顾客提出的异议是什么？

（2）推销员用质量做解释采用了什么处理异议的方法？这种方法在使用时运用的条件和应注意的问题是什么？

（三）转化处理法

转化处理法是指推销人员利用顾客的反对意见中有利于推销成功的一部分因素，并对此进行加工处理，转化为自己的观点去消除顾客异议，说服其接受推销品。这种方法是“以子之矛，攻子之盾”。推销人员改变了顾客异议的性质和作用，把顾客拒绝购买的理由转化为说服顾客购买推销品的理由，把顾客异议转化为推销提示，把成交的障碍转化为成交的动力，不仅有针对性地转变了顾客在最关键问题上的看法，而且使之不再提出新的异议。顾客的反对意见是有双重属性的，它既是交易的障碍，同时又是一次交易机会。推销人员要是能利用其积极因素去抵消其消极因素，未尝不是一件好事。例如：

顾客：“你们的产品又涨价了，我们买不起。”

推销员：“你说得对，产品价格确实是涨了，不过它所用的原材料还在涨，现在不买，可能过一段时间还会涨。”

从上例中可以看到：

（1）转化处理法将顾客异议变成了说服顾客的理由，就事论事，从而使自己由防守转为进攻。

（2）用顾客的观点来说服顾客，容易被顾客接受。

（3）可以改变顾客异议的性质，保持良好的推销气氛。

这种方法直接利用顾客的反对意见，将其转化为肯定意见。应用时一定要注意在分析与判断的基础上，尽量讲究礼仪，而不能伤害顾客的感情。这种方法如果使用不当，会给推销工作带来麻烦。因为，推销人员直接利用顾客的异议进行转化处理，会使顾客感到有损自尊，产生一种被人利用、愚弄的感觉，可能会引起顾客的反感甚至恼怒，也可能会使顾客失望而提出更难解决的异议。

（四）以优补劣法

以优补劣法又叫补偿法，是指推销人员利用顾客异议以外的产品或服务的优点来抵消顾客异议的处理方法。在推销实践中，推销人员应该承认这样一个事实：本企业及其推销品并不是尽善尽美的，推销活动也有疏忽与不妥当之处，与市场上竞争对手的产品相比，也有优劣长短。对此，推销人员应当辩证地去看待，尊重事实，没必要回避或直接否定，并客观地看待顾客的异议。如果推销人员能够充分地证明推销品虽然存在缺点，但优点更多，利用产品的优点来补偿甚至抵消这些缺点，就有利于使顾客的心理达到一定程度的平衡，有利于使顾客做出购买决策。这一方法在推销工作中应用普遍，特别是顾客理智地提出有效真实的购买异议时。当推销的产品质量确实有些问题，而顾客恰恰提出“这东西质量不好”时，推销员可以从容地告诉他：“这种产品的质量的确有问题，所以我们才削价处理。不但价格优惠很多，而且公司还确保这种产品的质量不会影响您的使用效果。”例如：

在一次冰箱展销会上，一位打算购买冰箱的顾客指着不远处一台冰箱对身旁的推销员说：“那种 AE 牌的冰箱和你们的这种冰箱同一类型、同一规格、同一星级，可是它的制冷速度要比你们的快，噪声也要小一些，而且冷冻室比你们的大 12 升。看来你们的冰箱不如 AE 牌的呀！”推销员回答：“是的，你说得不错。我们冰箱噪声是大点，但仍然在国家标准允许的范围以内，不会影响你和家人的生活与健康。我们的冰箱制冷速度慢，可耗电量却比 AE 牌冰箱少得多。我们冰箱的冷冻室小但冷藏室很大，能储藏更多的食物。一家三口人，能有多少东西需要冰冻呢？再说，我们的冰箱在价格上要比 AE 牌冰箱便宜 300 元，保修期也要长 6 年，我们还可以上门维修。”顾客听后，脸上露出欣然之色。

从上例中可以看出：

（1）该方法的要点是在顾客异议符合实际情况时，勇于承认，并靠充分的证据让顾客感觉异议中的问题与产品优点相比是微不足道的，从而使顾客达到心理平衡。

（2）当顾客提出某产品质量有点缺陷时，推销人员在承认产品缺陷时，可以在保证产品的质量不会影响顾客的使用效果的前提下，用优惠的价格等优势来抵消顾客对产品质量的异议，使之产生购买兴趣。

（3）在补偿过程中，推销人员既肯定了顾客异议，又通过说理使顾客认识到购买的利益，就能使顾客在理智上与情感上获得平衡。

同步案例 5-6

顾客：“你们的冰箱价格太高了，××品牌的才××元。”

推销员：“与市场同类产品比较，我们的冰箱价格的确高了一点，但是一分价钱一分货，我们的冰箱有液晶显示、人工智能控温，而且有速冷和速冻功能，这些都是其他冰箱所不具备的……”

顾客：“但你们的冰箱看起来太大了，有点夸张。”

推销员：“大是大了那么一点，但它功能齐全啊，不但有四种温区，还内设了自动制冰、碎冰和冷水系统，这样，你想要冰块、刨冰、冷饮都没有问题，多方便啊！”

思考

顾客提出的是什么异议？推销员采用了哪种处理异议的方法？

补偿法的优点在于：推销人员能实事求是地承认推销品的不足之处，并能客观地向顾客介绍推销品的优点，给顾客的感觉是真诚、客观、可以信赖，从而有利于促成交易；另外，推销人员并不是反驳或否定顾客异议，相反却是予以肯定和补偿，有利于建立和维护购销双方的友好关系。但这一方法也有其缺点：推销人员事先肯定了顾客的异议，可能会引发顾客对推销品的误会，助长顾客对异议的坚持，对购买失去信心；甚至会使顾客异议增多，增加推销劝说的难度；还可能会拖延推销时间，降低推销效率。

拓展阅读

处理顾客异议的策略

（五）太极处理法

太极处理法，取自太极拳中的借力使力，就是你一出招我就顺势接招再拆招的办法。太极处理法的基本做法是，当顾客提出一些不购买的异议时，正是推销人员认为他要购买的理由，也就是推销人员能立刻把顾客的反对意见直接转换成他必须购买的理由。这就是借力使力的太极处理法。例如：

经销店的老板："你们这个企业把太多的钱花在广告上，要是把钱省下来作为我们进货的折扣，让我们多一点利润，那该多好呀。"

推销人员："就是因为我们投了大量的广告费用，顾客才被吸引来购买我们的产品。这不但能节省您的销售时间，同时也能够顺带销售其他商品，您的总利润还是最大的!"

在现实生活中我们经常能碰到类似太极处理法的说辞。例如：

在保险业里，

顾客："我收入少，没钱买保险。"

保险业务员："就是因为您收入少才需要购买保险，以便从中获得更多的保障。"

在服装业里，

顾客："我这种身材穿什么都不好看。"

推销人员："正是感觉身材不是很好的人才更需要这种有设计感的服装来修饰不满意的地方。"

卖儿童图书时，

顾客："我的小孩连学校的课本都不感兴趣，怎么可能会看这种课外读物呢?"

推销人员："我们这套图书就是为激发小朋友的学习兴趣而特别编写的。"

太极处理法处理的多半是顾客不十分坚定的异议，特别是顾客的一些借口。太极处理法最大的目的就是让推销人员能够借处理异议之机，迅速地陈述他能带给顾客的利益，以引起顾客购买的意愿。

（六）询问法

询问法又称问题引导法或追问法，是指推销人员利用顾客提出的异议，直接以询问的方式向顾客提出问题，引导顾客在回答问题的过程中不知不觉地回答了自己提出的异议，甚至否定自己，同意推销人员的观点。

同步案例5-7

顾客："你的产品是不错，不过，现在我还不想买。"

推销员："经理先生，既然产品很好，您为什么现在不买呢?"

顾客："产品虽然不错，可它不值5万元一件啊!"

推销员："那您说说这样的产品应该卖什么价格?"

顾客："反正太贵了，我们买不起。"

推销员："经理先生，看您说的！如果连您都买不起，还有什么人买得起？您给个价吧。"

思考

顾客提出的异议是什么？推销员采用了哪种处理顾客异议的方法?

运用询问法来处理顾客异议，可以使推销人员掌握更多的顾客信息，为进一步推销创造了条件。带有请教意义的询问会让顾客感到受尊重或重视，从而愿意配合推销人员的工作，使推销保持良好的气氛与人际关系。另外，询问法还使推销人员从被动听顾客申诉异议变为主动地提出问题与顾客共同探讨。但这种方法如果运用不当，可能会引发顾客的反感与抵触情绪，或在推销人员的多次询问下，产生更多的异议，破坏推销气氛，阻碍推销工作的顺利进行。

（七）不理不睬法

不理不睬法又称装聋作哑处理法、冷处理法、糊涂处理法，是指推销人员有意不理睬顾客提出的异议，以分散顾客注意力、回避矛盾的处理方法。通常情况下，推销人员应热情地解答顾客提出的各种各样的问题，以帮助顾客了解、认识推销品。但是，在推销活动中，对于那些无效的、无关的、虚假的异议，推销人员就可以采取不理不睬的方法，故意忽视、回避或转移话题，以保持良好的洽谈气氛，避免与顾客发生冲突。例如：

顾客说："啊，你原来是××公司的推销员，你们公司周围的环境可真差，交通也不方便呀！"尽管事实未必如此，也不要争辩。你可以说："先生，请您看看产品……"

不理不睬法不可滥用，在运用时应注意：即使顾客述说的是无效的、虚假的异议，推销人员也要尊重顾客，耐心地倾听，态度要温和谦恭；在不理睬顾客的某一异议时，注意马上找到应该理睬顾客的内容，避免使顾客受到冷落。

同步案例 5-8

涂料推销员在向一位公司采购部经理进行推销活动。

顾客："你们公司生产的外墙涂料经日晒雨淋后会出现褪色的情况吗？"

推销员："经理您请放心，我们公司的产品质量是一流的，中国平安保险公司给我们担保。另外，您是否注意到东方大厦，它采用的就是我们公司的产品，已经过去10年了，还是那么光彩依旧。"

顾客："东方大厦啊，我知道，不过听说你们公司交货不是很及时，如果真是这样的话，我们不能购买你们公司的产品，它会影响我们的工作。"

推销员："经理先生，这是我们公司的产品说明书、国际质检标准复印件、产品价目表，这些是我们曾经合作过的企业以及他们对我们公司、产品的评价。下面我将给您介绍一下我们的企业以及我们的产品情况……"

思考

顾客提出的异议是什么？推销员采用了哪种处理异议的方法？采用这种方法时应注意哪些问题？

（八）委婉处理法

推销人员在没有考虑好如何答复顾客的反对意见时，不妨先用委婉的语气把对方的反对意见重复一遍，或用自己的话复述一遍，这样可以削弱对方的气势。有时转换一种说法会使问题容易回答得多。但只能减弱而不能改变顾客的看法，否则顾客会认为你歪曲了他的意见而产生不满。推销人员可以在复述之后问一下："你认为这种说法确切吗？"然后再继续下文，以求得顾客的认可。比如顾客抱怨："价格比去年高多了，怎么涨幅这么大？"推销人员可以这样说："是啊，价格比起前一年确实高了一些。"然后再等顾客的下文。

（九）预防处理法

预防处理法是指推销人员在推销拜访中，确信顾客会提出某种异议，就在顾客尚未提出异议时，自己先把问题说出来，继而适当地解释说明，予以回答。例如：推销人员希望顾客在 15 天内付款，可以这么说："先生，您一眼就可以看出我们公司产品的质量是可靠的，并且价格也比较合理，在操作上也很有特点。您也知道，我们公司要维持合理价格，既凭借可靠的质量、高效率的操作，同时也采用企业界的一般做法，如请求顾客在规定期限内付款。虽然顾客对此方面略有抱怨，但由于我们产品的关系——物美价廉，实质上是增加了顾客的利益。"

由此可见，预防处理法的最大好处就是先发制人，有效地阻止顾客的异议。采用这种方法，推销人员必须在接近顾客之前，将顾客有可能提出的各种异议列出来，并详细准备好处理方法，在推销中灵活运用。

（十）定制处理法

定制处理法是指推销人员按照顾客异议的具体要求重新为顾客制造符合顾客要求的产品，从而进行顾客异议处理。这一方法很好地体现了现代市场营销观念中"按需生产""以销定产"的观点。企业按照顾客异议的具体内容进行推销品的生产与销售，是满足顾客需求的最好方法，也是目前能够满足顾客需要的最高标准。另外，可以通过产品与推销的改进而带动企业生产与经营活动的进步，引发企业对新产品的开发与市场开拓，更好地体现企业及推销人员的服务精神。在当今竞争激烈的市场经济中，定制无疑也是一种比较有效的竞争方式。

在具体运用定制处理法处理顾客异议时，应做好以下几个方面：（1）企业应切实树立现代市场营销观念，使企业的所有部门与全体员工认识到满足顾客需求是企业的最高原则。（2）在企业内部形成各部门、各环节协调配合的整体营销体系，从而为兑现推销人员的允诺奠定各方面的基础，使定制处理法的实施有更大的可能性。（3）推销人员应掌握足够的信息，比如顾客异议的详细内容、顾客的真正需求、产品生产的有关情况等，然后确定定制处理法实施的可行性。只有在目前生产活动可以满足顾客需求的情况下，推销人员才可以运用定制处理法处理顾客异议。推销人员应做好顾客与企业、企业内部各部门、各环节之间的协调关系，为定制处理法的运用铺平道路。另外，推销人员应讲究职业道德，讲究信用，在与顾客签订相关的合同之后，或是以其他形式做出承诺后，要千方百计地履行诺言。

（十一）合并意见处理法

合并意见处理法就是将顾客的异议汇总成一个意见，或者把顾客的反对意见集中在一个时间讨论，目的是削弱反对意见对顾客产生的影响。例如：

顾客："我再考虑一下吧。"

推销员："你对这款冰箱的价格和体积不太满意是吧？其实价格高是因为冰箱品质好，体积大是因为功能齐全。你看我们的冰箱有液晶显示、智能控温，不但有四个温区，还内设了自动制冰……"

这种方法的优点是可以把顾客的反对意见一次性排除，并可选择性地强调产品的优越之处。在实际操作中需要注意以下问题：

（1）不要在一个反对意见上纠缠不清，以免由一个反对意见派生出更多反对意见。

（2）快速复述顾客的所有意见，并立刻转换话题，将顾客注意力吸引到产品优势上去。

（3）要避免长篇罗列，以免顾客失去兴趣。

处理顾客异议的方法还有多种，如拖延法、举证说明法、有效类比法、旁敲侧击法等。在推销实践中，推销人员应根据不同的推销情况加以灵活运用，并善于创新，以提高推销效率，提升推销业绩。

六、处理顾客异议的策略

在推销洽谈过程中，顾客异议是不能避免的。只有成功地处理各类顾客异议，才能有效地促成交易。处理顾客异议的策略很多，主要有以下几种。

（一）处理价格异议的策略

拓展阅读

价格异议的动机分析

价格问题是影响推销的重要因素，它直接关系到买卖双方的经济利益。推销人员应当首先分析和确认顾客提出价格异议的动机是什么，然后有针对性地采取策略。

1. 强调相对价格

价格代表商品的货币价值，是商品价值的外在表现。除非和商品价值相比较，否则价格本身没有意义。因此，在推销过程中，推销人员不能单纯地与顾客讨论价格的高低，而必须把价格与商品的价值联系在一起。从推销学的意义上说，商品的价值就是商品的特性、优点和带给顾客的利益。事实上“便宜”和“昂贵”的含义并不确切，而是带有浓厚的主观色彩，在很大程度上，它是人们内心的一种感觉。所以，推销人员应通过介绍商品的特点、优点和带给顾客的利益，使顾客最终认识到，你的商品实用价值是高的，相对价格是低的。例如：一位推销员向一位女士推销一种高级香水，这位女士非常喜欢这种香水的味道，但她始终说：“太贵了!”这位推销员说：“这可是高级香水啊！而现在是该产品的促销期，买一瓶送一张××美容店美容卡，机会难得呀!”这位女士最终没有在价格上再争执，购买了这种香水。

2. 先谈价值，后谈价格

如果顾客购买了商品，就意味着他同时也要付出一定量的货币。顾客在交易过程中，始终在衡量这种交换是否对自己有利。因此，推销人员可以从产品的使用寿命、使用成本、性能、维修和收益等方面进行对比分析，说明产品在价格与性能、价格与价值、推销品价格与竞争品价格等方面中某一方面或几方面的优势，让顾客充分认识到推销品的价值，认识到购买能带给他的利益和方便。例如：

顾客指着柜台里的一款手表询价。

A营业员：“5万元。”

顾客：“5万元！太贵了。”

B营业员：“这是一款劳力士金表，5万元。”

顾客：“啊！怪不得这样耀眼。”

上例中A营业员回答顾客的方法显然不妥。面对价格异议，推销人员必须注意：在推销洽谈中，提出价格问题的最好时机是在充分说明了推销品的好处，顾客已对此产生了浓厚的兴趣和购买欲望之后。一般情况下，推销人员不要主动提及价格，也不要单纯地与顾客讨论价格问题，在报价后不附加评议或征询顾客对价格的意见，以免顾客把注意力过多地集中在价格上，使洽谈陷入僵局。

3. 心理策略

在向顾客介绍产品价格时，推销人员可先发制人，首先说明报价是出厂价或最优惠的价格，暗示顾客这已经是价格底线，不可能再降价，以抑制顾客的杀价念头。推销人员还可使用尽可能小的计量单位报价，以减少高额价格对顾客的心理冲击。如在可能的情况下，改吨为千克，改千克为克，改千米为米，改米为厘米，改大的包装单位为小的包装单位。这样在价格相同的情况下，顾客会感觉小计量单位产品的价格较低。例如：甲每箱（24 瓶装）啤酒 120 元，乙每瓶 5 元，虽然两者的售价一样，可乙的售价给顾客的感觉是低于甲的。

4. 让步策略

在推销洽谈中，双方的讨价还价是免不了的。在遇到价格障碍时，推销人员首先要注意：不可动摇对自己的企业及产品的信心，坚持报价，不轻易让步。只有充满自信，才可能说服顾客。如果只想以降价化解价格异议，很容易被对方牵着鼻子走，不仅影响推销计划的完成，而且有损企业和产品的形象。

在有些情况下，通过适当的让步可以获得大额订单，使顾客接受交货期较长的订货。推销人员应当掌握的让步原则如下所述：

（1）不要做无意义的让步，应体现出“双赢”的原则；

（2）做出的让步要恰到好处，使较小的让步能给对方较大的心理满足；

（3）大问题力争让对方让步，小问题我方可考虑让步；

（4）不做有损企业利益和形象的让步。

（二）处理货源异议的策略

货源异议是与产品品牌、现有供货商或推销人员的忠诚有关的一种异议。许多货源异议都是由顾客的购买经验与购买习惯造成的，推销人员在处理这类异议时可采用以下策略。

1. 锲而不舍，坦诚相见

通常，顾客在有比较稳定的供货单位和有过接受推销服务不如意甚至受骗上当的经历时，对新接触的推销人员怀有较强的戒备心理，由此而产生货源异议。例如：“对不起，我们和某某单位是老关系了，一般我们都向他们购买这类产品，他们产品的质量、供货都有保证。”在这种情况下，推销人员应不怕遭到冷遇，反复访问，多与顾客接触，联络感情，增进相互了解，这样就有了对顾客进行有针对性的劝说的机会。在与顾客的接洽中，推销人员应以诚挚的态度消除顾客的心理偏见。

2. 提供例证

在解决货源异议时，推销人员为说明推销品是名牌商品、材料优异、制作精良、款式新颖等，可出示企业资质证明、产品技术认证证书、获奖证书以及知名企业的订货合同等资料，以消除顾客顾虑，获得其认可。

3. 强调竞争受益

顾客常常会提及已有供货单位，并对现状表示满意，从而拒绝推销。此时，推销人员应让顾客明白，作为一个企业，仅把握单一的货源具有很大的风险。供货单位一旦失去供货能力，将会导致企业因货源中断而被迫停工停产。而企业拥有较多货源，采取多渠道进货，会增强采购时的主动性，可以对不同货源的产品质量、价格、服务、交货期等进行多方比较、分析、择优选购，并获得竞争利益。例如：

顾客："我们一直用××厂的产品，从来没有买过你们厂的产品。""没听说过你们这个企业。""很抱歉，这种产品我们和××厂有固定的供货关系。"

推销员："关系都是慢慢建立起来的嘛。我们的产品质量很好，在同行业中有很高的声誉，我们能保证交货时间，并且我们的产品价格略低于同类产品价格，对多进货的企业还有价格优惠，你不妨考虑考虑进货。"

顾客："这样啊，那么我们可以考虑一下。"

(三) 处理购买时间异议的策略

在推销人员进行详细的介绍之后，顾客往往会提出一些购买时间异议。实际上，顾客借故推托的时间异议多于真实的时间异议，具体的处理策略主要有以下几种。

1. 良机激励法

这种方法是利用对顾客有利的机会来激励顾客，使其不再犹豫不决，抛弃"等一等""看一看"的观望念头，当机立断，拍板成交。例如："目前我们正在搞店庆活动，在此期间购买可以享受15%的优惠价格。""我们的存货已经不多了，如果您再犹豫的话，就可能被别人买去了。"这种方法具有一定的局限性，必须确有其事，千万不可欺骗顾客。

2. 意外受损法

这种方法与良机刺激法正好相反，其利用顾客意想不到但又必将会发生的变动因素(如物价上涨、政策变化、市场竞争等情况)，要求顾客尽早做出购买决定。

3. 竞争诱导法

这是指推销人员向顾客指出他的同行竞争对手已经购买了同类产品，如不尽快购买推销品，将会在竞争中处于劣势，以此诱导顾客注意竞争态势，从而做出购买决定。

(四) 处理产品异议的策略

推销品的质量是顾客关心的也是其拒绝推销的一个常见理由与借口。如果产品的质量、特性、功能、价格，企业的售前、售中、售后服务措施等方面存在某种问题，就可能引起顾客异议。在推销活动中，掌握处理产品异议的策略，是做好推销工作的一个必要条件。

1. 现场示范，宣传可操作性

产品的质量与产品的使用价值是两个不同的概念，对顾客来说，产品的使用价值比质量更为重要。人们不会掏钱去购买一件无用的东西，也不愿意买一件不会或难以使用的物品。现场示范的目的是让顾客对产品有更为直观的了解，把产品特点、利益展示出来，让顾客一目了然。

例如：有个推销家用电器的推销员，在社区会议后急于向顾客介绍高质量的吸尘器的结构。在场的家庭主妇听到的技术词汇越多，越感到机器复杂，就越茫然，没有表示要购买。有个主妇耐不住性子说："你是在浪费自己以及我们的时间，我们最关心的是真空吸尘器能给我们带来什么好处。"这名推销员马上打开一台吸尘器的包装，当场演示起来。当这些家庭主妇欣喜地看到这台吸尘器能把她们从繁重的家务劳动中解放出来，且易于操作时，就马上表示要购买。

使用现场示范推销方法时，要注意以下几点：

（1）推销人员应把产品的使用价值作为主要推销因素进行讲解与演示。

（2）推销人员应提前设定演示步骤，防止演示失败，并让顾客参与其中。

（3）演示过程要简短，在达到最佳视听和参与效果的同时，推销人员应表现出对自己产品的信心与尊重。

2. 邀请顾客考察，亲身体验

请目标顾客亲自到厂家或销售处去考察与观摩生产过程和产品使用情况，让顾客了解所有的生产环节，并且让顾客亲自动手操作，使其对各种性能、特点有切身感受，最终打消原来的产品异议。

3. 试用试销，提供担保

在推销实践中，推销人员有时会遇到这样一些顾客，任凭推销人员使用千般推销技术，仍然对推销品持怀疑态度。在这种情况下，推销人员让顾客试用或者试销产品，是解决问题的有效办法。

例如：推销人员在推销设备时，如果顾客犹豫不决，可以这样说："如果因试用情况不好而影响了你们的产品质量，我们将赔偿你们的全部损失，我们可以做出书面保证。"

拓展阅读

处理产品异议的策略

【操作平台】

任务训练一　顾客异议的处理

1. 训练目的与要求

(1) 体会处理顾客异议时应持有的正确态度，并能初步运用处理顾客异议的原则和基本策略。

(2) 培养分析、归纳、表演的能力。

2. 训练内容与步骤

(1) 请学生结合实际设计一个推销情境小品剧，进行顾客异议处理情境表演。

(2) 将全班同学分组，每 8～10 人一组。

(3) 分发资料。

资料：

一款迷你洗衣机，体积小，价格低，省电省水，功能齐全，可以甩干。但只能清洗小件或少量衣服。

顾客第一个异议："这洗衣机顶多能洗一件衣服。"

顾客第二个异议："价格也比其他品牌贵一些。"

(4) 以小组为单位，利用教师所给的资料，进行讨论。

(5) 学生以推销员的身份，分别利用 2～3 种方法处理异议，自编自演小品剧，并在小组内进行表演。

(6) 小组讨论、修改小品剧。

(7) 向全班同学演示。

3. 成果体现与检测

(1) 每个小组提交一个设计好的小品剧。

(2) 学生根据各组准备的道具及表演的表现互相评价。

(3) 教师根据设计好的小品剧和表演评估打分。

任务训练二　实地调研，观察、记录营业员处理顾客异议的方法

1. 训练目的与要求

(1) 熟悉顾客异议的类型，了解顾客异议产生的根源。

(2) 体会处理顾客异议时应持有的正确态度，并能初步运用处理顾客异议的原则和基本策略。

（3）正确对待顾客异议，学会并掌握处理顾客异议的基本方法。

2. 训练内容与步骤

（1）由学生自愿组成小组，每个小组 5～6 人，选择 1～2 个商场进行实地调研，观察、记录营业员是如何正确处理顾客异议的。

（2）重点访问一位营业员，向他了解常见的顾客异议的类型和处理顾客异议的原则与策略。

（3）各小组对所观察的营业员处理顾客异议的方法进行讨论、评判，并自编情景剧进行表演。

3. 成果体现与检测

（1）每组写出一份调研访问报告。

（2）调研结束后，组织课堂交流、讨论与情境表演。

（3）以小组为单位，分别由组长和每个成员根据各成员在调研、讨论与表演中的表现评估打分。

（4）由教师根据各组的调研报告、讨论与情境表演中的表现评估打分。

学习情境小结

顾客异议是指顾客针对推销人员及其在推销过程中的各种活动所做出的一种反应，是顾客对推销品、推销人员、推销方式和交易条件发出的怀疑、抱怨，提出的否定或反对意见。顾客异议存在于整个推销洽谈的过程中，它既是推销的障碍，也是成交的前奏与信号。其产生的原因包括顾客方面的、推销品方面的和推销人员方面的。顾客异议主要表现为需求异议、财力异议、权力异议、价格异议、产品异议、推销人员异议、货源异议、购买时间异议等。

推销人员在处理顾客异议的过程中，不能把异议看成阻碍，要端正态度，遵守处理顾客异议的原则和策略，有效地促成交易。在推销洽谈过程中，处理顾客异议的方法有许多种，主要的和常见的有以下 11 种：直接否定法、间接否定法、转化处理法、以优补劣法、太极处理法、询问法、不理不睬法、委婉处理法、预防处理法、定制处理法、合并意见处理法。

在推销洽谈过程中，顾客异议是不能避免的。只有成功地处理各类顾客异议，才能有效地促成交易。处理顾客异议的基本策略很多，主要有处理价格异议的策略、处理货源异议的策略和处理购买时间异议的策略等。

素养提升

关键词：自信、善于思辨、勇敢、耐心、敬业、积极、坚持

一、名人警言

1. 自信与骄傲有异：自信者常沉着，而骄傲者常浮扬。——梁启超

2. 古之立大事者，不惟有超世之才，亦必有坚韧不拔之志。——苏轼

3. 不要失去信心，只要坚持不懈，就终会有成果的。——钱学森

4. 业精于勤荒于嬉，行成于思毁于随。——韩愈

5. 真正的快乐，是对生活的乐观，对工作的愉快，对事业的热心。——爱因斯坦

6. 最可怕的敌人，就是没有坚强的信念。——罗曼·罗兰

二、小故事

故事1

某汽车公司为了了解顾客的需求，会定期邀请一些顾客与产品设计人员和汽车推销员讨论产品及销售服务等问题，并专门设计了一个软件数据系统，供各部门经理和雇员详细了解掌握顾客的意见。一次有位顾客抱怨说，乘坐该品牌汽车时不愿坐在后排，因为后排空间太小，腿伸不开，很不舒服。听到这个意见后，公司立即将前排座位下部进行了调整改进，加宽了前后排之间的距离。这一举动赢得了顾客的普遍称赞，使其汽车更加畅销。

作为企业推销人员，要敢于承认自身产品的不足，辩证看待，尊重事实，尊重顾客意见，虚心接受顾客意见，并根据产品实际情况，改进产品，为顾客提供更优质的产品和服务。

故事2

小李是一名二手车网络平台的业务拓展员，有一天面对一名实体二手车店店主时，顾客提出了异议："现在的市场不景气，车不好收，不太想做了。"面对这样的异议，小李没有放弃，而是认为顾客提出顾虑就说明还有挽回的余地，于是他说："正是因为现在生意不好做，所以我们才应穷则思变，考虑采用新的渠道，实施网络平台推广，如果您每天忙着收车买车都很顺利的话，我也不会来烦您了。"顾客表示认同，小李接着详细介绍了自己的平台……

辩证地看待事物、保持良好的心态可以帮助我们在一些看似不利的环境下扭转乾坤，同样也教会我们倾听不同意见，帮助我们完善处事方式，树立自信心，以积极的人生观迎接挑战。

作业单

一、单项选择题

1. 顾客说："这种冰箱还可以，但坏了没有地方修。"这种异议是（　　）。

A. 价格异议　B. 服务异议　C. 质量异议　D. 货源异议

2. 顾客说："我从来不用化妆品。"这种异议属于（　　）。

A. 产品异议　B. 需求异议

C. 价格异议　D. 货源异议

3. 顾客说："这种盘子太轻了！"推销员说："这种盘子的优点就是轻便，这正是根据女性的特点设计的，用起来很方便。"这种异议处理方法称为（　　）。

A. 转化处理法　B. 直接否定法

C. 以优补劣法　D. 询问法

4. 顾客异议是成交的障碍，但它也表达了这样一种信号，即顾客对推销品（　　）。

A. 愿意购买　B. 不满意　C. 产生兴趣　D. 没有兴趣

5. 顾客提出："你们的产品又涨价了，我们买不起。"推销员回答："您说得对，这些东西的价格又涨了。不过现在它所用的原材料价格还在继续上涨，所以商品的价格还会涨得更高。现在不买，过一段时间价格只会更高的。"这种处理顾客异议的方法为（　　）。

A. 直接否定法　B. 间接否定法

C. 转化处理法　D. 以优补劣法

二、多项选择题

1. 处理消费者的价格异议的主要方法有（　　）。

A. 强调相对价格　B. 适当让步

C. 先谈价值，后谈价格　D. 对消费者的不合理价格要求不予理睬

2. 处理顾客异议的原则有（　　）。

A. 预测异议内容，事先做好准备工作　B. 选择恰当的时机

C. 耐心倾听　D. 对顾客表示理解

3. 以下可能引起顾客异议的方面有（　　）。

A. 产品质量　B. 产品价格

C. 产品信息　D. 产品服务

三、问题思考

1. 什么是顾客异议？其产生的原因有哪些？

2. 常见的顾客异议类型有哪些？请任选两种类型的顾客异议，说明应该如何处理。

3. 处理顾客异议的原则有哪些？

4. 常用的处理顾客异议的方法有哪些？

四、案例分析

资料 1：

以下是对于购买产品的一些普遍异议，请列出你对每一种异议的回答。

(1) 对汽车：我需要和我的妻子商量商量。

(2) 对打字机：我们不需要一台文字处理打字机。

(3) 对人寿保险：我感觉自己很健康。

(4) 对清洁器：这个产品比你们竞争对手的要贵。

(5) 对除草机：这个东西看起来没有必要买。

(6) 对微波炉：我看不出你们的微波炉有加热快的优势。

(7) 对杂志广告：我看不出你们对于报纸广告有任何优势。

(8) 对购药者：我们已经有非阿司匹林止痛药的过多存货。

(9) 对化妆品：你们的商品价格太高了。

(10) 对房产推销人员：这儿离市区太远了，干什么都不是很方便。

资料2：

某服装推销员长期从事流行服装的推销工作，在推销过程中，经常碰到顾客提出各种不同的意见。例如，有一次在向一位女青年推销一款新时装时，顾客提出该款时装的颜色过时了。推销员回答说："小姐，您的记忆力的确很好，这种颜色几年前已经流行过了。我想您是知道的，服装的潮流是轮回的，如今又有了这种颜色回潮的迹象。"这一回答轻松化解了顾客的反对意见，取得了推销的成功。有些推销员面对顾客的反对意见不能冷静处理，甚至出现了争吵的局面，他们认为如果能在与顾客争吵中获胜便能获得推销的成功。有些推销员面对顾客的反对意见，往往措手不及，不知如何处理，经常直接反驳顾客的意见，他们认为只有这样才是最有效、最有力的处理方法。

请根据以上情况，回答以下问题：

(1) 推销员化解女青年反对意见用的是什么异议处理法？这种处理法的关键什么？

(2) 在与顾客的争吵中获胜是否能取得推销的成功？

(3) 直接否定是最有力的异议处理法吗？为什么？

(4) 面对顾客异议，推销员处理时的步骤有哪些？

学习情境6　促成交易

学习导图

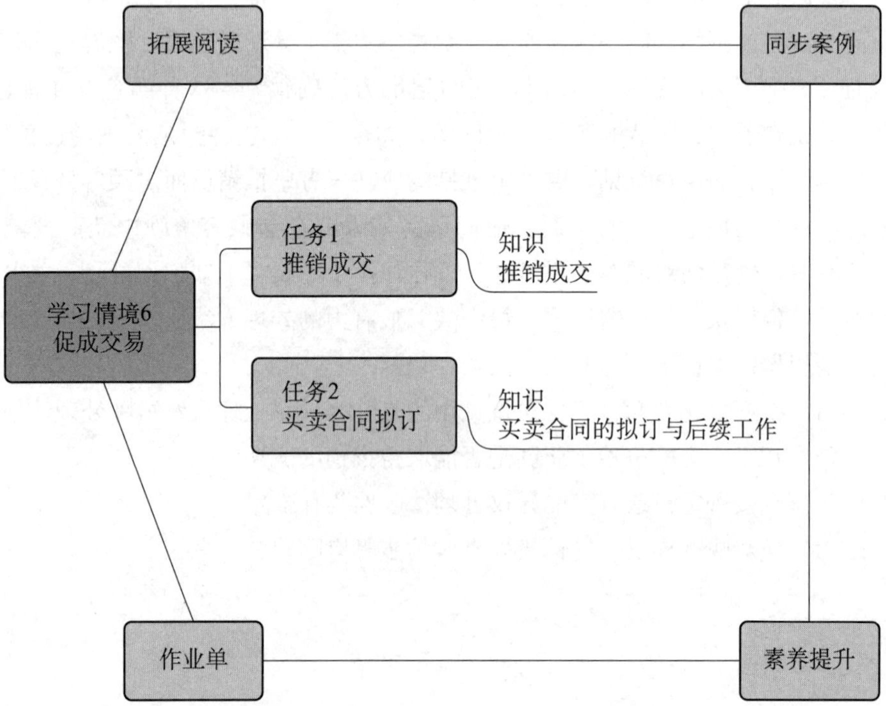

学习目标

● **育德目标**

1. 培养服务意识，能够正确促成交易。
2. 培养实事求是的品质，做到童叟无欺、公平交易。
3. 养成诚实、守信的推销工作作风。

● **知识目标**

1. 识别和灵活运用成交信号。
2. 正确选择促成交易的方法。
3. 掌握买卖合同拟订的方法和技巧。

● **能力目标**

1. 能够正确识别和运用成交信号促成交易。
2. 能够运用买卖合同拟订的方法和技巧。

任务 1　推销成交

【走进推销】

成交时机的把握

【任务相关知识】

知识　推销成交

推销活动的目的就是达成交易。前面工作做得再好，最后不能达成交易，等于白做。这好比篮球比赛中的投篮。球员身高有优势，能抢到篮板球，传接球也不错，能把球传到前场，就是投篮命中率太低，不能把球投进篮筐，动作再完美，比赛也必输无疑。成交环节的作用主要体现在以下两个方面：

（1）成交是顾客接受推销人员推销建议的渐进过程；

（2）成交是顾客接受推销建议并立即购买推销品的行为。

一、推销成交的含义和时机

（一）推销成交的含义

1. 推销成交概述

成交即达成交易。推销成交就是推销人员帮助购买者做出使买卖双方都受益的购买决策的行动过程。

一方面，从推销过程来讲，成交是推销洽谈的延续。如果洽谈工作进行得很顺利，产品介绍、顾客异议等环节都得到妥善处理，达成交易就是顺其自然的事情。另一方面，成交是推销工作的一个重要环节，也是有技巧的。如果推销人员掌握并能正确运用成交技巧，那么他与顾客达成交易的可能性将大为增加。

同步案例 6-1

有一个从事设备推销工作的推销员，上星期拜访了一个单位的老总，双方洽谈的效果还算可以。这天上午，他在办公室准备材料，打算下午再去拜访那位老总，心里盘算着这次要不要提出成交要求。他想提出来，又有点不敢。要是遭到对方拒绝，一笔大生意就这么泡汤了，很不甘心。他一个人就在那里犹豫不决。这个时候，他接到正在上小学二年级的儿子打给他的电话：“爸爸，中午给我买一支铅笔回来。”

说完，儿子就把电话挂了，容不得你和他商量，你就得照办！

儿子这么干脆的要求，提醒了他，使他明白了其中的道理。就照着儿子命令自己的口气，去谈生意，让对方签合同！

下午，他信心十足，与老总进行了实质性的谈判，并提出成交请求，结果如愿以偿。

思考

儿子的一句话使这个推销员明白了什么道理？

2. 成交三原则

成交需要具备三个原则：

（1）主动。推销人员要主动向顾客提出成交要求。美国施乐公司前董事长彼得·麦克曾经说过：“推销人员提出成交要求，与射击中的扣动扳机一样。如果你瞄准了目标，最终没有扣动扳机，目标瞄得再准，也是毫无意义的。”

很多推销人员与顾客联系得非常紧密，产品解说得也非常好，就是不知道或不敢主动向顾客提出成交要求。一项调查显示：有 71%的推销人员未能及时地向顾客提出成交要求。

（2）自信。推销人员要以大胆、自信的口吻向顾客提出成交要求，不可支支吾吾、犹犹豫豫、吞吞吐吐。

自信是具有传染力的，当推销人员自信时，顾客也会坚定购买信心。美国十大推销高手之一的谢菲洛说：“在成交的最后关头保持自信是绝对必要的。”

（3）坚持。有研究表明，推销人员在获得顾客订单之前，平均要面对 6 次否定。也就是说，推销人员没有前 6 次的坚持，也就不会有第 7 次的成功。而第 1 次提出成交要求就能成交的比例只有 10%。

胜利往往就在“再坚持一下”的努力中。

坚持不懈，不是死缠烂打、揪住不放，而是要讲究策略。我们介绍产品，不要把产品的优点一口气全部介绍完。可以采取这样的策略：

介绍产品的第一项优点：我们产品质量很好。

得到顾客的证实：顾客说“质量不错”。

提出成交要求：“那您这次是买 5 件还是买 10 件？”

顾客同意，成功；顾客拒绝，装作没听见。

接着介绍产品的第二项优点：我们产品功能齐全。

得到顾客的证实：顾客说“功能很多”。

提出成交要求：“那您这次是买 5 件还是买 10 件？”

顾客同意，成功；顾客拒绝，装作没听见。

几轮下来，成交可能性就大为增加。

推销人员要明白，顾客说明天或下次再联系只是他的一个借口。我们不能错过今天，错过今天，我们就可能会永远错过。

顾客的购买决策是一个情绪过程，是在兴奋、冲动的心理条件下做出的。今天，我们费了很大的劲，好不容易使顾客兴奋起来；到了明天，顾客心情冷却下来，他可以找出很多的理由来拒绝购买我们的产品。这样，不仅我们今天的努力会全部付诸东流，而且顾客有了这样的经历，下次的劝说难度会更大。

明天是一张期票，昨天是一张借据，只有今天才是现金。

今天，订单就在眼前；明天，订单远在天边。

优秀的推销人员都是具有强烈自信和强烈成功欲望的人。他们在与顾客见面握手的时候，心里就这样想着：“我今天一定要拿下你，让你签单。”

（二）识别和灵活运用成交信号

微课：

识别和运用成交信号

1. 善于识别购买信号，把握最佳成交时机

推销人员在什么时候提出成交请求比较好？一般在顾客购买心理活动过程的确信阶段提出较为适宜。顾客对商品的认可，在推销洽谈过程中，是通过一系列或明或暗的购买信号表现出来的。

购买信号是指顾客言行所表现出来的打算购买的一切暗示或提示，包括语言、动作、表情等各个方面。

一位心理学家经过研究得出一个等式：

一个人表达自己的全部意思＝7%的措辞＋38%的语音语调＋55%的动作、表情

顾客的心理活动对推销人员来说，是一个暗箱。并且，在很多时候，顾客也不愿意让推销人员觉察到他的真实意图。尽管如此，在交流过程中，顾客说话的口气、动作、表情，无时无刻不在透露他内心的真实想法。关键在于推销人员有没有能力捕捉到顾客透露出的信息。

因此，推销人员要善于识别购买信号，察言观色，以便及时提出成交请求。

同步案例 6-2

有一个推销商务通的推销员，一次拜访了一家公司的某位副总。推销员向顾客展示产品，并介绍了商务通的多种用途。比如说，可以把名片都存储进去，不需要再随身携带。解说到这个地方的时候，顾客说："我的名片有好几盒，那得需要多长时间才能输完？"

一般推销员可能会把顾客的这个提问当作顾客异议，认为顾客嫌产品功能不实用，太麻烦，认为顾客在找借口推托。而这个推销员不这么认为，他认为顾客的提问就是一个购买信号，他就采用假设成交法，向顾客试探地提出了成交要求："王总，您介不介意把您所有的名片让我带回去，我帮您都输好？"

没料到对方答应了。推销员就把名片带回家，连夜输完了。第二天，他带着已经输完的名片和商务通，以及销售发票，再次拜访这位副总。生意成交了。

思考

从这个案例中，你得到了什么启示？

以下是推销中常见的由顾客发出的购买信号：

(1) 顾客提出问题。例如：

1) 顾客问及产品的使用方法和售后服务；

2) 顾客重新问及推销人员已说过的某个重点内容；

3) 顾客询问交货时间及手续；

4) 顾客用其他公司的产品、交易条件与推销品和条件进行比较；

5) 顾客问及商品的市场反应或消费者的意见；

6) 顾客索取产品说明书或样品。

有时，顾客的购买信号会以反对意见的形式表现出来。推销人员应该注意：顾客以反对意见形式表现的购买信号，往往预示着成交很快就要到来。例如：

"真有很多人购买这种型号的产品吗？"

"这种材料真的经久耐用吗？"

"你能确保产品质量吗？"

对顾客提出的问题，推销人员最好的应对策略可能是反问。通过反问，推销人员可以进一步、更为准确地探测顾客的需求和想法。如果推销人员的反问得到顾客积极的回答，就表明顾客有着极高的购买兴趣，见表6-1。

表6-1 以反问方式回答顾客提出的包含购买信号的问题

顾客提问	推销人员回答（反问）
价格是多少？	你要买多少？
你提供哪些交易条件？	你想要哪种交易条件？
什么时候能交货？	你想要什么时候交货？
我要订购多少才能获得优惠呢？	你想买多少？
你们有8、12、36及54英寸的管子吗？	你们常用这些型号的管子吗？

（2）顾客征求别人的意见。

例如，我们自己在购物时经常遇到这样的情形：几个朋友一起去购物，其中某个人对商品产生兴趣时，他会征求身旁其他人的意见："你看，这个怎么样？"

再如，在某个大商场某个品牌的服装柜台前，销售员问试穿的丈夫："先生，您觉得这件衣服还合适吗？"丈夫觉得还行，没有反对意见，就转过去问妻子："老婆，你看怎么样？"

（3）顾客神态轻松，态度友好。

一旦顾客决定了要购买产品，洽谈中的那种紧张感就会消除，先前焦虑的神态就会变得轻松自然。因为顾客已经信任了推销人员和产品，从决策中的不稳定状态变为已拿定主意的稳定状态。

（4）顾客仔细检查商品。

顾客仔细检查商品，就表示他打算购买这个商品了。这时，推销人员可提出成交请求："您觉得还满意吧，那就来一个？"

（5）顾客拿起订货单。

顾客主动拿起订货单要你开票，或向你要合同，成交时刻便到来了。这正是推销人员希望看到的。

推销活动中，存在三个最佳的成交时机：

一是当推销人员向顾客介绍了产品的重大利益时；

二是顾客提出异议，推销人员给了一个圆满的答复，顾客信服的时候；

三是顾客表现出购买信号时。

成交要求提出的时机非常重要。

推销人员爱犯的两个错误：一是过早地提出成交要求。很多推销人员与顾客见面的第一句话就问："您买不买？"二是对顾客表现出的购买信号视而不见，以致错失良机。

2. 克服恐惧感，培养正确的销售心理

很多推销人员或多或少对成交有恐惧感，总是担心提出成交请求后遭到顾客的拒绝；

或是觉得难为情，是自己有求于顾客；甚至认为用商品来交换顾客口袋里的钱是不道德的。有这些心理的推销人员在与顾客洽谈中始终处于下风，自然不敢提出成交的要求。

3. 关键时刻亮出“王牌”

武术格斗中有“绝招”，最后一手，不到性命攸关的时刻不拿出来；扑克牌中有“王牌”，最重要的一张牌，不到一决胜负的时候不拿出来。

因此，绝招、王牌的使用是非常讲究策略的，不到关键时刻不亮出来。

推销人员在介绍成交条件时，要有所保留，不要一口气把全部有价值的宣传要点都用完，因为“弹尽粮绝”之时也就是“坐以待毙”之日。

推销人员把商品的利益、基本的成交条件都给顾客介绍了，顾客还在那里犹豫不决，怎么办？使用“绝招”“王牌”的时候到了！比如，推销人员可以说：“对了。我忘了告诉您，为了表明我们与贵公司合作的诚意，第一笔生意的运费由我们来承担。”

4. 做出最后的推销努力

在推销洽谈似乎要以失败告终时，推销人员仍不要放弃努力，最后的成交机会始终是向你敞开着的，很多时候都能“峰回路转”“柳暗花明”。因为此时顾客紧张的压力已经得到充分的释放，心理上如释重负，心情变得愉悦，甚至对推销人员产生一点同情感。

推销人员要坦然面对受挫情况，面部表情、心理上都要放松，反正遭到拒绝是常有的事。

推销人员在收拾样品准备离开时，应该抓住最后的成交机会，放慢整理样品的动作，有意无意间露出一些未曾向顾客介绍过的样品，以引起顾客的注意和兴趣，以此开始一次新的努力，说不准还是会带着订单回去。

拓展阅读

成交环节中最易犯的10种错误

微课：

成交方法训练

二、促成交易的方法

（一）请求成交法

请求成交法是指推销人员直截了当地提议准顾客购买推销品的成交方法。

同步案例 6-3

美国谈判和推销专家马克·H. 麦克科迈克在《哈佛学不到》这本畅销书中，给我们讲了这样一则故事。马克·H. 麦克科迈克有一个朋友，担任一家大公司销售部门的经理。这位销售经理在私下场合经常穿一件很滑稽的绿色西装。马克·H. 麦克科迈克问他原因，他就讲起了这件西装的来历。

一次他逛街，随便进了一家服装专卖店。销售员是一位热情、大方的年轻小伙子。小伙子为他挑选衣服，一件一件试穿，并逐一讲解，语言很有感染力。在试穿一件绿颜色的西装（也就是现在穿在身上的这件）时，马克·H. 麦克科迈克照例由他“摆布”，并仔细观察这位销售员。只见小伙子非常自信，围着马克·H. 麦克科迈克转了一圈，然后语气坚定地说：“好，就这件!”

身为大公司销售部门的经理，在销售领域见多识广，尽管对衣服本身并不看好，但马克·H. 麦克科迈克被眼前的这位年轻人深深地折服了，毅然购买了这件具有纪念意义的、滑稽的、绿颜色的西装。

思考

这位销售员销售成功的原因是什么？

“没问题吧，我给您开票啦。”我们经常听到商场的销售员如是说。这就是请求成交法。

请求成交法适用于下列情形：

（1）顾客为老顾客；

（2）顾客为理智型顾客；

（3）推销人员觉察到顾客喜欢产品；

（4）推销人员对达成交易充满自信；

（5）把顾客思路引导到购买问题上来；

（6）其他成交法未获成功，把请求成交法作为最后的尝试。

（二）假设成交法

假设成交法是指推销人员在心中假设顾客肯定会购买商品，然后向顾客询问一些关键性问题来结束销售的成交方法。询问的问题不应是关于商品本身的问题，而应是涉及如何交货、付款、保修及保管产品等，或是着手写订货单、开发票等。

拓展阅读

售票窗口的大字条

同步案例 6-4

某地一家大石油公司聘请一位销售专家做顾问。销售专家到加油站考察。加油的员工手里拿着油枪，对前来加油的汽车司机说："先生，加多少？"

销售专家说："停。你这个问法不对。应该说：'先生，给你加满吧？'"

思考

加油站的员工对前来加油的汽车司机说："先生，加多少？"这个问法为什么不对？

推销人员始终要有这样的信念："我推销的产品物超所值，我的推销能力最棒，顾客一定会购买我的产品。"有了这种自信，推销人员在与顾客的接触中，就会占据主动。只要顾客透露出一丝购买信号，推销人员即可发动攻势，提出成交假设，如果顾客不反对，买卖就成功了。

（三）选择成交法

选择成交法是指推销人员向准顾客提供两种或两种以上购买选择方案，并要求其迅速做出抉择的成交方法。

同步案例 6-5

有个推销员在外面跑推销。中午吃饭的时间到了，他想一个人简单吃一点就行了，就来到一家面馆，让老板给他下一碗面条。他坐下来，随手拿一份报纸边看边等。只听见老板对他说："先生，是要一个鸡蛋还是两个鸡蛋？"

"一个就够了。"他想都没想就回答了。

话音刚落，只听见"咔嚓"一声，老板在下面条的同时，给他炸了一个荷包蛋。过了一会儿，老板把面条和荷包蛋一起端了上来。推销员吃着面条，咬了一口荷包蛋。

"咦，奇怪了。我好像没要荷包蛋，怎么硬是点了，还吃了呢？"他这才回过神来。"我这个自命不凡的推销员遇到更高的推销高手了。"他说的就是这个面馆的老板。

思考

面馆老板是如何使用选择成交法的？

推销人员向顾客提问时，不应使用容易遭到顾客拒绝的提问方式，比如："你买不买？"或"你要不要？"顾客很可能脱口而出："不买""不要"。推销人员应问顾客：要多还是要少？要这个款式还是那个款式？无论顾客怎样选择，推销人员都把产品卖出去了。推销人员应当根据推销的具体情形，预先仔细地对提问进行设计。

选择成交能更快地帮助销售进入主题，并有效减轻顾客的成交心理压力，所以被广泛采用。使用选择成交法的注意事项：

（1）针对顾客的购买动机和购买意向，先假设成交，后选择成交。

（2）看准成交信号，向顾客提供成交选择方案。

（3）主动当好顾客的购买参谋，帮助顾客做出正确的成交选择。

（4）不要提出两个以上的选择。

（四）局部成交法

局部成交法是指推销人员利用交易活动中的次要方面来间接促成交易的成交方法。如果推销人员一开始就向对方提出一个大的要求，会把对方吓跑。推销人员的策略就是从小处着眼，一口一口将对方“吃掉”。

同步案例 6-6

有个汽车销售高手，顾客上门看汽车，他从来不这样问顾客：先生，您要不要汽车？他的做法是预先设计一张表格，表格分项描述汽车特征。当有顾客前来光顾时，他就拿出这张表格，一项一项询问顾客。您是要红色的还是黑色的？红色的，打个钩。您是要排气量大的，还是小的？排气量大的，打个钩。您是要有音响的，还是没有音响的？有音响的，打个钩……问完了之后，他就把顾客带到符合这些条件的汽车面前说：“这就是您要买的汽车。”

思考

上述案例中，推销员是使用什么方法实现成交的？

（五）总结成交法

微课：

总结成交法

总结成交法是指推销人员在推销洽谈中记住准顾客关注的主要特色、优点和利益，在成交中以一种积极的方式成功地加以概括总结，以得到准顾客的认同并最终取得订单的成交方法。

总结成交法的优点很突出：将推销过程由产品解说、利益介绍等前期阶段有效地向成交环节推进。因此，该方法在推销实务中很受欢迎。

美国施乐公司培训中心的教员说，他们传授的大多数成交方法都是由总结成交法的三个基本步骤组成的：

（1）推销洽谈中确定顾客关注的核心利益。

（2）总结这些利益。

（3）做出购买提议。

下面我们以在推销洽谈中的一段对话为例，来说明总结成交法的三个步骤。假定在推销洽谈中，准顾客（一位商店女经理）向推销员暗示她对产品的毛利率、交货时间及付款条件感兴趣。以下是他们之间的对话：

推销员："张小姐，您说过您对我们较高的毛利率、快捷的交货及付款方法特别偏爱，对吧？"（总结利益并试探成交）

准顾客："我想是的。"

推销员："随着我们公司营销计划的实施，光顾你们商店的顾客就会增加，该商品的销售必将推动全商店的销售额超过平常的营业额，我建议您购买（描述产品和数量）。下两个月有足够大的市场需求量，必将给您带来预期的利润，下周初我们就可交货。"（等待顾客的回应）

（六）机会成交法

机会成交法是指推销人员向顾客提示最后成交机会，促使顾客立即购买的成交方法。这种方法的实质是推销人员通过提示成交机会，限制成交内容和成交条件，利用机会心理效应增强成交。"这种商品今天是最后一天降价，机不可失，时不再来。"在最后的机会面前，人们往往由犹豫变得果断。你面对一个优柔寡断的准顾客，或者你希望准顾客大量购买，但种种迹象表明，他们如果现在都不购买的话，则将来更不可能购买。此时，即可用机会成交法促使顾客立即采取购买行动。

机会成交法可以运用在以下情况中：

（1）我不能保证还有这种尺寸的存货。如果有现货，您想要吗？

（2）很多顾客一直在购买我们的产品，我不能确信是否有多余的卖给您。

（3）好了，我知道您正盘算订购多少数量。我们确实期望您多订购一些，因为我们有现货供应，但到了夏天我们就不能保证满足所有顾客的订购要求了。

（4）这种设备下周就要提价10%，您看是今天就装运，还是愿多付10%的价款呢？

（七）从众成交法

从众成交法是指推销人员利用从众心理来促成准顾客购买推销品的成交方法。

"这是今年最流行的款式。"推销人员说这句话有时是真的，有时是编造的，但都可以增强顾客的购买信心。

一般人都有赶时髦的心理，谁都不愿落在时代的后面。

（八）优惠成交法

优惠成交法是指推销人员利用优惠的交易条件来促成顾客立即购买推销品的成交方法。

强调优惠的成交条件，比如价格、运费、折扣、现金（购物券）返还、赠品等，以此吸引顾客成交。

优惠成交法与机会成交法结合起来使用，威力更大。比如："国庆（五一、元旦、春节）促销，活动期间，价格下调 20%。活动结束，价格恢复。"

拓展阅读

推销成交七准则　　成交的绊脚石

【操作平台】

任务训练　把握成交时机的演习

1. 训练目的与要求

（1）加深对推销成交的感性认识与理解。

（2）培养正确把握推销成交时机的能力。

2. 训练内容与步骤

（1）根据以下资料，进行促成交易情境表演。

（2）将全班同学分组，每 8～10 人为一组。

（3）分发资料。

（4）以小组为单位，利用教师所给的资料，进行讨论。

（5）学生扮演不同角色，分别利用 2～3 种方法促成交易，自编自演小品剧，并在小组内进行表演。

（6）向全班同学演示。

资料：

一家果品公司的采购员来到果园，问："多少钱一斤？"

"4 元。"

"3 元行吗？"

目前正是苹果上市的时候，这么多的买主，卖主显然不肯让步。

"商量商量怎么样？"

"没什么好商量的。"

"不卖拉倒！死了张屠夫，未必就吃混毛猪！"

话不投机，买卖双方不欢而散。

不久，又一家公司的采购员走上前来，先递过一支香烟，问："多少钱一斤？"

“4 元。”

“整筐卖多少钱?”

“零买不卖，整筐 4 元一斤。”

卖主仍然坚持不让。买主却不急于还价，而是不慌不忙地打开筐盖，拿起一个苹果在手里掂量着，端详着，不紧不慢地说：“个头还可以，但颜色不够红，这样上市卖不出价呀。”

买主接着伸手往筐里掏，掏了一会儿，掏出一个个头小的苹果说：“老板，您这一筐，表面是大的，筐底可藏着不少小的，这怎么算呢?”

买主边说边继续在筐里摸，一会儿，又摸出一个带伤疤的苹果道：“看！这里还有虫咬，也许是雹伤。您这苹果既不够红，又不够大，有的还有伤疤，无论如何算不上一级，勉强算二级就不错了。”

这时，卖主沉不住气了，说话也和气了：“您真的想要，那么，您还个价吧。”

“农民一年到头也不容易，给您 3 元钱吧。”

“那可太低了。”卖主有点着急，“您再添点，我就指望这些苹果过日子呢。”

“好吧，看您也是个老实人，交个朋友吧，3 元 5 角一斤，我全包了。”

双方终于成交了。

思考：

为什么第一个买主遭到拒绝，而第二个买主却能以较低的价格成交？请用推销成交方面的知识进行分析。

3. 成果体现与检测

（1）每个小组提交一个设计好的小品剧。

（2）学生根据各组准备的道具及表演的表现互相评价。

（3）教师根据设计好的小品剧和表演评估打分。

任务 2 买卖合同拟订

【走进推销】

食品商大意失荆州

【任务相关知识】

知识　买卖合同的拟订与后续工作

通过成功的洽谈，知道顾客有成交意愿后，推销人员应及时把这种成交的意愿以书面形式固定下来，防止谈判成果“付诸东流”。买卖合同的拟订和签署是推销工作的最后一个环节，推销人员应当掌握拟订买卖合同的基本原则，能够就买卖合同的内容拟订相应条款，确保合同条款符合法律规定。

一、买卖合同的拟订

（一）买卖合同的概念及特征

1. 买卖合同的概念

买卖合同是出卖人转移标的物的所有权于买受人，买受人支付价款的合同。推销人员与顾客订立买卖合同后，才算真正意义上的成交，具有法律效力。一般要求推销人员与顾客之间签订书面形式的合同。书面形式是指合同书、信件和数据电文（包括电报、电传、传真、电子数据交换和电子邮件）等可以有形地表现所载内容的形式。

2. 买卖合同的特征

（1）买卖合同是有偿合同。买卖合同一方（出卖方）向另一方（买受方）转移标的物的所有权，买受方则向出卖方给付价款。两项给付，互为等价，这是买卖合同最基本的特征。

（2）买卖合同是双方合同。买卖合同双方当事人的权利与义务是彼此对立的。一方的权利，正是他方的义务；反之亦然。在买卖合同中，出卖人依法承担以下主要义务：转移标的物的所有权和交付标的物；交付标的物的单证及相关资料；对标的物的品质瑕疵进行担保；对标的物的权利进行担保，保证第三人不对标的物主张权利。买受人依法承担以下主要义务：支付价款；主张标的物的瑕疵时妥善保管标的物；受领标的物；保守出卖人的商业秘密。

（3）买卖合同是承诺性合同。除法律另有规定或双方当事人另有约定外，买卖合同的成立，不以标的物的交付为要件，也不以书面形式为必要。

（二）买卖合同的内容

买卖合同的主要内容包括以下几个方面。

1. 当事人的名称（或者姓名）和地址

签订合同时，自然人要写上自己的姓名，法人和其他组织要写上单位的名称，还要写上各自的地址。

2. 标的

标的是指合同当事人的权利和义务共同指向的对象。标的是订立合同的目的和前提，也是一切合同都不可缺少的重要内容。

3. 数量

数量是确定合同当事人权利和义务大小的尺度。订立合同必须有明确的数量规定。没有数量，合同是无法履行生效的。合同数量规定要准确、具体。

4. 质量

质量是标的物的具体特征，也就是标的物内在素质和外观形态的综合，是满足人的需要或生产的属性，如产品的品种、型号、规格和工程项目的标准等。质量条款由双方当事人约定，必须符合国家有关规定和标准化的要求。

5. 价款或报酬

价款或报酬，简称价金，是指作为买受人的一方向交付标的物的一方支付的货币，它是有偿合同的主要条款，如买卖商品的货款、财产租赁的租金、借款的利息等。

6. 履行期限、地点和方式

履行期限是合同履行义务的时间界限，是确定合同是否按时履行或迟延履行的标准，是一方当事人要求对方履行义务的时间依据。履行地点是指当事人按合同规定履行义务的地方，即在什么地方交付或提取标的物。履行方式是指当事人交付标的物的方式，即以什么方式或方法来完成合同规定的义务。

7. 违约责任

违约责任是指当事人一方或双方，出现拒绝履行、不适当履行或者不完全履行等违约行为，对过错方追究的责任。违约责任的具体条款，当事人可以依据《中华人民共和国民法典》（以下简称《民法典》）在合同中进一步约定。

8. 解决争议的方法

我国目前有四种解决合同争议的方法：一是当事人自行协商解决；二是请求有关部门主持调解；三是请求仲裁机关仲裁；四是向人民法院提起诉讼。合同当事人可以在合同上写明采取何种解决争议的方法。

除此之外，合同中还包括包装方式、检验标准和方法等条款。

拓展阅读

工矿产品购销合同

（三）签约阶段要注意的几个问题

在推销成交的签约阶段，推销人员还应注意以下几个问题：

（1）推销成交的结果不能仅停留在口头上，应将一切见诸文字。

（2）协议文字要简洁，内容要具体。

（3）不要轻易在对方拟订的协议上签字，要详细、认真地予以检查，在确信没有陷阱后，方可签字。

（四）合同公证

合同公证是指公证机关对签订合同的双方在自愿的前提下所签订的合同内容和双方代表的资格等进行认真审核后，而出具的公证书。

合同公证是国家公证机构依法证明当事人之间签订合同行为的真实性、合法性的一种非诉讼活动。合同公证是国家对合同的签订和履行实行监督的法律制度。公证机关指导合同当事人依法签订合同，使合同真实、合法、完善，并促使签约各方认真履行合同，预防纠纷，维护国家利益和合同当事人的合法权益。

合同的使用范围相当广泛，内容十分复杂，专业程度较强。为了确保签订合同的双方履行合同条款，避免产生纠纷和诉讼，对合同内容是否符合有关法律法规及签订合同的双方代表是否具备合法资格等进行公证，是十分必要的，如我国的劳务出口，一般都需订立严格的合同条文。公证机关对合同条款是否违反我国法律等，要进行认真审核。因此，合同公证也是我国在对外合作中不可缺少的环节。

（五）预交定金

定金是指推销合同的一方当事人为了保证合同的履行，向对方当事人给付的一定数额的货币。定金具有担保作用和证明合同成立的作用。

（六）合同的变更、转让和终止

依法成立的合同受法律保护，对当事人具有法律约束力。当事人应当按照合同约定履行自己的义务，不得擅自变更或者解除合同。但合同订立之后，也可能发生一些当事人订立合同时未及预料的情况，影响到当事人订立合同目的的实现，需要依法进行调整，因此便出现了合同的变更、转让和终止。

1. 合同的变更

合同变更有广义、狭义之分。广义的合同变更，包括合同内容的变更与合同当事人即主体的变更。合同主体的变更在《民法典》中称为合同的转让，所以在《民法典》中的合同变更仅指合同内容的变更，即狭义上的合同变更。

合同是由当事人协商一致而订立的，经当事人协商一致，也可以变更合同。但法律、行政法规规定变更合同应当办理批准、登记等手续。为防止发生纠纷，当事人对合同变更的内容应作明确约定，变更内容约定不明确的，《民法典》规定，推定为未变更。

合同变更后，当事人应当按照变更后的合同履行。合同的变更，仅对变更后未履行的部分有效，对已履行的部分无溯及力。因合同的变更而使一方当事人受到经济损失的，受损一方可向另一方当事人要求损失赔偿。

2. 合同的转让

合同的转让，即合同主体的变更，指当事人将合同的权利和义务全部或者部分转让给第三人。合同的转让分为债权的转让和债务的转让，当事人一方经对方同意，也可以将自己在合同中的权利和义务一并转让给第三人。

《民法典》第 545 条规定："债权人可以将债权的全部或者部分转让给第三人，但是有下列情形之一的除外：（一）根据债权性质不得转让；（二）按照当事人约定不得转让；（三）依照法律规定不得转让。当事人约定非金钱债权不得转让的，不得对抗善意第三人。当事人约定金钱债权不得转让的，不得对抗第三人。"

《民法典》第 546 条规定："债权人转让债权，未通知债务人的，该转让对债务人不发生效力。债权转让的通知不得撤销，但是经受让人同意的除外。"《民法典》第 547 条规定："债权人转让债权的，受让人取得与债权有关的从权利，但是该从权利专属于债权人自身的除外。受让人取得从权利不因该从权利未办理转移登记手续或者未转移占有而受到影响。"

债权人债权的转让，不得损害债务人的利益，不应影响债务人的权利。为此，《民法典》第 548 条规定："债务人接到债权转让通知后，债务人对让与人的抗辩，可以向受让人主张。"

债务人对债权人享有的抵销权，不受债权转让的影响。债务人接到债权转让通知时，债务人对让与人享有债权，并且其债权先于转让的债权到期或者同时到期的，债务人可以向受让人主张抵销。

对债务的转让，《民法典》第 551 条规定："债务人将债务的全部或者部分转移给第三人的，应当经债权人同意。"这是因为新债务人的资信情况和偿还能力须得到债权人的认可，以免债权人的利益受到不利影响。债务人转移义务的，新债务人可以主张原债务人对债权人的抗辩。新债务人应当承担与主债务有关的从债务，但该从债务专属于原债务人自身的除外。

合同当事人转让权利或者转移义务，法律、行政法规规定应当办理批准、登记等手续的，当事人应依照其规定办理相应手续。

在合同当事人发生合并或分立时，也存在合同权利或义务的转让问题。《民法典》第 67 条规定："法人合并的，其权利和义务由合并后的法人享有和承担。法人分立的，其权利和义务由分立后的法人享有连带债权，承担连带债务，但是债权人和债务人另有约定的除外。”

3. 合同的终止

(1) 合同终止的定义。合同的终止，是指因发生法律规定或当事人约定的情况，使当事人之间的权利义务关系消灭，而使合同法律效力终止。

(2) 合同终止的原因。《民法典》第 557 条规定：“有下列情形之一的，债权债务终止：(一) 债务已经履行；(二) 债务相互抵销；(三) 债务人依法将标的物提存；(四) 债权人免除债务；(五) 债权债务同归于一人；(六) 法律规定或者当事人约定终止的其他情形。”

二、后续工作

(一) 成交后的注意事项

(1) 在交易达成后，应保持冷静，不要得意忘形，谨防乐极生悲，要用诚挚的语言对顾客的合作表示感谢。

(2) 在交易达成后，不要滞留太久，应及时与顾客握手告别，因为顾客可能有别的事情要做。

(3) 为确保顾客将来继续购买推销品，除了强化推销品的主要利益外，还需要考虑以下六个因素：1) 集中精力增进利益渗透；2) 按照预定的计划表经常和中间商联系；3) 及时处理顾客抱怨；4) 做到言必有信；5) 给顾客提供极致的服务；6) 衷心地致谢。

(二) 保持与顾客的联系

在达成交易告别顾客后，推销人员应抓紧时间去落实买卖合同中的各项条款，应认识到合同对推销人员的约束作用。推销人员在整个推销过程中自始至终都在坚持顾客导向，开辟与顾客之间的沟通渠道，保持与顾客之间的接触和联系，了解顾客购买产品后的满意状况，及时解决顾客的不满，发展并维持与顾客的长期合作关系。

所谓顾客满意，是指顾客对购买活动及其购买产品的感受，即是否达到了顾客的期望值。如果实际感受与购买预期相吻合，则顾客满意；如果实际感受与购买预期有大的反差，则顾客不满意。如果顾客满意，未来推销的机会就会增多，顾客就会重复购买，顾客就倾向于继续购买推销人员所推销的其他产品，还会告诉亲人、好友等购买推销人员的产品。此外，顾客满意能使顾客保持高度的忠诚，其他推销人员就很难抢走你的生意。因此，顾客满意对推销人员长期获得成功至关重要。

推销人员应该清楚地认识到，生意在很大程度上取决于人与人之间、公司与公司之间的关系。推销人员应当学会如何发展、培养这种关系，只有这样才能使生意兴隆。

同步案例 6-7

推销电子秤的肖先生经过半年的艰苦工作，做成一笔某地区粮食局的业务，向该粮食局销售了 80 台电子秤，作为其粮食仓库的计量设备，总金额近 200 万元。肖先生为这笔业务花费了半年时间，几乎把全部精力都投了进去。合同签下来后，肖先生总算放下心来，便着手开展新业务，把时间和精力都花在了新的业务上，所以粮食局打来电话他也不接。过了一个星期，顾客便不再给肖先生打电话了。

半个月后，经理打来电话对肖先生说，顾客将第一批安装的 15 台电子秤全部退了回来，合同也中止执行了。肖先生十分惊讶和焦急。原来，在安装第一批电子秤后，因为是新产品，使用的人不熟悉，未能按操作规程去做，因此先进的电子秤显示不出作用与优点，还给使用的人带来了麻烦。粮食局的人想与肖先生联系，但没有收到肖先生的回音，便生气了，以质量不好为由中止了合同，并退回了已经购买的 15 台电子秤。

思考

肖先生失败的原因是什么？这对你有哪些启示？

【操作平台】

任务训练　买卖合同的拟订

1. 训练目的与要求

（1）掌握拟订买卖合同的基本原则。

（2）能够就买卖合同的内容拟订相应条款，确保合同条款符合法律规定。

2. 训练内容与步骤

（1）以小组为单位，将学生随机分为 6 组，组内自选组长，组织活动由组长负责。

（2）每个小组拟订一种商品的购买合同。

（3）小组成员通过上网、去图书馆等方式查询合同的样本。

（4）将合同样本复印，进行小组内讨论，提炼出购买合同的关键条款。

（5）小组成员集思广益，补充买卖合同的关键条款的细节部分。

（6）各小组拟订合同条款。

3. 成果体现与检测

（1）教师检查学生的网址记录。

（2）由小组组长抽签决定合同的展示顺序。

（3）第一组合同通过大屏幕向其他组展示，并由一名同学讲解合同的重点部分。

（4）第一组结束，其他小组与教师根据评分表（表 6-2）进行评价和打分。

（5）依照第一组程序继续合同展示，直至全部结束。

表6－2　评分表

评价项目	评价要求	分值	得分	评语
资料查询	至少在五个网站查阅相关资料（记录网址）	10		
	整理的资料完备，知识性强	30		
拟订合同	合同的订立符合基本原则及相关法律	10		
	买卖合同的内容、项目齐全	30		
	合同拟订格式规范	20		
合计		100		

学习情境小结

推销成交就是推销人员帮助购买者做出使买卖双方都受益的购买决策的行动过程。成交三原则是主动、自信、坚持。推销人员应正确识别和灵活运用成交信号。掌握促成交易的八种方法，即请求成交法、假设成交法、选择成交法、局部成交法、总结成交法、机会成交法、从众成交法和优惠成交法。

买卖合同的拟订和签署是推销工作的最后一个环节，推销人员应当掌握拟订买卖合同的基本原则，能够就买卖合同的内容拟订相应条款，确保合同条款符合法律规定。成交后还应注意一些事项并保持与顾客的联系。

素养提升

关键词：严谨、相互理解、自信、坚持、法律意识、积极主动、谦逊

一、名人警言

1. 九牛一毫莫自夸，骄傲自满必翻车。历览古今多少事，成由谦逊败由奢。——陈毅

2. 不傲才以骄人，不以宠而作威。——诸葛亮

3. 沉舟侧畔千帆过，病树前头万木春。——刘禹锡

4. 取日新以图自强，去因循以厉天下。——康有为

5. 自信者不疑人，人亦信之。自疑者不信人，人亦疑之。——《史典·愿体集》

6. 一个做主角的非有天才不可，可是天才在于自信，在于自己的力量。——高尔基

二、小故事

故事 1

2020 年的“双 11”对于天猫商城一位深圳卖家来说，反而是一场噩梦，促销中错把原价 110 多元的移动充电宝标成了 11.0 元，被淘宝用户一夜间下单 6 万多件。店家恳求：“希望消费者取消订单，给一个出路!”同时表示“不会发货”，会按照天猫商城的规则赔偿顾客，大约 18 万元。店家称，因“标错折扣”导致总亏损达 280 万元，完全承受不起，因此向每位购买者发了相关短信，说明情况，请求退款。促销活动出现折扣“标错”，能否成为电商撤销合同的理由?

根据法律规定，当卖家将自己的货品标价，并且对外开放给消费者允许购买之后，就已经默认了买卖契约成立的先决条件，消费者在看到标价和产品之后，再下订单付款，完成网上购物的基本流程，这时候就已经确认双方的意愿真实有效，店家肯定是不能以“标错价”为由，单方面终止合同的。

卖家工作人员在拟定合同时没有严谨认真审核内容，造成了卖家无力承担合约内容，那么卖家应该遵循契约精神赔钱发货还是请求与消费者协商解决？买家有没有责任同意卖家单方面的退货请求呢?

在法治社会中，我们强调公平和正义，虽然买家没有责任同意退货请求，但如果因为双方坦诚的交流，买家能够理解卖家的艰难并愿意原谅其过失，也显示出和谐社会的人文关怀，体现出超越法律的道德关爱。而对于卖家来说，应该引以为戒，加强员工技能培训，感恩消费者的理解，提高企业的诚信度，践行契约精神，方能获得长久的发展。

故事 2

三国时期，袁绍与曹操上演了一场精彩战争，可是拥有十倍曹军之多兵力的袁绍却被曹操击败，其原因是田丰、沮授向袁绍献计献策，而袁绍不允诺，认为他人意见如废纸，最终惨败。

刘备行诸葛亮之计而鼎立三国；符坚拒符融之策而失前秦国力；李世民纳魏征之谏而贞观天下；文种弃范蠡之谋而招杀身祸。楚汉相争，力量较为弱小的刘邦积极听取张良、萧何、韩信的意见，做出正确抉择，建立西汉大业；而项羽刚愎自用，不听取范增的意见而最终四面楚歌，自刎乌江。

谦逊征求他人意见往往可以帮助我们更全面地判断事物，避免因为自己认知有限而做出错误决策。作为推销人员，我们需要在促销交易过程中积极观察消费者、征询他人意见，以便更好判断成交信号；作为消费者，我们在做购买决策时也可适当征求他人意见，使自己的决策更理智，但同时我们也不能一味地认同他人意见，要学会合理斟酌、适当采纳，结合实际情况做出正确的决策。

故事 3

李先生是一家服装公司的推销员，有一次，他来到一家商场推销产品。听到李先生进了门，对方正在埋头忙自己的事，只是冷冷地问了一句：“哪家公司的，推销什么呢?”

李先生不急着递名片、报公司，而是不慌不忙地说明来意：“先生，旺季到了，我是来帮你忙的。”“帮我?”他停下手中的活，用疑惑的眼神看着眼前的李先生。“是呀。”“怎么帮我?”“帮你提高营业额，增加利润呀”“是吗?”“是的，你看旺季到了，你的商品花色品种还比较单调，我来帮你补充新的式样和颜色。”

李先生见时机成熟，于是递上自己的名片和宣传册，并进一步说：“像这个品种，在全国其他城市已经为商家带来了很可观的利润。”于是这笔生意李先生轻而易举地就做成了。

我们总是在常规思维打转，正是因为我们习惯了这种常规思维，所以它一直都在束缚着我们的发展。我们需要打破这种常规思维而进行逆向思维，化被动为主动。

作业单

一、单项选择题

1.（　　）是指推销人员利用从众心理来促成顾客购买推销品的一种成交方法。

A. 请求成交法　　B. 从众成交法

C. 机会成交法　　D. 假设成交法

2. 下列现象中，属于成交信号的是（　　）。

A. 顾客打盹　　B. 顾客皱眉

C. 顾客打哈欠　　D. 顾客询问能否试用商品

3. “这种糖果有两种包装，你要精装还是简装的?”推销人员使用的这种成交方法是（　　）。

A. 请求成交法　　B. 选择成交法

C. 假设成交法　　D. 总结成交法

4. 推销人员对比较各种口红的顾客说：“你手上这支很适合你的肤色和年龄。来，我替你装好。”这种成交方法是（　　）。

A. 机会成交法　　B. 假设成交法

C. 选择成交法　　D. 请求成交法

5. 下列成交方法中最简单、最基本的是（　　）。

A. 请求成交法　　B. 假设成交法

C. 选择成交法　　D. 从众成交法

6. 如果是凭标准进行交易，在合同中应注明（　　）。

A. 标准的内容　　B. 标准的名称

C. 标准的代号、编号和名称　　D. 标准类型

7. 供需双方就洗衣粉进行大批量交易，在选定计量单位时，一般以（　　）作单位较为恰当。

A. 袋　　B. 箱　　C. 克　　D. 吨

二、多项选择题

1. 购买信号表现形式有（　　）。

A. 表情信号　　B. 语言信号

C. 行为信号　　D. 动机信号

2. 成交后还应做的工作有（　　）。

A. 庆贺交易达成　　B. 按预定的计划表经常和对方联系

C. 邀请对方参观企业　　D. 拜访对方上司

三、问题思考

1. 什么是促成交易？成交三原则是什么？

2. 如何正确识别和灵活运用成交信号？

3. 结合实例，谈谈促成交易的基本方法。

4. 买卖合同订立后，买卖双方应分别履行哪些职责？

四、案例分析

资料 1：

一家锅具公司推出一款新型压力锅。初期为了推广该产品，公司特别针对该产品的优点训练了一批推销员，准备进行上门推销。

有位推销员在下午 4 时左右到了一家正在准备晚餐的家庭，向主妇说明这款压力锅的优点。推销员正在滔滔不绝地说明压力锅的优点，却被那位主妇家烧水壶的鸣笛声打断了思路。因为主妇需要去做饭，最后这位推销员只好悻悻地离开了。

晚餐过后，夫妻俩坐在客厅里看电视，妻子向先生提及下午推销员和压力锅的事情："我觉得那个锅十分好用而且价格又公道，我实在非常喜欢，真想买一个。"丈夫疑惑地问她："既然你这么喜欢，为什么不马上买下来呢？"妻子说："我一直在等待他要求我买一个，可是那位推销员自始至终都没有开口问我要不要买一个来用。"

思考：

结合案例谈谈该如何把握成交的时机。

资料 2：

小张是一个工业用阀门、密封圈及密封剂的推销员，他正在拜访某石油公司的王经理，希望他能使用某某牌子的密封制品来防渗漏。小张与王经理讨论了产品的特色、优点、利益，也说明了公司的营销计划和业务员开展计划，他感觉到快大功告成了。以下是他们两人的对话。

小张："让我来总结一下吧。您喜欢我们产品的三个优点：快速修理可节省费用，我们快速的反应能节省时间，我们的服务实行 3 年保修。是这样的吧？”

王经理：“是的，大概是这样吧。”

小张：“王经理，我提议带几个人来这里修理这些渗漏的阀门，您看是让我的人星期一来呢，还是别的什么时候？”

王经理：“不用这么快吧！你们的密封产品到底可不可靠？”

小张：“王经理，非常可靠。去年，我们为美孚做了同样的服务，迄今为止我们都未做任何返回修理。您觉得可靠吗？”

王经理：“我想还行吧。”

小张：“我知道您做决策时经验丰富、富有专业性，而且您也认同这是一个对你们厂正确的、有益的服务，让我安排一些人来，您看是下星期还是两周内？”

王经理：“小张，我还是拿不定主意。”

小张：“一定有什么原因让您至今犹豫不决，您不介意我问吧？”

王经理：“我不能肯定这是一个正确的决策。”

小张：“就是这件事让您烦恼吗？”

王经理：“是的。”

小张：“只有您自己对自身的决策充满自信，您才可能接受我们的服务，对吧？”

王经理：“可能是吧。”

小张：“王经理，让我告诉您我们已经达成共识的地方。由于能够节省成本，您喜欢我们的在线修理服务；由于能得到及时的渗漏维修，您喜欢我们快捷的服务回应；而且您也喜欢我们训练有素的服务人员及对服务所做的担保。是这些吧？”

王经理：“没错。”

小张：“那什么时候着手这项工作呢？”

王经理：“小张，计划看起来很不错，但我这个月没有钱，或许下个月我们才能做这项工作。”

小张：“一点也没问题，王经理。我尊重您在时间上的选择，下个月 5 号我再来您这里，确定维修工人动身的时间。”

思考：

1. 上述案例中，推销员使用了哪些成交方法？

2. 分析每一种成交方法的优缺点。

学习情境7　推销服务

学习导图

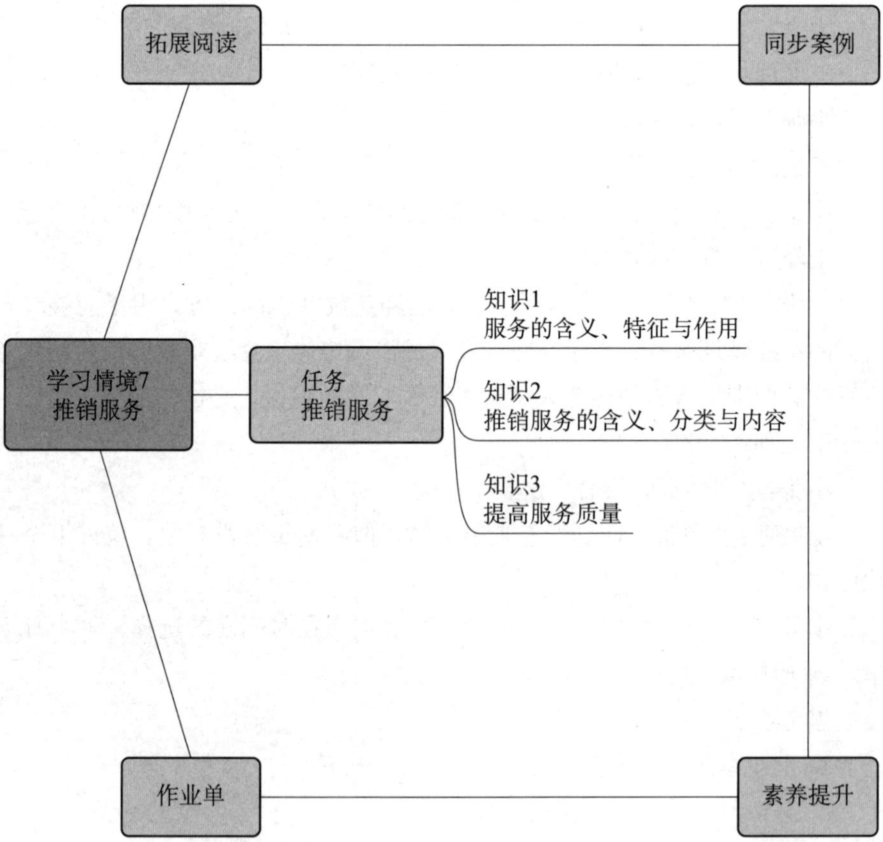

学习目标

● **育德目标**

1. 培养工作激情，提高情商。
2. 培养质量意识和工匠精神。

● **知识目标**

1. 了解服务的概念、特点。
2. 掌握服务与有形产品的区别与联系。
3. 掌握推销服务的内容。
4. 掌握如何提高推销服务。

● **能力目标**

1. 区别服务与有形产品。
2. 对推销服务分类。

任务　推销服务

【走进推销】

华为公司构建令客户满意的服务

【任务相关知识】

知识 1　服务的含义、特征与作用

一、服务的含义

服务是推销活动中必不可少的环节。一般来说，对服务的概念有两种认识，一种是狭义的服务，另一种是广义的服务。

狭义的服务实质上体现了传统的市场营销观念对服务的理解。这种观点认为服务是用于出售或者随同产品一起出售的活动。服务是产品的延伸部分或附属部分，主要是指依附于产品的售前、售中和售后服务。

广义的服务不把服务当作附加的产品。广义的服务不限于推销过程，而是体现在生产创造、产品设计、广告宣传等各个环节。

在本书中，我们着重研究的是狭义的服务。

微课：

服务的特征

二、服务的特征

服务具有以下四个基本特征。

（一）无形性

商品和服务之间最基本的，也是最常被提到的区别是服务的无形性，因为服务是由一系列活动所组成的过程，而不是实物，如美容、修理、表演、理发等。

（二）异质性

服务是由人表现出来的一系列行动。由于没有两个完全一样的员工，也没有两个完全一样的顾客，因此也就没有两种完全一样的服务。

（三）生产和消费的同步性

服务生产的时候，顾客是在现场的，而且会观察甚至参与生产过程。多名顾客共同消费往往会有相互作用，因而会影响彼此的体验。

（四）易逝性

服务的易逝性是指服务不能被储存、转售或者退回的特性。服务的生产和消费是同时进行的，生产的过程即是消费的过程，不可存储后待售；顾客购买了服务后也无法将之储存。例如，看电影时，当电影播映完之后服务也即消失，不能储存；去酒店吃饭，酒店服务人员给顾客提供接衣、挂帽、拉椅、斟茶、倒酒等服务，但是一旦顾客离开酒店，酒店的服务也随之消失。

三、服务在推销中的作用

（一）提高竞争能力

随着商品经济的发展，企业之间的竞争日趋激烈，除产品竞争、价格竞争等外，服务也成为市场竞争的主要内容之一。企业纷纷在推销服务上寻找竞争的差别优势，以赢得顾客的信赖，扩大自己的市场份额。

顾客从购买某一企业的产品转而购买另一同类企业的产品的原因，70%是服务的问题，而不是产品质量或价格的缘故。

例如，开车人购买汽油的主要动机是开动汽车，但几乎所有品牌的汽油都能够达到相同的效果，价格也相差无几。这样开车人购买汽油时就会考虑服务状况，如加油站工作人员是否和气、是否有礼物馈送等……事实证明，这些因素往往产生重要的影响作用，甚至起决定性作用。

总之，在产品同质化日趋明显的今天，服务的作用在增强，服务越来越成为制胜的关键，越来越成为应对竞争的重要内容。

（二）提高企业形象

在产品同质化日益严重的市场上，推销服务作为市场营销的一部分，已经成为众厂家和商家争夺消费者的重要领地。良好的推销服务是下一次销售前最好的促销，是提升消费者满意度和忠诚度的主要方式，是树立企业口碑和提高企业形象的重要途径。

（三）提升顾客满意度

企业或商家提供的服务质量好坏程度将与顾客的满意程度成正比。推销服务做得好，若能达到顾客的要求，顾客的满意度自然会不断提高；反之，推销服务工作做得不好或者没有去做，顾客的满意度就会降低，甚至产生极端的不满意。

热情、真诚、为顾客着想的服务能给顾客带来满意，而令人满意又是顾客再次上门的主要原因，生意是否成功，就要看顾客是否再次光顾。一项研究报告指出：公司利润的25%～85%来自再次光顾的顾客，而吸引他们再来的原因，首先是服务质量的好坏，其次是产品本身，最后才是价格。顾客满意后通常会持续购买自己满意的产品，进行口碑宣传等传播，对提高产品的市场占有率和品牌的美誉度起到强有力的作用。实证研究结果表明：96%的消费者遇到服务不周到的情况是不会投诉的，但90%的不满意消费者不会再购买该公司的产品和服务，或将他们的经历告诉至少另外20个人以上。争取一位新顾客所花费的成本是维系一位老顾客所花成本的6倍。市场的竞争实际上就是争夺顾客的竞争，谁能不断为顾客提供满意的服务，谁就能赢得顾客，顾客也才会最终成为其忠诚顾客。

（四）提高企业经济效益

顾客是企业的生命之源。得顾客者得天下，谁拥有顾客，谁就拥有市场。企业的利润完全来自顾客。顾客盈门，企业的经济效益就好；反之，企业就难以实现自己的经济效益。因此，提高服务质量是吸引顾客的重要内容。比如，改善服务人员的服务态度，实行微笑服务，并没有增加企业的成本，却可提高顾客的满意度、忠诚度，自然也就提高了企业的经济效益。

知识2　推销服务的含义、分类与内容

一、推销服务的含义

推销服务就是企业或推销人员为顾客（客户）提供服务，满足顾客（客户）需求活动，其目标是为顾客（客户）创造良好的服务感知和服务体验，达成顾客（客户）满意和顾客（客户）忠诚，从而挖掘和开发顾客（客户）的潜在价值。

二、推销服务的分类

推销服务的方式多种多样，内容也很丰富，依照不同的划分标准可以对推销服务进行不同的分类。

（1）按服务的时序分类，可分为售前服务、售中服务和售后服务。

（2）按服务的次数分类，可分为一次性服务和经常性服务。一次性服务是指一次性提供完毕的服务，如送货上门、产品安装等。经常性服务是指需要多次提供的服务，如产品的检修服务等。

（3）按服务的地点分类，可分为定点服务和巡回服务。定点服务是指在固定地点建立或委托其他部门设立服务点来提供服务，如长虹集团在全国各地设立维修服务网点、设立零售门市部等。巡回服务是指没有固定地点，由推销人员或专门派出的维修人员定期或不定期地按顾客分布的区域巡回提供服务，如流动货车、上门推销、巡回检修等。这种服务适合在企业的销售市场和顾客分布区域比较分散的情况下采用，因其深入居民区，为顾客提供了更大的便利而深受欢迎。

（4）按服务的费用分类，可分为免费服务和收费服务。免费服务是指提供不收取费用的服务，一般是附加性的、义务性的服务。售前、售中、售后服务的大部分工作都是免费服务。收费服务是指收取费用的服务。

（5）按服务的性质分类，可分为功能性服务和态度性服务。

所谓“功能性服务”，就是满足顾客需要、解决顾客问题的服务，一般指企业提供核心服务的可靠性和安全性。“功能性服务”主要体现在帮助顾客解决问题的能力，是优质服务的根本。因为作为顾客，当然希望服务人员能够有很好的服务态度，但是更希望问题能得到解决。在优质服务的表现中，帮助顾客解决问题永远是第一位的。例如，去餐厅吃饭，如果服务态度非常好，然而菜做得很差，顾客一定不会满意。相对于服务态度来讲，菜做得好吃与否显然更为重要，没有哪个顾客会光顾一家服务态度很好，但是非常贵而又不好吃的餐厅。

所谓“态度性服务”，就是以热情、微笑、诚意、尊重、关注等良好的态度来服务顾客，一般指服务的响应性和移情性。相对于“功能性服务”，“态度性服务”比较简单，比较容易做到，但事实上，到今天为止，顾客对于企业投诉最多的问题依然是服务态度的问题。服务人员的态度是赢得顾客好感的保证。如果他们态度友善而温和，则可提高顾客的满足感和忠诚度。相反，缺乏友善的态度自然会使顾客感到不快，服务人员态度冷淡或粗鲁，会破坏为吸引顾客而做的所有营销努力。因此，优质的服务首先要求服务人员能够持续、始终如一地对顾客表示热情、尊重和关注。

拓展阅读

意外的订单

其实，生活中的奇迹往往发生在不经意间，有时是您的一句问候，有时是您的一个举手之劳，甚至是您的一个微笑或肯定的眼神。

微课：

推销服务的内容

三、推销服务的内容

推销服务的内容非常丰富，企业不同、产品不同，服务的方式和具体内容也会存在很大差别。下面主要从售前、售中、售后三个方面来分析。

（一）售前服务

售前服务是指企业在顾客未接触产品之前所开展的一系列刺激顾客购买欲望的服务工作，如广告宣传、提供咨询服务、开展技术培训等。在同质化严重的时代，消费者很难察觉出产品有哪些细微的不同，我们需要的是为顾客提供帮助，根据顾客的需求，提供有效信息，解答顾客疑问，给顾客留下专业的印象，并为以后销售工作打下基础。最常见的售前服务主要有以下几种方式。

1. 广告宣传

广告宣传实际上是一种售前服务的方式，它是指广告顾客（包括工商企业、机关团体、个人等）借助广告经营者的策略、手段，通过一定的媒体或形式向公众宣传、传播广告信息的活动。重点是宣传、介绍商品的功能、质量，引导消费者的消费。因此，企业必须高度重视广告宣传。但需注意的是，企业在选择广告媒体时，应依据目标顾客的特点来进行，实现最佳的广告媒体组合。同时，还需要注意广告的制作，制作精良的广告会让人们当作艺术品来欣赏，并留下难忘的印象；而制作粗陋的广告则只会让人厌烦，即使留下深刻的印象，也必然是负面的。此外，广告投放的时间和频率也是关系到广告成效的关键因素。

2. 提供咨询服务

顾客在购买商品之前一般都会收集尽可能多的有关商品的信息和资料，从而做出购买决策。一般来说，顾客不会购买不了解的商品。因此，向顾客介绍商品的性能、质量、用途，回答顾客提出的问题就显得尤为重要。为此，企业应派遣有专业知识的人员在推销现场开设咨询服务台，或在外推销时为顾客提供各种咨询服务，以加深顾客对商品的了解，并增强顾客对商品和推销人员的信任。

3. 开展技术培训

随着科学技术日新月异的发展，出现了很多技术含量高的产品，有不少商品需要具有专门的知识，尤其是一些结构复杂、操作相对较难的机电产品，更是如此。因此，企业应为顾客开展各种培训，提供必要的技术咨询和指导，让顾客掌握有关技术，这对促进商品的销售大有益处。

4. 社会公关服务

企业开展公关活动，是建立企业信誉，提高企业及其产品知名度的重要手段。通过赞助，如协助举办大型文艺晚会或体育比赛，赞助希望工程、为灾区捐款捐物等，可以提高企业在社会公众心目中的地位，扩大企业的影响。企业也可通过新闻报道、产品发布会、展销会等推销、介绍产品，更是可以产生直接的影响。

售前服务的方式还有很多，这里不再一一列举。推销人员应在实践中不断创新，创造差别优势吸引顾客，达到销售商品的目的。

（二）售中服务

售中服务是指在产品销售过程中为顾客提供的服务，是推销人员在推销现场，与顾客进行充分沟通，深入了解顾客需求，协助顾客选购最合适产品的活动。最基本的要求是：尊重顾客，主动服务。主要内容包括以下几项。

1. 向顾客介绍商品

这是推销中必须要做的工作。推销人员需将有关商品的性质、质量、用途、型号、品种、规格以及能给顾客带来的利益向顾客进行介绍，顾客只有在充分了解商品有关信息之后，才会考虑购买。因此，介绍商品是售中服务中的一项主要内容。

2. 操作示范表演

操作示范表演可以更生动形象地直接刺激顾客，制造一种真实可信的推销情境，体现出产品在质量、性能、用途等方面的特点，激发顾客的兴趣和购买欲望，达到推销的目的。

3. 当好参谋

推销人员在推销商品时，不仅应站在卖方的立场上来说服顾客，同时也应站在顾客的立场上设身处地为顾客着想。当顾客向推销人员询问产品的价格、质量、型号、规格、用途及产品的优缺点时，推销人员如能根据顾客的需求心理进行介绍，依据顾客的特点和想法，综合分析顾客的社会地位、经济实力、工作性质等诸多因素后，向其提出合理化建议，帮助顾客做出选择，当好参谋，就能使顾客按理想的方式来权衡利弊，从而促成交易的最终实现。

4. 满足顾客的合理要求

在推销过程中，顾客必然会提出许多要求，其中有一些是较合理的，推销人员应尽最大努力满足顾客的这些合理要求，提高顾客的满意度，增强顾客对推销人员的信任，从而促成交易。不仅如此，这样做还会提高顾客的重复购买率，并提高企业的声誉。

（三）售后服务

售后服务是指企业在顾客购买其商品以后，为顾客提供的各种各样旨在使商品发挥其应有作用、方便顾客的服务，如送货到家、安装调试、上门维修、供应零配件、电话回访和人员回访、产品退换等。通常，工业产品和高档耐用消费品的购买者，其购买决策不再仅仅取决于产品质量的优劣，而越来越多地把售后服务当作一个重要参数。

售后服务是售后最重要的环节。售后服务已经成为企业保持或扩大市场份额的要件(如天猫、京东等)。售后服务的优劣能影响消费者的满意程度。在购买时，商品的保修、售后服务等有关规定可使顾客摆脱疑虑、摇摆的心态，下定决心购买商品。优质的售后服务是品牌经济的产物，在市场激烈竞争的社会，随着消费者维权意识的提高和消费观念的变化，消费者不再只关注产品本身，在同类产品的质量与性能都相似的情况下，他们更愿意选择那些拥有优质售后服务的企业。

如我们从网上买完东西，一般商家都会送一些小礼物，退货包邮。其实就是商家在告诉顾客，你来我这买东西没有错，我给你最好的，连后顾之忧都给你解决了。例如，上海蘑菇公寓属于单身公寓，性价比高，整体装修风格为现代简约，受很多白领喜欢。最主要的是租客租完房后会有许多的线下活动，这些活动只有租客才能参加，每个月都有活动，每月参加的人也有很多。这对于上海白领特别是单身白领来说诱惑很大，周末可以有地方娱乐，也可以提高租客的忠诚度。

1. 送货服务

企业会对购买体积庞大、笨重或一次购买数量较多，不易携带或有特殊困难的顾客提供送货服务。这样做，极大地方便了顾客，提高了顾客重复购买率。例如有一家超市，每个月为住在附近楼上的一位因患病而行动不便的老人送粮油等生活用品上门，周围居民看在眼里、记在心上，对这家超市交口称赞，自然，这家超市生意也是红火的。

2. “三包”服务

“三包”是零售企业对所售商品实行“包修、包换、包退”的简称，指商品进入消费领域后，卖方对买方所购物品负责而采取的在一定限期内的一种信用保证办法。“三包”的基本内容是：经营者对所经营的商品（服务）在一定期限内若发生质量问题，便有免费修理、更换、退货的义务，如果经营者不履行此义务，则要承担相应的民事责任。“三包”服务消除了顾客购买的后顾之忧，降低了购买风险，使顾客的消费需求得到最大程度的实现，对商品销售有极大的促进作用。

3. 安装调试服务

随着科学技术的发展，产品中的技术含量越来越高，一些产品的使用、安装也极其复杂，顾客购买商品后，自行安装调试很难完成，因此，就要求企业提供必要的上门安装调试服务。大型的机电设备、高精尖设备、部分家用电器或顾客认为有必要提供帮助的，企业都应尽量满足。这种方式解除了顾客后顾之忧，大大方便了顾客。

4. 电话回访和人员回访

顾客购买商品后，企业应按一定频率以打电话或派专业人员上门服务的形式进行回访服务，及时了解顾客使用产品的情况，解答顾客可能提出的问题。企业可以应用先进的信息技术开发新的服务，如建立微信、QQ 在线客服等。

5. 建立顾客档案

建立顾客档案的目的是与顾客保持长期的联系。通过这种方式，一方面可以随时跟踪顾客所购买商品的使用和维修状况，及时主动给予相应的指导，以确保商品的使用寿命；另一方面，可以了解顾客的喜好，在推出新产品时，及时地向感兴趣的顾客推荐。此外，推销人员还可利用顾客档案，找出重点顾客（不仅包括现有的顾客，还包括未来或潜在的顾客），以对其进行重点管理。

6. 处理顾客投诉

由于各种原因，推销人员很难使每一个顾客都满意，总会有一些顾客对企业、对产品、对推销服务或推销人员表示不满。在遇到顾客投诉时，一定要予以处理，首先搞清楚顾客为什么投诉；其次根据顾客的投诉提出解决问题的方案，并将方案及时答复给顾客；最后对该事件进行跟踪，以确定事件让顾客满意为止。

知识点 3　提高服务质量

一、服务质量概述

（一）什么是服务质量

服务质量是指服务能够满足规定和潜在需求的特征和特性的总和，是指服务工作能够满足被服务者需求的程度，是企业为使目标顾客满意而提供的最低服务水平，也是企业保持这一预定服务水平的连贯性程度。特性是用以区分不同类别的产品或服务的概念，如旅游有陶冶人的性情、给人愉悦的特性，旅馆有给人提供休息、睡觉的特性。特征则是用以区分同类服务中不同规格、档次、品位的概念。

鉴于服务交易过程的顾客参与性与生产、消费的不可分离性，服务质量必须经顾客认可，并被顾客所识别。服务质量的内涵应包括以下内容。

1. 服务水平

好的服务质量不一定是最高水平，管理人员首先要识别公司所要追求的服务水平。当一项服务满足其目标顾客的期望时，服务质量就可认为是达到了优良水平。

2. 目标顾客

目标顾客是指由于他们的期望或需要而要求得到一定水平服务的人。随着经济的发展和市场的日益成熟，市场的划分越来越细，导致每项服务都要面对不同的需求。企业应当根据每一项产品和服务选择不同的目标顾客。

3. 连贯性

连贯性是服务质量的基本要求之一。它要求服务提供者在任何时候、任何地方都能保持同样的优良服务水平。服务标准的执行是最难管理的服务质量问题之一。对于一个企业而言，服务的分销网络越分散，中间环节越多，保持服务水平的一致性就越难。服务质量越依赖于员工的行为，服务水平不一致的可能性就越大。

（二）服务质量的构成

服务质量既是服务本身的特性与特征的总和，也是消费者感知的反应，因而服务质量既由服务的技术质量、职能质量、形象质量和真实瞬间构成，也由感知服务质量与预期服务质量的差距所体现。

1. 技术质量

技术质量是指服务过程的产出，即顾客从服务过程中所得到的东西。例如宾馆为旅客休息提供的房间和床位，饭店为顾客提供的菜肴和饮料，航空公司为旅客提供的飞机、舱位等。对于技术质量，顾客容易感知，也便于评价。

2. 职能质量

职能质量是指服务推广的过程中顾客所感受到的服务人员在履行职责时的行为、态度、穿着、仪表等给顾客带来的利益和享受。职能质量完全取决于顾客的主观感受，难以进行客观的评价。技术质量与职能质量构成了感知服务质量的基本内容。

3. 形象质量

形象质量是指企业在社会公众心目中形成的总体印象。它包括企业的整体形象和企业所在地区的形象两个层次。企业形象通过视觉识别、理念识别、行为识别等系统多层次地体现。顾客可从企业的资源、组织结构、市场运作、企业行为方式等多个侧面认识企业形象。企业形象质量是顾客感知服务质量的过滤器。如果企业拥有良好的形象质量，少许的失误会得到顾客的谅解；如果失误频繁发生，则必然会破坏企业形象；倘若企业形象不佳，则企业任何细微的失误都会给顾客造成很坏的印象。

4. 真实瞬间

真实瞬间是服务过程中顾客与企业进行服务接触的过程。这个过程是一个特定的时间和地点，是企业向顾客展示自己服务质量的时机。真实瞬间是服务质量展示的有限时机。一旦时机过去，服务交易结束，企业也就无法改变顾客对服务质量的感知；如果在这一瞬间服务质量出了问题也无法补救。真实瞬间是服务质量构成的特殊因素，这是有形产品质量所不包含的因素。

服务生产和传送过程应计划周密、执行有序，防止棘手的真实瞬间出现。如果出现失控状况并任其发展，出现质量问题的危险性就会大大增加。一旦真实瞬间失控，服务质量就会退回到原始状态。服务过程的职能质量更是深受其害，会进一步使服务质量恶化。

5. 感知服务质量与预期服务质量的差距

预期服务质量即顾客对服务企业所提供服务预期的满意度。感知服务质量则是顾客对服务企业提供的服务实际感知的水平。如果顾客对服务的感知水平符合或高于其预期水平，则顾客会获得较高的满意度，从而认为企业具有较高的服务质量，反之，则会认为企业的服务质量较低。从这个角度看，服务质量是顾客的预期服务质量同其感知服务质量的比较，即服务质量（差距）＝预期服务质量－感知服务质量。

（三）服务质量的特性

顾客的需求可分为精神需求和物质需求两部分。评价服务质量时，从被服务者的物质需求和精神需求来看，可以归纳为以下 6 个方面的质量特性。

1. 功能性

功能性是企业提供的服务所具备的作用和效能的特性，是服务质量特性中最基本的一个。

2. 经济性

经济性是指被服务者为得到一定的服务所需要的费用是否合理。这里所说的费用是指在接受服务的全过程中所需的费用。经济性是相对于所得到的服务质量而言的，即经济性是与功能性、安全性、时间性、舒适性等密切相关的。

3. 安全性

安全性是指企业保证服务过程中顾客、用户的生命不受危害，健康和精神不受到伤害，货物不受到损失。安全性也包括物质和精神两方面，改善安全性的重点在于物质方面。

4. 时间性

时间性是为了说明服务工作在时间上能否满足被服务者的需求，时间性包含及时、准时和省时三个方面。

5. 舒适性

舒适性是指在满足了功能性、经济性、安全性和时间性等方面的需求的情况下，被服务者期望服务过程舒适。

6. 文明性

文明性属于服务过程中旨在满足精神需求的质量特性。被服务者期望得到自由、亲切、受尊重、友好、自然和谅解的气氛，有和谐的人际关系。在这样的条件下来满足被服务者的物质需求，就是文明性。

二、服务质量的评价

一般来说，顾客在评价服务质量时主要从可靠性、响应性、保证性、移情性、有形性五个方面来考虑。

（一）可靠性

可靠性是指可靠、准确地履行服务承诺的能力。可靠的服务行为是顾客所期望的，它意味着服务以相同的方式、无差错地准时完成。可靠性实际上是要求企业避免在服务过程中出现差错，因为差错给企业带来的不仅是直接意义上的经济损失，而且可能意味着失去很多的潜在顾客。

（二）响应性

响应性是指帮助顾客并迅速有效提供服务的愿望。让顾客等待，特别是无原因的等待，会对质量感知造成不必要的消极影响。出现服务失败时，迅速解决问题会给质量感知带来积极的影响。对于顾客的各种要求，企业能否给予及时的满足将表明企业的服务导向，即是否把顾客的利益放在第一位。同时，服务传递的效率还从一个侧面反映了企业的服务质量。研究表明，在服务传递过程中，顾客等候服务的时间是关系顾客的感觉、顾客印象、服务企业形象以及顾客满意度的重要因素。所以，尽量缩短顾客等候时间，提高服务传递效率，将大大提高企业的服务质量。

（三）保证性

保证性是指员工所具有的知识、礼节以及表达出自信和可信的能力。它能增强顾客对企业服务质量的信心和安全感。当顾客同友好、和善并且学识渊博的服务人员打交道时，他会认为自己找对了公司，从而获得信心和安全感。友好态度和胜任能力两者是缺一不可的。服务人员缺乏友善的态度会使顾客感到不快，而如果他们的专业知识懂得太少，也会令顾客失望。保证性包括如下特征：完成服务的能力、对顾客的礼貌和尊敬、与顾客有效的沟通、将顾客最关心的事放在心上的态度。

（四）移情性

移情性是指设身处地地为顾客着想和对顾客给予特别的关注。移情性有以下特点：接近顾客的能力、敏感性和有效地理解顾客需求。

（五）有形性

有形性是指有形的设施、设备、人员和沟通材料的外表。有形的环境是服务人员对顾客更细致的照顾和关心的有形表现。对这方面的评价可延伸到包括其他正在接受服务的顾客的行动。

顾客从这五个方面将预期的服务和接受到的服务进行比较，最终形成自己对服务质量的判断。期望与感知之间的差距是服务质量的量度。

同步案例 7－1

王永庆卖米时做了几件在别人看来离奇而又与挣钱无关的事。

他和弟弟一起动手，将夹杂在大米里的糠秕、沙粒统统清理干净。那时候，稻谷加工非常粗糙，大米里有不少糠秕、沙粒、老鼠屎等。他店里的米质比其他店要高出一个档次。

提供送货上门服务。无论是晴天还是雨天，无论路程远近，只要顾客叫一声，他立马送到。当时尚无送货服务，卖米的利润极其微薄，但他坚持免费送货服务。

给顾客送米，他都帮人家将米倒进米缸里，减少主人的麻烦。

倒米时他总是先把缸内的旧米倒出来，把米缸擦干净后，再倒进新米，最后把旧米放在上层，这样米就不至于因陈放过久而变质。

每次给顾客送米，他还默默记下顾客家中的人数，几个大人，几个小孩，以此来估计日消耗米量，并详细记在小本上。这样，他就能在顾客家里的米即将吃完的前几天，专程到顾客家去提醒要不要送米，不等顾客上门，他就已经主动将米送过去了。

每次送米，他并不急于收钱。他把全体顾客按发薪日期分门别类，登记在册，等顾客发了薪水，再去一拨一拨地收米款。当时大多数家庭都靠做工谋生，收入微薄，少有闲钱，如果马上收钱，碰上顾客手头紧，会弄得双方都很尴尬。

思考

1. 王永庆卖米有哪些地方与众不同？
2. 王永庆这样卖米给顾客什么感觉？

三、服务质量标准

服务质量的测定是企业对顾客感知服务质量的调研、测算和认定。从管理角度出发，优质服务必须符合以下标准：

（1）规范化和技能化。推销人员有必要的知识和技能，规范作业，解决顾客疑难问题。

（2）态度和行为。顾客感到服务人员（一线员工）用友好的方式主动关心照顾他们，并以实际行动为顾客排忧解难。

（3）可亲近性和灵活性。顾客认为服务供应者的地理位置、营业时间、职员和营运系统的设计和操作便于服务，并能灵活地根据顾客要求随时加以调整。

（4）可靠性和忠诚感。顾客确信，无论发生什么情况，他们都能够依赖服务供应者、它的职员和营运系统。服务供应者能够遵守承诺，尽心竭力地满足顾客的最大利益。

（5）自我修复。顾客知道，无论何时出现意外，服务供应者都将迅速有效地采取行动，控制局势，寻找新的可行的补救措施。

（6）名誉和可信性。顾客相信，服务供应者经营活动可以依赖，物有所值。相信它的优良业绩和超凡价值可以与顾客共同分享。

在上述六个标准中，规范化和技能化与技术质量有关，名誉和可信性与形象有关，有过滤器的作用，而其余四项标准，态度和行为，可接近性和灵活性，可靠性和忠诚感，自我修复，都显然与过程有关，代表了职能质量。

拓展阅读

肯德基的标准化管理

四、服务质量管理的对策与措施

（一）贯彻服务标准，增强质量意识

要积极贯彻 GB/T 19004.2（即 ISO 9004－2）标准。ISO 9004－2 标准是世界服务质量管理经验的科学总结，是国际公认的服务质量的共同依据。企业要结合实际情况，进行全面、系统、生动的宣讲，使企业掌握服务标准化的系统思想和科学管理方法，从而提高

服务组织各层次的人员素质、管理水平、经济效益，满足顾客和社会的需要与所要求的质量。

（二）制定企业服务标准，完善服务标准体系

为逐步规范企业行为，提高服务质量水平，适应国际化要求，依据 GB/T 19004.2（ISO 9004－2）要求服务组织应具有的服务特性（功能性、经济性、安全性、时间性、舒适性、文明性），制定企业统一的服务标准，确定管理幅度，规范管理尺度，强化管理质量，完善服务标准化体系，使服务企业的监督管理有章可循。

（三）制定实施管理办法，进行具体指导服务

以服务企业为例，其管理办法内容应包括以下方面：

（1）对服务企业贯彻标准的要求。服务组织应制定切实可行的服务规范，建立健全服务质量体系结构，编写企业服务质量手册，对提供服务的所有阶段的服务质量进行有效的控制、评价和改进。

（2）对服务企业提供设施的要求。如对酒店营业面积、灯光亮度、环境噪声，提供给顾客用的卧具、餐具、用具（电话机、电视机、洗浴器、话筒）等设施应具备方便、舒适、安全、卫生的良好使用性能。

（3）对服务企业提供服务质量的要求。如对饮食业所提供的菜点质量须有明确的质量标准，做到供应的原料新鲜、投料准确，符合营养卫生要求，并能及时提供；销售的烟酒、食品、饮料应当执行进货检查验收制度，产品标识须符合《中华人民共和国产品质量法》的有关规定，产品中不得以次充好、以假充真，要最大限度地满足顾客的期望。

（4）对服务企业提供服务人员、服务方式的要求。服务人员须经过严格的上岗培训，应具有良好的仪容仪态、职业道德、服务技能、应答能力，严禁用不正当的服务方式招徕和陪随顾客。

（5）对服务企业提供的服务费用的要求。服务企业应以有竞争力的价格，并符合国家物价收费标准，来获得顾客的信任，不准以任何方式向客人索取财物，收取小费。

（6）对服务企业违反管理办法的处理。市场监督管理部门应会同有关部门，根据法律、行政法规给予必要的行政处分和经济处罚。

（四）加强监督检查力度，促进服务质量提高

市场监督管理部门在广泛宣传该标准和制定管理办法的基础上，应加强对服务企业的监督检查力度，对不符合服务标准化规范的企业，要采取帮助、指导、办学习班、限期改进等办法，使其逐步纳入服务标准化轨道，对符合服务标准化规范的企业，要积极推荐申请质量体系认证，参与国际市场竞争。

通过以上分析，我们可以看到，提高企业的服务质量，不只是推销人员或专职服务人

员的事，与企业各部门都有关系，需要企业全体员工参与，只有这样服务质量工作才会有成效。

同步案例7-2

A公司是一家生产销售家用计算机的企业。张先生学习计算机专业，从事计算机推销工作已有5年，公司老总十分信任他，让他负责华中地区的销售工作。张先生分析了家用计算机市场的现状，认为市场竞争激烈，要想扩大销售必须从改进服务质量入手，并提出了具体的措施：一是建立最好的服务规范和标准，要求所有的员工必须认真履行；二是建立全过程的监控服务质量跟踪系统；三是发现顾客投诉，即对推销人员实行严厉处理，直至辞退。通过上述措施，A公司在华中地区的销售业绩显著上升，张先生也受到了公司的奖励。

思考

张先生为什么选择以提高服务质量作为突破口？

学习情境小结

狭义的服务是用于出售或者随同产品一起出售的活动。广义的服务不把服务当作附加的产品。服务具有四个基本特征：无形性、异质性、生产和消费的同步性、易逝性。推销服务就是企业或推销人员为顾客提供服务，满足顾客需求。推销服务的内容主要有售前服务、售中服务和售后服务。

服务质量是指服务能够满足规定和潜在需求的特征和特性的总和，是指服务工作能够满足被服务者需求的程度。其内涵主要包括服务水平、目标顾客和连贯性。服务质量既由服务的技术质量、职能质量、形象质量和真实瞬间构成，也由感知服务质量与预期服务质量的差距所体现。服务质量特性主要有功能性、经济性、安全性、时间性、舒适性、文明性等。判断服务质量的要素主要有五个方面：可靠性、响应性、保证性、移情性、有形性。

服务质量标准有规范化和技能化、态度和行为、可亲近性和灵活性、可靠性和忠诚感、自我修复、名誉和可信性。提高服务质量的措施：贯彻服务标准，增强质量意识；制定企业服务标准，完善服务标准体系；制定实施管理办法，进行具体指导服务；加强监督检查力度，促进服务质量提高。

素养提升

关键词：服务意识、工匠精神、友善、敬业、尊重、追求卓越

一、名人警言

1. 只有把全副身心投入进去，专心致志，精益求精，不畏劳苦，百折不回，才有可能攀登科学高峰。——邓小平

2. 凡事都要脚踏实地去做，不驰于空想，不骛于虚声。——李大钊

3. 博学而不穷，笃行而不倦。——《礼记·儒行》

4. 和以处众，宽以接下，恕以待人，君子人也。——李邦献

5. 仁者必敬人。——《荀子·君道》

6. 功崇惟志，业广惟勤。——《尚书》

二、小故事

故事 1

纪录片《我在故宫修文物》热播后，气质儒雅的故宫钟表修复师王津被网友封为“故宫男神”，在他的身上，“工匠精神”体现得淋漓尽致。

从修理第一个钟表到现在，王津已经坚持了 40 多个年头。故宫的钟表大大小小 1 500 多件，种类繁多，但手艺精湛的王津自信地说，还没遇到他修不了的钟表：“其实不成功的经历就是，如果有一个钟在我手里修了半年还没有恢复全部功能。但是目前还没有。”幽默的表达引发了哄堂大笑。

如今，王津即将到退休的年纪，儿子也子承父业，成了新一代的钟表修复师。但王津说，退休后他还是会继续这份工作，毕竟故宫里还躺着几百件钟表等着他修呢！王津也阐述了自己理解的工匠精神：一个你很喜欢的职业做到尽心尽力、精益求精，这就是从业者精神。任何人做任何事情，既然你干，就应该把它做好、做精致。

故事 2

有个老木匠向老板递了辞呈，准备离开他熟悉的建筑业，回家与妻子儿女享受天伦之乐。他是全国最著名的几位木匠之一，手艺高超。老板舍不得这样的好员工离开，问他能否帮忙建造最后一座房子，老木匠欣然允诺。但是，显而易见，他的心已不在工作上，他用的是废料，出的是粗活。等到房子竣工的时候，老板亲手把大门的钥匙递给他并对他说：“这是你的房子，也是我送给你的礼物。”他震惊得目瞪口呆，羞愧得无地自容。如果他早知道是在给自己建房子，他怎么会这样漫不经心、敷衍了事呢?

故事中的木匠因为即将离开工作岗位就敷衍工作，没有做到爱岗敬业，服务意识不够。工作中，我们应当以真诚的态度对待工作，认识自己的岗位性质，提高个人服务意识和质量，在工作中精益求精。

作业单

一、单项选择题

1. 下列不属于“三包”服务的是（　　）。

A. 包送　　B. 包修　　C. 包换　　D. 包退

2. 下列不属于售后服务的内容是（　　）。

A. 安装调试服务　　B. 送货服务

C. 建立顾客档案　　D. 开展技术培训

3. 服务质量的内涵主要包括服务水平、目标顾客和（　　）。

A. 功能性　　B. 经济性　　C. 连贯性　　D. 有形性

二、多项选择题

1. 技术质量是指服务过程的产出，它包括（　　）。

A. 本身质量　　B. 环境条件

C. 服务时间　　D. 服务设备

2. 按性质分类，服务可分为（　　）。

A. 功能性服务　　B. 态度性服务

C. 定点服务　　D. 流动服务

3. （　　）构成了感知服务质量的基本内容。

A. 技术质量　　B. 顾客满意度

C. 职能质量　　D. 顾客需求

三、思考题

1. 服务在推销中有什么作用？具有哪些特征？

2. 什么叫售前、售中、售后服务？各包括哪些内容？

3. 顾客是从哪些方面对服务进行评价的？

4. 服务质量标准有哪些？

5. 如何提高服务质量管理？

四、案例分析

资料1：

某开发与销售物流软件的厂家，采取项目开发与服务方式，提供物流软件的项目服务，经过多年市场开发，形成一定的用户群。

该厂家通常针对用户的需要特点，实施二次技术开发，确保软件安装成功及试运行稳定，同时，培训用户的软件管理或操作人员，使其能够正常使用该软件系统。

由于厂家软件技术不断发展与完善，用户系统也需要不断升级换代，根据用户系统特点以及安装年限长短，需要适当收取一定的升级费用。但在升级换代活动中，厂家发现原用户中，18%用户的系统已被竞争对手的系统所替代，35%的用户不做升级换代的考虑，16%的用户放弃该系统的使用，只有12%的用户愿意接受升级或换代服务。

面对这种局面，厂家大吃一惊，是什么原因造成这样的状况呢？于是，厂家成立了调研小组实施专项问题调研。通过调研发现，主要问题在于大部分用户的管理员或操作员使用不当或操作维护技术较低，造成系统不稳定、不适用。同时，厂家售后服务支持量加大，服务常常不及时或脱节，以致系统经常有瘫痪现象，数据丢失屡有发生。而且一发生这种情况，系统管理员或操作员因担心自己的责任问题，也将所有过失推在产品身上，造成用户单位对产品的不信任。

为了改变这种局面，厂家开展了"贴心大行动"，针对用户单位的系统管理员或操作员，实施常年技能培训，着重培养与提升实际解决问题能力。同时，针对各用户的技术短板，厂家与当地软件服务商合作，成立技术服务队，对用户的系统问题提供技术支持等。

"贴心大行动"提高了用户回头率，重新燃起用户单位对厂家的信任。在这一基础上，厂家的软件升级换代工作顺利进行，也使用户系统在技术支持下更加稳定、更好用。

思考：

为什么大部分用户不愿意升级或换代？

资料2：

一个偶然的机会，A女士加入了汽车经纪人的行列。她是一位低调、朴实、善良的女士，处处为人着想。一天，一个穿着怪异、留着小辫子的年轻人跨进一家4S专卖店，嚷嚷着要买一部奥迪轿车。看着小伙子风风火火的样子，以及略显稚气的脸，A女士犹豫了。不过，她还是热情地接待了这个小伙子，仔细地为他介绍，并约定改日办理相关手续。在闲聊的时候，A女士无意中得知小伙子的父亲是一家大型集团公司的老总，觉得哪怕这个小伙子买不起汽车，他的父亲也一定会满足儿子的愿望。但是这位善良的汽车经纪人觉得心里不踏实，担心这个毛糙的小伙子开车会出事。她拨通了这个小伙子父亲的电话，说明打电话的原因，并且道出自己的担忧："看他风风火火的样子，我真的有些担心。我只是想向您证实您的儿子真的会开车吗？我好担心他今天买车，明天就会出状况啊！"电话那头传来了中年男人的声音："谢谢你的好意！不过你不必担心，我儿子现在是一家广告公司的策划总监，已有几年的驾驶经验了。"电话挂断后，A女士嘘了一口气，可是她万万没有想到，因为这个电话，那个小伙子的父亲为她介绍了一笔16辆车的订单！几年后，这位善良的女士成了汽车销售公司的金牌汽车经纪人和明星员工，可是她依然难以忘却那天的电话。

思考：

1. A女士具备哪些销售人员的素质？

2. 你如何看待今后的销售工作？

学习情境 8　推销管理

学习导图

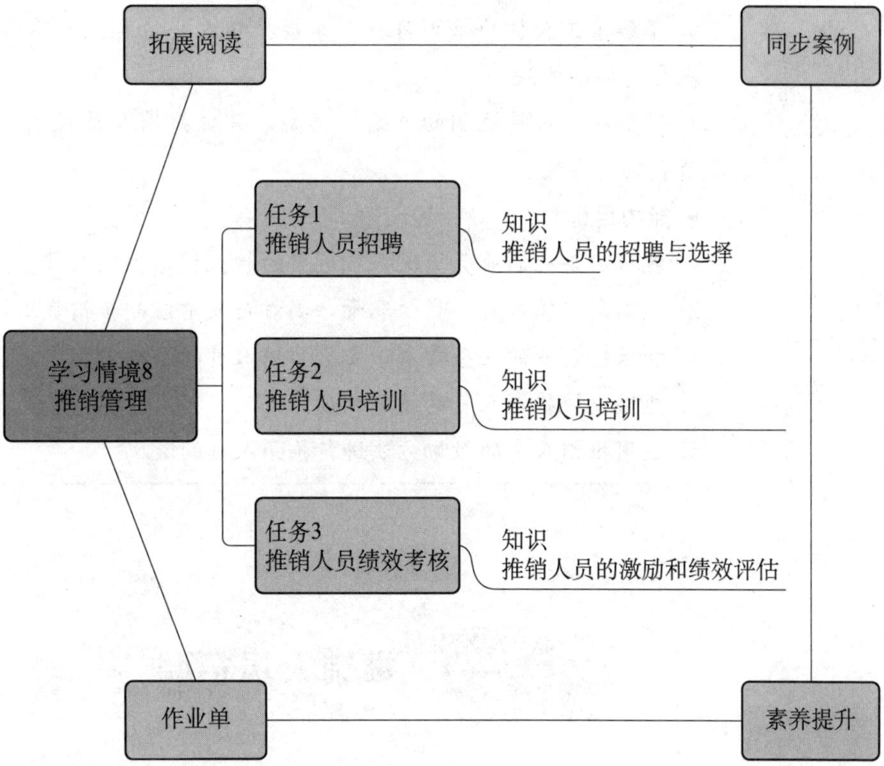

学习目标

● **育德目标**

1. 培养大局意识。
2. 培养爱岗敬业的精神，加深对推销岗位的认知。
3. 树立以人为本、实事求是的管理理念。

● **知识目标**

1. 掌握推销人员选拔的基本原则和条件。
2. 学会选择有效的推销人员招聘的渠道，能够设计招聘广告，制订招聘计划。
3. 正确运用推销人员的选拔过程。
4. 掌握面试的特点和技巧。
5. 正确运用推销人员培训工作的流程，掌握每个环节的工作内容和技能。
6. 了解推销人员的培训目标，掌握推销人员培训的内容，熟练应用推销人员的训练方法。
7. 了解推销人员报酬的原则和类型，掌握推销人员报酬的形式和推销人员激励的方法。

● **能力目标**

1. 能根据企业的业务情况，在适当的时机招募推销人员。
2. 能制定推销人员的岗位职责，制订企业中短期推销员培训计划。
3. 能根据企业的业务要求，安排推销人员的培训内容。
4. 能够设计推销人员的薪酬制度。
5. 运用推销人员的激励方法进行推销人员的激励。

任务 1 推销人员招聘

【走进推销】

如何选拔推销人员

【任务相关知识】

知识　推销人员的招聘与选择

推销人员的素质高低，直接影响着个人的推销业绩和所在企业的发展。因此，要建立一支高素质推销队伍，首先，要选拔好人才；其次，要抓好业务培训；最后，要加强实际锻炼。

一般的推销人员与优秀的推销人员的业务水平和推销效率有着很大的差距。因此，企业领导应当克服重生产、轻销售的旧观念，充分认识选拔好推销人员的重要性，切实做好推销人员的招聘选拔工作。如果掌握理想的推销人员的必备条件，则会有助于推销人员的选拔。

一、选拔推销人员的原则

一般来说，选拔推销人员主要应遵循以下几个原则。

（一）德才兼备原则

这是选拔推销人员的主要原则。“德”主要指思想品德、职业道德；“才”主要指知识水平和各种推销能力，即业务素质。德才兼备原则要求在选拔推销人员时，应从德与才两方面进行衡量，两者不可偏废。

（二）不拘一格原则

在选拔推销人员时，应根据推销任务和工作需要科学客观地进行选拔，要冲破旧的、僵化的思想观念束缚，树立现代人才观念。为此，应明确两个问题：第一，资历不等于能力。在选拔推销人员时，既要考虑一定的资历，但又不能单看资历，要注重实际推销能力。第二，文凭不等于水平。在选拔推销人员时，既要注意有一定的文凭，但又不能唯文凭论，应着重看实际知识水平和工作才能。

（三）知人善任原则

“知人”主要指在选拔推销人员时，既要知其长处，也要知其短处。“善任”主要指任用推销人员时，要善于发挥其长处，克服其短处，即用其长而避其短。知人善任原则要求被任用的推销人员的能力与职责相符，能让推销人员在推销岗位上有所建树。

（四）重视创新原则

在选拔推销人员时，要坚持重视人的创新精神，反对过去那种认为“老实、听话”就是好人才的观念。在发掘人才时，许多领导干部比较强调一个人在政治上、思想上、行动上与上级保持一致。这一点应该说有一定的道理，因为如果不能保持一致，上级的意图就无法很好地贯彻执行，合作也会面临很大的困难。然而，光看这一点还是不够的。在竞争越来越激烈的现代社会，如果不积极动脑筋、想办法，不主动出击进攻市场，就可能死路一条，因此在要求“听话”的前提下，更应重视人的创新精神和献身精神，使推销人员有不断追求卓越的工作干劲和工作实绩。

二、选聘推销人员的条件

（一）品质

“品质第一，能力第二”，这是目前很多公司选聘推销人员的准则。成功的推销人员，其个人品质尤为重要。尽管品质有所差异，但在大多数方面还是有共性的。下面这些品质是成功地从事推销职业的基础。

1. 忠诚

推销人员是企业的财富，是企业其他人员的“衣食父母”。只有推销人员把产品推销出去，其他人员才有事可做、有饭可吃。从推销人员手中经过的是大量的产品和货款，如果他们不能忠于职守，或在企业历练成熟就跳槽，甚至内外勾结、侵吞钱物，后果将不堪设想。

2. 移情

这是指从他人角度来理解和判断局势的能力。这种能力使得推销人员在与顾客打交道时，能够预测顾客的想法，并对顾客可能做出的行为做好应对准备。移情能帮助推销人员与顾客建立密切的关系，他们因理解顾客而更容易被顾客接受，更易处理好双方存在的分歧。

3. 自我调节能力或韧性

这是指走出失败阴影、重新焕发斗志的能力。推销人员就是与“拒绝”打交道的，一天中遭到的“拒绝”可能比正常人一周、一月遇到的都要多。优秀的推销人员必须能调整好心态，不受这些“拒绝”的影响，能将这些挫折转化为动力。

另外，推销人员的品质还包括诚实和正直的做人原则、创造性、变通性、适应能力、个人动机、持续性、个人气质、可依赖性等多个方面。

（二）技能

成功的推销人员比那些不成功的推销人员能更有效地使用专门技能。最普遍的技能包括以下几个方面。

1. 沟通技能

说和听是沟通的基本技能。推销人员应有好的口才，能够根据顾客需要说出他能接受的话语，能够与顾客建立友好的关系，能够说服顾客购买自己的产品；推销人员更应有一双“好耳朵”，善于积极、认真地倾听顾客的声音，体会顾客的感受，理解顾客所讲的信息。

例如：很多超市经常搞一些促销活动。其促销人员大多是从学校临时招聘的学生，没经过正规培训。这些促销人员在接待顾客时根本不知道怎么做，或一味地对每一个经过的顾客进行喋喋不休的、无效的、程序化的产品介绍，给人以死缠烂打的感觉；或表情冷漠、无精打采地眼望顾客离去，既不会说，也不会听。他们除了会说“欢迎光临”“谢谢”“再见”这几句程式化的语言，再也不知道如何与顾客打交道，无怪乎促销活动表面红火，实则无效。

2. 组织分析技能

推销人员每天接触大量的信息，必须能够进行归类、分析、去粗取精、去伪存真。只有透过繁杂无序的事物表面深入问题核心，才能事半功倍。

3. 时间安排技能

这是指正确安排必要的时间和一天活动优先顺序的能力。推销人员的时间、精力是有限的，而有待处理的事务又是大量的，必须进行合理安排，将主要精力放在工作上，放在重点顾客上。这是因为，推销人员往往只有1/3的时间在进行面对面的推销，其他时间都用在路途、等候上。推销人员只要能挤出更多的时间与顾客面谈，就一定能提高销售额。我们知道商界有一个“80/20”原则，即销售量的80%往往来自20%的顾客。因而，推销人员在尽力拓展顾客的同时，要优先考虑、照顾、联系主要顾客和老顾客。

（三）知识

知识面的宽窄、知识量的多少也是决定推销人员能否成功的必备条件。合格的推销人员主要应掌握以下几类知识：产品知识、顾客知识、行业知识、竞争知识、本公司知识等。

同步案例8-1

某知名大公司欲招聘推销员5名。经过三轮淘汰，11位应聘者胜出，他们将参加由总裁亲自面试的最后角逐。而面试当天出现了12名应聘者。“总裁，我第一轮就被淘汰了，但我想参加今天的面试。”坐在最后一排的男子站起身说。在场的人都笑了，包括站在门口闲看的一位满头白发的老奶奶。

总裁颇有兴趣地问：“你第一关都没过，来这儿有什么意义呢？”

男子说：“虽然我只有本科学历，中级职称，但我有10年的工作经验，曾在6家公司任过职……”

总裁打断他说：“先后跳槽6家公司，我并不欣赏。”

男子说：“先生，我没有跳槽，是那6家公司先后倒闭了。我很了解那6家公司，也曾与大伙努力挽救它们，虽然不成功，但我从它们的错误与失败中学到了许多东西。我只有32岁。我认为这就是我的财富！……”

站在门口的老奶奶这时走了进来，给总裁泡了杯茶。

男子离开座位，边走边说：“这10年经历的6家公司，培养、锻炼了我对人、对事、对未来的敏锐洞察力，举个小例子吧——真正的考官，不是您，而是这位泡茶的老奶奶。”其他应聘者哗然，惊愕地盯着泡茶的老奶奶。老奶奶乐了：“很好！你被录取了，顺便问一下，我的表演失败在哪里？”

思考

这个案例对企业进行推销人员招聘有何启发？

三、招聘推销人员的程序

良好的推销业绩，来自高素质的销售队伍，因而选拔和组建销售队伍是推销工作的基础。推销人员的招聘一般包括制订招聘计划、确定推销人员的招聘渠道、选拔推销人员等一系列活动。

（一）制订招聘计划

招聘计划的内容主要包括：

（1）人员需求清单，包括招聘的职务名称、人数、任职资格要求等内容。

（2）招聘信息发布的时间和渠道。

（3）招聘小组人选，包括小组人员姓名、职务、各自的职责。

（4）应聘者的考核方案，包括考核的场所、大体时间、题目设计者姓名等。

（5）招聘的截止日期。

（6）新员工的上岗时间。

（7）招聘费用预算，包括资料费、广告费、人才交流会费用等。

（8）招聘工作时间表，应尽可能详细，以便与他人配合。

（9）招聘广告样稿。

拓展阅读

××公司人员招聘计划

（二）确定推销人员的招聘渠道

推销人员的招聘途径主要有以下两条。

1. 企业内部招聘

企业内部招聘即从企业内部选拔业务能力强、素质高的人员到销售部门。本企业的有些员工虽然过去没有做过推销工作，但在长期的工作实践中，他们熟悉了本企业的战略和策略以及本企业的经营情况，具有外部人员所不具备的优势。销售经理可将他们调到推销部门进行实践，使他们成为好的推销人员。

2. 企业外部招聘

除从内部发掘推销人才外，企业还需要更大范围地从外部寻觅推销人员。一个企业的推销队伍既需要创造力，也需要吸纳新鲜“血液”，以增强组织的活力。企业外部招聘的来源主要有六个方面：

（1）大中专院校。主要是从大中专院校经济类专业应届毕业生中选拔。这是招聘推销人才的主要途径，这些学校能提供大量的、高素质的人才。企业可以有选择地去高校物色人才，派人到各有关学校召开招聘洽谈会或参加学校组织的专场人才交流会。为了让学生增加对企业的了解，鼓励学生毕业后到本企业来工作，招聘人员应当向学生详细介绍企业情况及工作性质与要求，最好印发企业简介小册子等。

（2）报纸杂志的人才广告。企业一方面可以从报纸杂志上刊登的人才广告中发现、聘用推销人员；另一方面也可在报纸杂志上主动刊登招聘广告。招聘广告一定要语言简洁、清楚，内容详细；招聘对象的基本条件要一目了然；要留有余地，使应聘的人数比所需要的人数多一些，一般应为 1.5～2 倍。

拓展阅读

××有限公司驻××代表处招聘启事

（3）职业介绍所。这是为各种各样的人介绍工作的机构。企业可以到职业介绍所去招聘推销人员。企业把招聘要求、条件提供给职业介绍所，由职业介绍所按要求初选一些应聘者介绍给企业，再由企业根据情况选定对象，这样可以减轻企业招聘时的工作量。

（4）人才交流会。各地每年都要组织几次大型的人才交流洽谈会，如春季或秋季人才交流会、外资企业人才交流会、学生专场人才交流会等，到场应聘者动辄上万人或数万人。用人单位交纳一定的费用就可进场摆摊、设点进行招聘，花费少、时间短、见效快。

(5) 行业协会。行业协会对本行业各方面的情况比较了解，企业可通过其介绍或推荐来获得希望转职的推销人员。

(6) 网络招聘。网络招聘是随着计算机通信技术的发展和劳动力市场的发展而产生的通过网络进行招聘、求职的一种新兴招聘方式。这种方法具有信息传播范围广、速度快、成本低，联系快捷方便，且不受时间、地域的限制等优点，因而被广泛采用。

(三) 选拔推销人员

选拔推销人员的基本程序如下所述。

1. 填写申请表

这个程序对应聘者来讲很重要，据以判断其是否符合事先决定的候选人的基本条件。企业对应聘者的第一印象在很大程度上是通过申请表获得的，而第一印象往往是非常深刻的，所以，应聘者必须认真填写申请表。一般来说，申请表的内容包括姓名、性别、年龄、身高、健康状况、学历、工作经历、本人特长、居住地址、电话号码及邮政编码等。

2. 面试

应聘者在填写申请表程序取得成功后，下一程序就是接受面试。面试又叫面试测评或专家面试，通常由推销经理和人事负责人主持，并请有丰富推销经验的推销人员或其他主管参加。这是一种要求应聘者口头回答专家提问，以便了解应聘者心理素质和潜在能力的测评方法。其作用有：核对申请表上所述资料，询问更多的相关情况；面试人可将企业及未来工作的情况予以介绍；听取应聘者的工作设想；通过应聘者的表现，判断他未来实际工作的情形。面试与传统的笔试方式相比，具有以下四个方面的特点：

(1) 全面性。传统笔试只限用纸笔作答，以考查求职者掌握的知识及思维为主，范围相当有限。而面试大大突破了笔试的局限，通过求职者多种多样的反应，可以对其口头表达能力、为人处世能力、操作能力、独立处理问题的能力以及举止仪表、气质风度、兴趣爱好、道德品质等做出全面评价。因此，面试是一种综合性考试。

(2) 直观性。笔试对人的观察往往是间接的，人的很多特点是笔试所不能反映的。而面试具有直观性，招聘者可以面对面地与求职者交谈，通过交谈直接对求职者的个性、爱好、特长、动机、愿望等做出综合判断。

(3) 有效性。笔试以测试知识的拥有量为主，往往不能反映求职者的实际工作能力，所谓“高分低能”现象正是这种考试弊端的反映。而面试却可以通过实际操作直接考查求职者的专业能力和技术水平，提高人才选拔的有效性，还可以根据不同的求职者有针对性地提出各种不同的问题，使考查更全面、更具体。科学合理的面试可以大大降低人员选拔过程中的盲目性。从考查个人能力的角度看，面试比笔试更有效。

(4) 主观性。面试是招聘者通过对求职者言谈举止的观察而判断其内在品质，因此带有较强的主观色彩，受招聘者经验、爱好和价值观的制约。

根据面试所提问题，面试一般分为非结构化面试和结构化面试两种。

（1）非结构化面试：就是不直接提问型的面试。在这种面试中，面试官会提出探索性、无限制的问题。这种面试是综合性的，面试官鼓励求职者多谈。

（2）结构化面试：由一系列连续向申请某个职位的求职者提出的与工作相关的问题构成。使用结构化面试由于减少了非结构化面试的不一致性和主观性，从而增加了面试的可靠性和准确性。

同步案例 8－2

联想集团的面试一般分为两步：首先是基本素质的面试，然后是实际水平的考核。如果是高职位的应聘者，面试者会十分慎重地对其进行第三轮、第四轮的面试。另外，联想集团比较看重基本素质的测评。专业技术水平的考核一般会由各个主管部门参与，在这方面，行就是行，掺不了假。而联想集团一向认为人的基本素质（包括学习能力、创新能力等）是决定其发展的关键性因素，所以这一步在面试中很重要。

联想集团对应聘者进行测评的方法很特别，会给应聘者五个不同性格的人物，让他们根据自己的看法对这五个人物进行排序；排序没有一个标准的答案，要求应聘者尽可能说服对方。从如何说服对方，面试官可以判断应聘者是否具有领导才能；在争论中又可以了解到应聘者的演讲才能。在这个过程中，应聘者要尽量发挥，这是一个在面试官面前展示自己的绝好时机。许多面试官都觉得在这样的情形之下，应聘者能够放松自己，表现出比较真实的自我。

联想集团在招聘中要求应聘者在行动上对联想企业文化认可，否则会被拒之门外。例如：一个在计算机销售方面很有能力的人来应聘销售经理，的确，他在销售方面个人能力很强，但是通过测试发现他是那种单兵作战的强手，缺乏团队合作精神。对这种人虽然拒之可惜，但如果聘用的话，他的这种个人能力反而会造成团队效益的下降。作为销售经理，他不仅要做销售，更是一个管理人员。这种情况，他们会十分谨慎地对待，要求应聘者不仅认可联想的价值，还要认可企业的文化。

思考

联想集团是如何选拔推销人员的？

3. 笔试

笔试是指通过纸笔测验的形式对应聘者的知识广度、知识深度和知识结构进行了解的一种方法。其作用有：通过知识考试，甄别企业需要的人选；有利于企业遴选学习能力强的推销人员；还可以比较迅速地筛选掉一些不合格的应聘者。

笔试的具体科目应视工作需要而定，不要做与推销工作无关的测验，要注意测验成绩的参考价值。

4. 心理测试

心理测试是招聘测试中的一个重要方面。许多企业在招聘中都会运用心理测试这一手段。所谓心理测试，就是通过一系列的科学方法来测试被试者的智力水平和个性差异。其形式主要有：

（1）能力测验，用以了解一个人全心全力从事一项工作的结果怎样，也称最佳工作表现测验，既包括语言运用能力、归纳能力、理解能力、解决难题的能力等智力方面的测验，也包括知觉能力、反应灵敏度、稳定性及控制能力等特殊资质方面的测验。

（2）性格测验，用以了解应试人员在未来的推销工作中将如何做每天的工作，也称典型工作表现测验，包括对工作条件、待遇、晋升等的看法与意见的态度测验，以及个性测验和兴趣测验。

（3）成就测验，用以了解一个人对某一工作或某项问题所掌握知识的多少。因为每项工作都需要特殊技巧，需要不同的知识，企业认为必要时应设计特殊的测验项目。

5. 体格检查

选拔推销人员时要对应聘者进行体格检查，应聘者的身体必须是健康的。因为推销工作是一种既费脑力又费体力的工作，没有健康的体魄是无法完成推销任务的。

【操作平台】

任务训练　角色扮演——模拟推销人员招聘

1. 训练目的与要求

微课：

推销招聘实训

（1）熟悉推销人员招聘的全流程。

（2）了解推销人员招聘过程中的方法。

2. 训练内容与步骤

（1）角色扮演的情境设计：

1）将学生分为小组，成立模拟公司，每个公司 8～12 人，各模拟公司组织选聘一名销售经理。

2）各模拟公司招聘由销售经理主持，公司成员均为招聘组成员。

3）每名学生可向不超过三家公司（不含本公司）应聘。

4）各公司根据每个应聘者的表现决定是否聘任。

5）根据上面要求收集有关资料，进行精心准备，在课上完成角色扮演。

（2）各公司要制订招聘计划，包括招聘目的、招聘岗位、任用条件、招聘程序，特别是聘用的决定办法。

（3）每个人要写出应聘提纲或应聘讲演稿，一定要体现出应聘竞争优势。

（4）以公司为单位，组织招聘活动。

3. 成果体现与检测

（1）各公司提供招聘计划书。

（2）每个人提供应聘提纲或讲演稿。

（3）评估各公司招聘的组织状况的好坏，并以前来应聘者的人数作为重要指标。

（4）评价每个人的表现，特别是受其他公司聘任的频次。

（5）由教师做出统计与综合评估。

任务 2　推销人员培训

【走进推销】

海尔的人才培训策略

【任务相关知识】

知识　推销人员培训

在选聘工作结束之后和新推销人员上岗之前，必须对推销人员进行系统的培训，使其具备本企业产品推销的基本知识和基本技能，尽快熟悉和掌握推销工作技巧。

一、推销人员培训的目标

一般来说，推销人员培训的目标可以概括为：提高推销人员的政治素质和业务素质，使每个推销人员树立全心全意为顾客服务的思想，具有顺利完成推销工作任务的基本知识和基本技能，能够以最优良的服务理念，主动、热情、耐心、周到地为顾客服务，建立企业与顾客联系紧密的新型关系。推销人员培训的具体目标主要包括以下几个方面：

(1) 提高推销人员的政治素质和业务素质，这是培训最重要的目标。

(2) 以较低的推销成本获得最大的推销量。

(3) 稳定推销力量，降低推销人员的流动率。

(4) 同顾客建立良好的关系。

在这个总目标下，还要根据推销人员的任务或推销工作中出现的问题，确定培训项目，作为每一阶段培训的特殊目标。

二、推销人员培训计划的内容

推销管理部门一般都是所在公司负责培训推销人员的机构，由于各个公司的项目不同，因而各自的培训范围也各不相同。然而，无论公司采用哪一种方式的培训计划，绝大多数的推销人员培训工作都有两个最主要的目标：一是传授知识；二是学习推销方法。典型的推销人员培训计划应该包括下列内容。

（一）思想品质教育

思想品质教育主要是指对推销人员进行职业道德教育和职业荣誉感教育，以增强其事业心和自信心。同时，还要进行全心全意为顾客服务和遵纪守法的教育等。

（二）心理修养训练

良好的心理修养是一个人成熟的标志。企业要培养出优秀的推销人员，就必须重视对推销人员心理修养的训练，使推销人员的行为紧紧围绕预定的奋斗目标。心理修养训练要求培养推销人员树立坚定的自信心，具有顽强的意志，保持乐观稳定的情绪。

（三）产品知识培训

这是推销人员培训的基础。推销人员必须对本企业的产品有彻底的认识，只有这样，在其推荐、介绍产品时，才能向顾客准确地宣传本企业的产品能满足他们哪些方面的特殊需要，熟练地解释和回答有关产品方面的疑虑，有说服力地劝说顾客购买。推销人员应了解产品的特性、功能、使用维护方法、制造程序、生产成本及利润情况等。

产品知识介绍还包括竞争者的产品，即竞争对手的推销战略及新产品开发情况，竞争产品的特点、性能、成本、利润、使用方法及与本企业产品的比较、分析。只有熟悉竞争者的产品，才能在推销中实事求是地比较、介绍本企业产品的优势和长处。

（四）企业知识培训

对新推销人员来说，企业知识是关键的信息。因此，新推销人员应熟悉本企业的发展历史、组织结构、经营方法、财务制度、营销目标和策略，主要产品的销售情况、价格，运输、安装和服务的政策与程序，通过掌握这些知识，尽快消除陌生感，提高销售信心。新推销人员需要知道的不仅仅是企业的业务和推销人员如何适应这些业务的整体框架，而且还有企业文化。

企业文化包括企业理念、道德标准、部门间关系以及企业关于顾客在整个框架中的位置的观点。

（五）市场知识培训

市场知识培训是指向新推销人员介绍本企业顾客的地区分布情况、经济收入、购买动机与购买习惯，影响顾客购买的有关因素，顾客所喜欢的产品形态、性能、规格，介绍有关经销商的职能、问题、成本和利益以及本企业商品的市场占有状况及市场开发战略等，使他们了解本企业产品的市场情况。

（六）推销技能培训

推销技能培训是对推销人员进行培训的一项关键内容。技能培训包括介绍销售程序和责任，讲授推销实务，进行推销实践训练（示范、演示、观察等），讲解如何分析和把握顾客心理等。通过推销技能培训，推销人员要掌握推销时的仪表和态度、应具备的服务精神、访问的准备工作、推销时的语言、如何利用实物说明、如何争取顾客好感、如何应付反对意见、如何坚定推销信心、如何克服推销困难、如何获得推销经验、如何更新推销知识等。只有这样，才能克服推销工作中的困难，促进推销活动的顺利进行，从而取得推销的成功。

（七）交易知识培训

交易知识培训主要培训推销人员如何记账、使用支票、提款、汇款、计算利息等业务知识，有关分期付款、寄售等方面的知识等。

（八）行政工作知识培训

行政工作知识培训主要培训推销人员如何撰写销售报告、如何答复顾客咨询、如何处理文本档案、如何控制销售费用、如何实施自我管理等。

（九）政策、法律培训

在社会主义市场经济条件下，推销人员要顺利完成推销任务，必须了解有关的政策、法律，如我国的《商标法》《专利法》《产品质量法》等。了解这些知识，有利于推销人员减少推销工作中的失误。

三、推销人员培训程序

推销人员培训流程包含以下五个步骤。

（一）明确培训需求

只有明确培训需求，才能有针对性地设计培训的主题和内容，有助于推销人员提高推销绩效。

（二）制定培训目标

根据培训需求制定详细的、可实现的培训目标。培训目标一般包括以下内容：

（1）帮助推销人员成为好的销售主管；

（2）辅导新手熟悉推销工作；

（3）使新手熟悉有关产品、企业、竞争者及推销技能方面的知识；

（4）提高访问率，稳定销售队伍；

（5）使新手转变对推销工作的认识和态度；

（6）降低推销成本；

（7）培养新手适合于推销事业的个性品格；

（8）获取反馈信息；

（9）提高对某个特定的产品或某类顾客的销售量。

（三）设计培训方案

培训方案是针对某个特定培训目标所拟订的具体培训行动计划。培训方案包括：培训目标、培训内容、培训范围、培训时间、培训地点、培训师资、培训方式及经费预算等。

（四）实施培训

完成了前几步，实施培训就是水到渠成的事情。培训组织者要监控培训的整个过程，了解受训人员学习的意愿和方法，保证培训目标的顺利实现。

（五）评估培训效果

培训效果的评估是整个培训中最复杂的一环，也是很棘手的一个问题。有时候很难对培训目标作明确陈述，即使陈述清楚也难以用数字去衡量，因为推销业绩的好坏受到很多因素的制约和影响，无法分辨出销售业绩的增长是因为培训还是其他某方面。

尽管如此，我们还是需要对推销人员培训进行评估，以了解培训的价值。评估通常可以分为如下两类。

1. 过程评估

过程评估是为了改进培训过程而进行的评估。主要目的有两个：一是确保这一活动组织良好，实施顺畅；二是使受训者在活动中获得收益并对项目表示满意。所以，通过评估，可以从以下几方面获取定性信息：课程内容和形式满足受训者要求的程度如何？培训时间、地点是否合适？培训师的授课水平和风格是否受大家欢迎？有何改进的建议？等等。

2. 综合评估

综合评估是对照事先设计的培训目标进行的评估，同时也是对培训的经济收益或投资回报率进行的评估。可以通过培训前后顾客对推销人员服务及态度的评价变化情况、培训前后推销人员销售业绩的变动情况等来了解推销人员的培训效果。

四、培训推销人员的方法

根据各个企业的经营规模和市场发展状况，以及推销人员的不同状况，可以采用不同的培训方法。常见的培训方法主要有以下几种。

（一）集中培训法

集中培训法是指企业通过办培训班、研讨会等形式对推销人员进行集中培训的方法。企业可请有关专业教师、企业的销售经理和有经验的推销人员讲授有关推销知识、技巧、策略和法律等。集中培训法的优点在于时间短、费用低、见效快、节省人力。其不足在于缺乏实践和切身体会，接受培训的推销人员可能不予重视。

（二）实践培训法

实践培训法是指派新推销人员在现场跟随有经验的推销人员一起工作的一种传统的学徒培训方法，即由有专业推销知识和实践工作经验的老推销人员当师父，新推销人员做徒弟，师父对徒弟传帮带。这种方法的优点有：(1) 新推销人员深入现场，可以增加感性认识。(2) 边学边干，具有针对性。(3) 容易收到良好的效果，特别是在有丰富推销经验和很强推销能力的推销人员指导下更是如此。此种方法的不足之处在于培训的时间较长、费用高。

（三）角色扮演法

角色扮演法是指受训的推销人员设想自己在一个特定环境中扮演实际推销人员的角色而直接参加的具有一定真实感的训练方法。目的是强化正确的理念和行为。这种方法的优点有：（1）便于受训的新推销人员尽快进入角色，熟悉工作环境，了解工作职责，掌握推销技巧方法，满足推销要求。（2）对提高工作技能、改造工作习惯很有帮助。比如：要求推销人员模拟产品的推销过程，从而提高销售技能；让经常上班迟到的员工扮演他的上司，而由他的上司扮演这位经常迟到的下属，用这种角色互换来体验迟到造成的影响，更容易使员工改变迟到的不良习惯。

（四）游戏法

游戏法是指通过完成培训师精心设计的，与工作内容密切相关的一系列活动，使受训者在活动中运用有关知识和技能做出分析、判断和决策，以期实现活动目标的一种训练方法。这种方法的优点有：（1）可以实现多种培训与开发目标。例如，规范行为，强化、调整心态，转变观念以及改善思维。（2）既可以在室内进行，也可以在户外展开。例如，营销经理可以采用此法锻炼营销决策技能、体会新的营销理念；部门的全体成员可以采用此法到野外拓展训练，通过参加“过独木桥”、野营、风帆冲浪等来加强部门团队建设，增强团队成员的集体主义和协作精神，锻炼意志品质和顽强作风，使团队成员在培训小组中建立自信。

【操作平台】

任务训练　制订推销人员培训计划

1. 训练目的与要求

（1）能初步运用推销人员培训方法。

（2）熟悉推销人员培训内容及流程。

2. 训练内容与步骤

（1）以小组或模拟公司为单位进行推销人员培训。

（2）各公司制订推销人员培训计划（培训目标、培训内容、培训范围、培训时间、培训地点、培训师资、培训方式、经费预算等）。

（3）各模拟公司培训由销售经理主持，公司成员均为培训成员。

3. 成果体现与检测

（1）每个小组提交一份设计好的推销人员培训计划。

（2）学生根据各组准备的道具及培训的表现互相评价。

（3）教师根据各小组提交的推销人员培训计划和培训的效果评估打分。

任务3 推销人员绩效考核

【走进推销】

推销人员为什么会辞职

【任务相关知识】

知识 推销人员的激励和绩效评估

一、推销人员的报酬

（一）推销人员薪酬设计应遵循的原则

建立合理的报酬制度，对调动推销人员的积极性，提高推销工作效率和扩大市场占有率有着重要的作用。一般来讲，推销人员的报酬应该与他的实际工作量和工作效率相联系。为了使推销人员的报酬设计科学、合理，应遵循以下原则。

1. 公平性原则

推销人员薪酬制度应建立在客观现实的基础上，让推销人员觉得只要在相同的岗位做出相同的业绩，都将获得相同的薪酬。公平性还体现在推销人员的薪酬必须与企业其他岗位人员的薪酬相称，不可有歧视之嫌。

2. 激励性原则

薪酬制度必须能够给推销人员足够的激励，调动他们的积极性来取得最佳的销售业绩。当推销人员得到自己满意的报酬时，他所感受到的不仅是物质上的收获，还能体会到企业对其工作的肯定和认同，这会促使他进一步努力工作。为达到激励目的，企业的薪酬制度要体现绩效优先，奖勤罚懒。

3. 灵活性原则

理想的推销人员薪酬制度应该具有变通性，能够结合企业的实际情况进行调整。灵活性能适应企业不同地区、不同产品以及不同推销人员的需要。

4. 稳定性原则

稳定的薪酬制度能够保证推销人员有稳定的收入，保证其正常的工作和生活。此外，薪酬制度一旦建立，在一定时段上应保持相对稳定，经常变化的薪酬制度会使推销人员无法断定自己的努力将得到怎样的回报，进而影响他们的努力程度。

5. 控制性原则

薪酬制度应实现对推销人员的有效控制，这是企业保持推销队伍的稳定性并最终占领市场的关键。

（二）推销人员的薪酬类型

根据企业的实际经验，推销人员薪酬制度大体有薪金制、佣金制和薪金加奖励三种类型。

1. 薪金制

薪金制是指无论销售额多少，推销人员在一定的工作时间内只获得固定数额的报酬。其优点如下：

（1）为推销人员提供工作安全保证；

（2）容易管理（一年仅需调整一次），有利于预算和招聘；

（3）推销人员能较多地照顾顾客的要求和利益，提高顾客忠诚度；

（4）能控制推销人员的活动（特别是非推销活动）和再分配推销人员。

薪金制的缺点有：

（1）缺乏推销人员改进绩效的财务激励；

（2）通常基于资历而不是绩效发薪，导致高绩效推销人员流失；

（3）不管销量如何，都有固定销售费用支出，有可能成为新企业或衰落企业的负担。

企业在以下情况下应考虑薪金制：

（1）当推销人员需要花费较长的学习期才能实现销售高效率时；

（2）当公司要进入新的销售领域或推销新产品时；

（3）当销售活动特别是技术性较强的销售活动需要推销人员、技术人员、销售支持人员等整个团队推销时；

（4）只进行顾客服务或宣传性销售活动的销售工作时。

一般情况下，薪金制适用于接受培训的员工和从事销售支持活动（顾客服务等）的员工。

2. 佣金制

佣金制与薪金制不同，它有较强的刺激性，即企业根据推销人员的推销工作效率来支付报酬。推销人员的推销工作效率通常以推销人员在既定时间内完成的推销额为基础来表示，有时也以利润额来表示。推销人员的收入便是他们在既定时期内完成的推销额或利润额乘以一个给定的百分比，这个百分比我们称为佣金率。这种薪酬形式下推销人员的收入取决于两个因素：一是在既定时期内完成的推销额或利润额；二是给定的佣金率。

佣金制有许多优点，主要表现为：

（1）能把推销人员的收入直接与所期望的结果相联系，较强的财务激励可以提升推销人员的业绩；

（2）有利于推销人员的优胜劣汰；

（3）有利于控制销售成本，使销售衰落期的成本降到最低。

佣金制的缺点有：

（1）推销人员收入欠稳定，难以建立对企业的忠诚度；

（2）推销人员只关心售出产品，可能产生高压推销而引起顾客不满；

（3）推销人员抵制销售区域的改变，增加了管理难度。

一般来说，佣金制适用于下列情况：

（1）企业严格控制销售成本时；

（2）产品和服务只需开展较少的非销售工作时；

（3）雇用兼职销售人员时。

一般情况下，直接佣金适用于房地产、保险、汽车业等。注意使用时必须确定计量单位、每单位的提成比率（固定比例、累进比例、累退比例）、提成的初始点及支付日期等。

3. 薪金加奖励

薪金加奖励即支付薪金的同时，利用奖金来刺激推销人员更好地工作。这种报酬形式通常是以固定工资为主，再加上占推销额或利润额很小比率的佣金。固定工资加佣金混合制实际上是上述两种形式的结合。它尽可能地吸取两种形式的优点，又尽量避免两种形式的缺点。这种形式既可保证推销人员获得一定的个人收入，实行对推销人员的控制，又能起到刺激作用，求得安全与刺激之间的某种平衡，因而目前实行这种报酬形式的企业越来越多。但值得注意的是，企业必须处理好固定工资和佣金之间的比例关系。在现有的企业中，采纳此种报酬形式比较多，但主要有以下三种形式：

（1）薪金加奖金。具有较大灵活性但可能导致推销人员对销售额不够重视。

（2）薪金加佣金。推销人员收入既稳定又有一定弹性，不足之处是通常佣金所占比例较小，激励效果不大。

（3）薪金加佣金加奖金。综合了安全保证、激励效果、完成特定目标等优点，但管理复杂。

二、推销人员的激励

激励在管理学中被理解为一种精神力量或状态，对组织成员起加强、激发和推动作用，并引导行为指向目标。一般来说，组织中的任何成员都需要激励，推销人员更是如此。推销人员需要更多的激励是由其工作性质决定的。推销人员的工作时间长短不定，并经常遇到挫折，所以要使推销人员保持高昂的斗志和良好的精神状态，把销售工作做得更好，企业就需要对其进行适当的激励。

（一）激励推销人员的原则

激励是指对人的行为具有激发、加强、推动作用，并指导或引导行为指向目标的工作。一支销售队伍，要取得预期的成果，保持高昂的士气是非常必要的。激励则是提高推销人员工作业绩的好方法。激励应体现物质利益原则、精神鼓励原则和有效监督原则。

（二）激励推销人员的方法

激励操作的具体形式多种多样，按其内容可归为精神激励和物质激励两大类型。二者结合构成了激励的整体内容。通常，精神激励需要借助一定的物质载体，而物质激励又必须包含一定的思想内容。如奖状、奖章等精神鼓励就是直接借助物质形式体现的，而奖金、奖品等物质鼓励则意味着组织和社会对其成绩的认可，本身就含有精神价值。具体的激励方式有：免费培训、提高薪金、确定工作级别、制订提升计划、进行奖励和表彰、授予荣誉称号等。企业对销售人员的激励方法有以下几种。

1. 目标激励

通常情况下，当人们有意识地明确自己的行动目标，并把行动与目标不断加以对照，知道自己正在不断缩小和目标的距离时，积极性就会持续高涨。目标激励是一个十分有效且可常用的激励方法，对推销人员更是如此。企业为推销人员确定一些拟达到的销售指标，以目标激励推销人员上进。主要的目标有销售定额、毛利额、访问户数、新顾客数、访问费用和货款回收等。其中，制定销售定额是企业的普遍做法。关于推销人员目标定额的确定有三种观点，对应三种学派：高定额学派、中等定额学派和可变定额学派。高定额学派认为，定额应高于大多数推销人员所能达到的水平，这样可激励推销人员更加努力地工作；中等定额学派认为，定额应是大多数推销人员所能达到的，这样推销人员会感到定额是公平、合理的，经过努力是可以达到的，因此会为完成定额而努力工作；可变定额学派认为，定额应依推销人员的个体差异分别设定，某些人适合高定额，某些人则适合中等定额。其实在实行任何一种定额标准时均会出现下列情况：一些人受到激励，因而发挥出最大潜力，另一些人则感到定额没有激励作用。因此，销售经理确定推销人员的销售定额时，要考虑到推销人员以往的业绩、所辖地区的销售潜力、推销人员的工作抱负与对奖励的反应等多种因素。必须指出的是，在目标激励中，报酬制定应有利于鼓励业绩优秀的推销人员。

2. 物质激励

物质激励是指对做出优异成绩的推销人员给予晋级、奖金、奖品和额外报酬等实际利益的激励，以此来调动推销人员的积极性。物质激励往往与目标激励联系起来使用。研究人员在评估各种可行激励的价值的大小时发现，物质激励对推销人员的激励作用最为强烈。利用物质激励时，管理者要把握好合适的度，要分清个人正当利益与个人主义的界限，善于把下属个人的眼前经济利益和组织长远的经济利益融为一体。只有这样，才能更好地发挥物质激励的积极作用，达到调动推销人员积极性的目的。

3. 榜样激励

榜样是人的行动的参照系。销售经理应该建立起科学、合理的参照系，把推销人员的行动导向实现组织目标。推销人员都渴望成功，先进典型可以使他们看到成功的实例，从而坚定自己的信心。企业要善于运用成功的案例来激励推销人员，并将本企业的优秀推销人员树立为榜样，使推销人员有典型可学，这样的榜样也具有权威性。

4. 工作激励

进行工作激励应合理分配销售任务，尽可能使分配的任务适合推销人员的兴趣、专长和工作努力。另外，可以利用“职务设计”方法。这一方法认为，如果在职务设计中充分考虑到技能的多样性、任务的完整性、工作的独立性，并阐明每项任务的意义以及设置反馈环节，就可以使员工体验到工作的重要性和所负责任，并及时了解工作的结果，从而产生强烈的内在激励作用，形成高质量的工作绩效及对工作的高度满足感，大大减少离职率及缺勤率。工作激励的关键是知人善任。

5. 荣誉激励

荣誉是社会或组织为表彰个人或单位做出的优异成绩而授予的各种光荣称号，它表明一个人的社会存在价值，在人的精神生活中占有非常重要的地位。对推销人员贡献的公开承认和表彰，可以满足他们的自尊，达到激励的目的。良好的人际关系的一个基本原则，就是给每个值得赞扬的人以充分的认同。奖金、奖章或荣誉证书正表明组织对推销人员工作业绩的认同，也强化了他们对组织的认同。

同步案例 8-3

小王和小张分别从大专和本科学校毕业后，来到同一家公司工作。小王负责文件的管理工作，包括文件的打印、分发、保管等，由于工作简单，他做得非常出色，从来没有出过差错。而小张则不同，他主要从事文件的起草工作。由于这项工作比较复杂，有相当大的难度，尽管小张也非常努力，但是工作完成得并不出色。公司若仅仅依据工作的完成情况对他们进行考评，其结果必然失之偏颇，从而会打击小张工作的积极性。

思考

你认为该如何对小王和小张进行考核？

在进行考评的时候，不能够只考虑工作业绩和工作态度等，还必须将员工的能力作为考评依据。

能力考评不仅仅是一种公平评价的手段，而且是充分利用企业人力资源的一种手段。通过能力的考评，可以将有能力的员工提到更重要的岗位上，把能力偏低的员工调到与其能力相适应的岗位上，真正做到人事相宜。

6. 晋升激励

晋升作为一种激励方法也不容忽视。所有的工作人员，尤其是推销人员，都会被晋升的潜在可能所激励。这个方法可以使最优秀的销售人员感受到个人充分的发展空间，工作地位可以得到提高。俗话说："人往高处走，水往低处流。"对绝大多数推销人员而言，他们都会有晋升的愿望，希望得到更高的职位，因此在较多薪水的基础上，更多的责任可以对销售人员产生较大的激励作用。

7. 销售竞赛

销售竞赛是指利用奖金或其他报酬来激励推销人员完成管理层所确定的目标的一种激励方法。销售竞赛要有一个清晰、明确的目标，要有合理的设计和公平的评判标准及落到实处的奖励。对获得新顾客、销售商品或处理积压存货这类目标，销售竞赛最能发挥作用。销售竞赛在增强销售和鼓舞士气的同时，也会带来一些不良后果。销售竞赛常常会导致进货过多、过度推销等一系列问题，因此在选择销售竞赛方法时，也应注意防止负面作用。

8. 授权激励

加强推销人员的工作职责和挑战性，并授予他们相应的权力也是一种有效的激励方法。给推销人员独立完成工作的责任与权力意味着组织对他们的信任和支持，进而会对他们产生一定的激励作用。多变的市场环境和销售组织柔性化的发展趋势，使对推销人员适度放权也成为一种现实需要。给推销人员更多的职责和更大的权力，可以使他们获得更强的自尊心和自信心，这必然增强其工作的努力程度，更利于工作目标的实现。

同步案例 8 - 4

由于业务竞争激烈，价格波动大，一家汽车部件加工厂的老板决定允许推销人员在紧急情况下，不经销售经理允许可与顾客协商价格。当然，对价格进行大幅度调整还需要经过公司批准。为了保证推销人员不会为了达成交易而随便降价，加工厂老板相应调整了佣金交付方式。按照原定的价格销售商品，销售人员可以获得足额的佣金；如果商品价格下调 5%，佣金会下调 10%；价格下调 10%，佣金则减少 20%。加工厂老板原来认为推销人员可能会因减少佣金而不满，然而他惊奇地发现，推销人员的反应却十分积极，他们非常高兴能够更好地控制与顾客的谈判。

思考

在本案例中，加工厂老板采用了什么激励方式？

9. 培训激励

在知识和信息高速变化、产品日新月异的今天，推销人员如果不能进行必要的知识更新，无法获取新信息、新情报，他们的知识结构就会老化，创造力就会逐渐衰退，能力和业绩就会下降。而培训能提供新知识，它能满足推销人员寻求不断发展的需求，起到良好的激励效果。

10. 团队激励

充分利用推销队伍的整体观念、团队精神也是一种很好的激励方法。集体主义观念往往可以极大地调动人们的积极性。突出集体，强调集体，努力培养推销人员的集体观念，营造一个良好的工作氛围，使在其中的推销人员能够感到自己是整个团队的一分子，使他们在遇到困难时真正感到有一个集体在做他的坚强后盾，而并非单打独斗，能坚定其克服困难、取得成功的信心。用集体的观念和团队的精神来调动推销人员的工作积极性，可以激发他们的荣誉感和成就感，进而使他们发奋工作。

11. 激励组合

激励推销人员的方法和途径很多。企业在对其进行激励时，必须根据管理的实际情况，灵活选择，合理组合。必须承认，个体的差异、职业生涯的差异、家庭状况的差异、年龄的差异等都会不同程度地影响推销人员对不同需求的认知程度，因而会对同样的激励方法产生不同的应激力。管理者在决定通过满足需要来激励推销人员之前，必须知道他们的需要是什么，如果忽视了这一点，失败是经常发生的。依据推销人员的个体情况，有针对性地采取相应的激励方法，形成一种有效的激励组合，对管理者来说是一项重要的工作，也是充分发挥激励作用的艺术。

同步案例 8-5

一个部门来了两个推销人员。一位推销人员从来没有做过计算机硬件的销售，也没有很好的销售经验。另一位推销人员比他大六七岁，在一家很著名的IT行业的公司做过几年的销售。部门销售经理在与他们进行面谈的时候，发现那位年龄大一些的推销人员在经验和销售技巧方面都远远超过新推销人员。但是第一个季度过去了，新推销人员完成了任务，而老的推销人员没有完成任务。销售经理仔细地与老的推销人员一起讨论手中每一个顾客的情况，结果发现他根本不了解他的顾客，这说明他几乎没有花时间和顾客在一起。经询问，他终于将原因说了出来：他进入公司以后的第一个季度，他们部门的经理离开了，新的经理上任以后调整了他的顾客，他受到了打击，觉得即使每天去见顾客并与顾客建立了良好的关系，顾客也可能被分走。销售经理立即将一份准备好的业绩提高计划拿出来，要求他必须在两个月时间内完成本季度任务的60%，最终要100%地完成本季度任务。销售经理告诉他："我理解你为什么会有这样的想法，但是我不能原谅你拿着公司的薪水，却不履行自己作为推销人员的职责。”这意味着如果不能在限定的时间内完成规定的任务，他就要开始找新的工作了。这个季度结束的时候，他超额完成了销售任务，拿到了往常没有拿到的销售奖金。

思考

这个案例告诉你一个什么道理?

三、推销人员的绩效评估

（一）推销人员绩效评估的含义

推销人员的绩效评估是指企业或推销人员对一定时期内推销工作状况的评定与估价，具体地表现为对推销业务的核算。这是企业经营管理过程中不可缺少的重要一环，是推销人员提高推销工作效率的重要手段。推销人员绩效评估与推销控制有相近的一面，但两者之间有明显的区别。其相近之处表现在两者都是考察、分析和评估推销工作状况，促进推销工作的一种手段和方法，但两者对推销工作状况的考察、分析和评估的针对性、出发点和落脚点各不相同。推销控制主要针对企业现行的推销状况，通过对当前推销工作的考察、分析和评估，从中发现问题，获得信息反馈，及时采取措施，调整和修正企业现行的推销决策与推销策略，以便引导企业的销售活动朝着实现预期目标的方向发展。推销人员绩效评估则不一样，它主要针对推销总体工作效果，通过对前期推销工作状况进行全面的考察、分析与评估，从而找出推销工作成功或失败的原因，以便更好地制定下期的推销目标与策略。它对提高推销人员能力，改善推销人员培训方案方法，提高企业的整个推销活动效果有着直接意义。

（二）推销人员绩效评估的内容

（1）销售量。这是最常用的指标，用于衡量销售增长状况。

（2）销售额。这是推销目标中最基本的指标，是从量的角度考察推销人员工作业绩的主要指标，也可用销售量表示。

（3）销售费用。销售费用是为完成销售任务而耗费的各项支出。费用的增加必然造成销售成本的增加、利润的下降，因此对费用应当有所控制。一般来说，销售费用与销售次数有关，而销售次数又与销售成果成正比，要提高销售成果就应当增加销售次数，而次数的增加也意味着费用的增加，这是一个矛盾。销售人员对销售费用的控制目标不在于销售费用的绝对数额，而是保证费用的增长率不超过销售的增长率。

（4）销售利润。销售总额减去产品成本，再减去销售中折扣的金额为销售利润。销售利润的高低，反映了产品的盈利水平。

（5）推销效率。这是指能够反映推销活动所带来利益的各项指标率。

（三）推销人员绩效评估的方法

微课：

推销人员绩效评估

1. 横向对比分析

这是一种把各位推销人员的销售业绩进行排列和比较的考评方法。这里并不只是对推销人员完成的销售额进行对比，而且还应考虑到推销人员的销售成本、销售利润、顾客及其服务的满意程度等。

下面假定以销售额、订单平均批量和每周平均访问次数三个因素来分别对推销员A、B、C三人进行综合考评，如表8-1所示。

表8-1　推销人员绩效横向比较表

考评因素		推销员A	推销员B	推销员C
销售额	1. 权数	5	5	5
	2. 目标（万元）	50	40	60
	3. 完成（万元）	45	32	57
	4. 达成率（%）	90	80	95
	5. 绩效水平（1×4）	4.5	4.0	4.75
订单平均批量	1. 权数	3	3	3
	2. 目标（万元）	800	700	600
	3. 完成（万元）	640	630	540
	4. 达成率（%）	80	90	90
	5. 绩效水平（1×4）	2.4	2.7	2.7
每周平均访问次数	1. 权数	2	2	2
	2. 目标（万元）	25	20	30
	3. 完成（万元）	20	17	24
	4. 达成率（%）	80	85	80
	5. 绩效水平（1×4）	1.6	1.7	1.6
绩效水平		8.5	8.4	9.05
综合效率（绩效合计除以权数）		85%	84%	90.5%

在表8-1中，由于销售额是最主要的因素，所以把权数定为5。另外，订单平均批量和每周平均访问次数的权数分别定为3和2。用三个因素建立目标，由于存在地区差异，所以每个因素对不同地区的推销人员建立的目标是不一样的。如推销员C的销售额定为60万元，高于推销员A的50万元和推销员B的40万元，这是考虑到他所处的地区潜在顾客较多、竞争对手较弱而决定的。由于推销员所处的地区内有大批量的买主，所以其订

单平均批量可相对订得高一些。每个推销员每项因素的达成率等于他所完成的工作量除以目标数，再把各项因素的绩效水平相加，除以总权数，即可得到各个推销员的综合绩效。从表 8-1 中可看出，推销员 A、B、C 的综合绩效分别为 85%、84%和 90.5%，推销员 C 的综合绩效最佳。

2. 纵向分析法

这是将同一推销人员现在和过去的工作实绩进行比较，包括对销售额、毛利、销售费用、新顾客数、失去顾客数、每个顾客平均销售额、每个顾客平均毛利等数量指标的分析。这种方法有利于衡量推销人员工作的改善状况。依据分析可作三种比较分析，即将实际资料与计划资料对比，说明计划完成情况；与前期资料对比，考察推销活动发展变化；与先进资料对比，找出差距和原因，挖掘潜力。以表 8-2 为例说明。

表 8-2　推销人员业绩考评表

推销员 F	所在辖区：北京市			
考评因素	2021	2022	2023	2024
1. 产品 A 的销售额（元）	376 000	378 000	410 000	395 000
2. 产品 B 的销售额（元）	635 000	660 000	802 000	825 000
3. 销售总额（元）	1 011 000	1 038 000	1 212 000	1 220 000
4. 产品 A 定额的完成率（%）	96.0	92.6	88.7	85.2
5. 产品 B 定额的完成率（%）	118.3	121.4	132.8	131.1
6. 产品 A 的毛利（元）	75 200	75 600	82 000	79 000
7. 产品 B 的毛利（元）	63 500	66 000	80 200	82 500
8. 毛利总额（元）	138 700	141 600	162 200	161 500
9. 销售费用（元）	16 378	18 476	18 665	21 716
10. 销售费用率（%）	1.62	1.78	1.54	1.78
11. 销售访问次数	1 650	1 720	1 690	1 630
12. 每次访问成本（元）	9.93	10.74	11.04	13.32
13. 平均顾客数	161	165	169	176
14. 新顾客数	16	18	22	27
15. 失去顾客数	12	14	15	17
16. 每个顾客平均购买额（元）	6 280	6 291	7 172	6 932
17. 每个顾客平均毛利（元）	861	858	960	918

销售经理可以从表 8-2 中了解有关推销员 F 的许多情况。F 的销售总额每年都在增长（第 3 行），但并不一定说明 F 的工作很出色。对不同产品的分析表明，F 推销产品 B 的销售额（第 2 行）大于推销产品 A 的销售额（第 1 行）。对照产品 A 和 B 的定额完成率

（第 4 行和第 5 行），F 在推销产品 B 上所取得的成绩很可能是以减少产品 A 的销售额为代价的。根据毛利额（第 6 行和第 7 行）可以看出推销产品 A 的平均利润要高于产品 B，F 可能靠牺牲毛利率较高的 A 产品为代价，推销了销量较大、毛利率较低的产品 B，推销员 F 虽然在 2024 年比 2023 年增加了 8 000 元的销售总额（第 3 行），但其销售总额所获得的毛利总额实际减少了 700 元（第 8 行）。

销售费用占总销售额的百分比基本得到控制（第 10 行），但销售费用是不断增长的（第 9 行）。销售费用上升的趋势似乎无法用销售访问次数的增加予以说明，因为总访问次数还有下降的趋势（第 11 行），这可能与取得新顾客的成果有关（第 14 行）。但是，该推销员在寻找新顾客时，很可能忽略了现有顾客，这可从每年失去顾客数的上升趋势中得到说明（第 15 行）。最后两行（每个顾客平均购买额和每个顾客平均毛利）要与整个公司的平均数值进行对比才更有意义，如果推销员 F 的这些数值低于公司的平均数，也许是他的顾客存在地区差异性，也许是他对每个顾客的访问时间不够。可用他的年访问次数与公司推销员的平均访问次数相比较。如果他的平均访问次数比较少，而他所在销售区域的距离与其他推销员的平均距离并无多大差别，则说明他没有在整个工作日内工作，也许是他的访问路线计划不周。

【操作平台】

任务训练　实地调研、观察、记录商场营业员激励的方法

1. 训练目的与要求

（1）熟悉销售人员激励的类型，了解销售人员激励的原则。

（2）正确对待销售人员的激励原则，学会并掌握处理销售人员激励的基本方法。

2. 训练内容与步骤

（1）由学生自愿组成小组，每个小组 5～6 人，选择 1～2 个商场进行实地调研，观察、记录营业员如何对待激励的方法。

（2）重点访问一位营业员，向他了解所在商场的激励方法，以及销售人员的态度。

（3）各小组对所观察的营业员对待激励的方法进行讨论、评价并总结，也可自编情景剧，进行表演。

3. 成果体现与检测

（1）每组写出一份调查访问报告。

（2）调查结束后，组织一次课堂交流、讨论与总结、表演。

（3）以小组为单位，分别由组长和每个成员根据各成员在调研、讨论与表演中的表现进行评估打分。

（4）由教师根据各组的调研报告、讨论与情境表演中的表现评估打分。

学习情境小结

选拔推销人员的原则主要有：德才兼备原则、不拘一格原则、知人善任原则和重视创新原则。推销人员的招聘过程一般包括：制订招聘计划、确定推销人员的招聘渠道、选拔推销人员等一系列活动。对推销人员的培训，其培训内容有：思想品质教育、心理修养训练、产品知识培训、企业知识培训、市场知识培训、推销技能培训、交易知识培训、行政工作知识培训和政策、法律培训。培训的程序：明确培训需求，制定培训目标，设计培训方案，实施培训，评估培训效果。常见的培训方法主要有：集中培训法、实践培训法、角色扮演法和游戏法。

推销人员奖酬制度的类型大体有薪金制、佣金制和薪金加奖励等多种形式。激励的形式按其内容可归为精神激励和物质激励两大类型，具体有目标激励、物质激励、榜样激励、销售竞赛、团队激励等 11 种。

推销人员的绩效评估是指企业或推销人员对一定时期内推销工作状况的评定与估价。企业管理层的关键任务是运用绩效评估的信息提高推销人员的绩效水平。而一旦有了评估的结果，则需要比较评估结果以确定问题的范围，找出出现绩效问题的原因并决定销售管理行动以解决问题。

素养提升

关键词：爱国、创新、自信、人生追求、诚信、理智冷静

一、名人警言

1. 我们爱我们的民族，这是我们自信心的泉源。——周恩来

2. 把爱家和爱国统一起来，把实现个人梦、家庭梦融入国家梦、民族梦之中。——习近平

3. 企业持续发展之基、市场制胜之道在于创新。——习近平

4. 人生应该如蜡烛一样，从顶燃到底，一直都是光明的。——萧楚女

5. 冷静的心，在任何环境里，都能建立更深微的世界。——冰心

6. 物竞天择势必至，不优则劣兮不兴则亡。——梁启超

7. 夫学须静也，才须学也，非学无以广才，非志无以成学。——诸葛亮

二、小故事

故事 1

电工赵师傅的工具箱底层压着本泛黄的“特殊服务登记册”，记录着社区独居老人家

的电器故障小问题。王奶奶家的冰箱每隔半年清理一次结冰，李爷爷的洗衣机漏水……这些算不得故障的“小毛病”，他总会主动上门检修。有人劝他别接这种不赚钱的琐碎活，他却摆摆手说：“看见门把手上系的红布条，那是独居老人的紧急联络暗号，咱们这行讲究匠心有恒，服务无涯。”

真诚的服务往往超越商业契约，成为心照不宣的生命守护。范仲淹曾言“先天下之忧而忧”，新时代的服务意识正是将他人需求内化为自我责任，用专业技能构筑起人文关怀的堤坝。

故事 2

海尔集团从一个名不见经传的濒临破产的小企业成为世界一流的大企业，成功的秘诀之一就是物质和精神激励相辅相成。一方面采用奖金、津贴、福利等物质鼓励员工积极工作，另一方面通过宣传“人人是人才”进行精神层面的激励。如海尔将一个普通工人发明的一项技术革新成果以这位工人的名字命名，在工人中很快就兴起了技术革新之风，促进了公司业务的发展。

2020 年，海尔员工胡云川徒手爬楼救下一名悬在六楼窗外的女童在网络引发关注，海尔在奖励该员工一套价值 60 万元房产的同时颁发荣誉证书，并倡导公司员工向该员工学习，将物质激励和精神激励完美结合。

人生不应该只追求物质层面，更要注重精神层面的富有：追求物质时我们应当谨记“君子爱财，取之有道”，追求精神层面时我们应当不遗余力。

故事 3

重庆轨道交通 4 号线的清晨，总是上演着独特的城乡协奏曲。背着竹篓的菜农与手提公文包的上班族在同一节车厢相遇。

菜农老周总在背篓上挂块小黑板，用粉笔写着“今日莴笋有虫眼，半价”“新摘草莓压伤几颗，可试吃”。地铁常客们渐渐养成习惯：教师李女士会多买两把带泥萝卜支持老人，地铁工作人员会在菜农上下车时帮忙提一把，白领们还自费购买了二十多个推车放在地铁站方便菜农使用。

诚信经营并非现代商业的独有准则，而是最朴素的民间智慧。《论语》云“人无信不立”，在推销实务中，直面产品瑕疵的勇气往往比夸大宣传更能赢得顾客信任，这正是“以义为利”商业伦理的生动实践。真正的城市现代化，也不在于玻璃幕墙的高度，而在于对每一种生活方式的尊重，让沾泥的解放鞋与锃亮的皮鞋共同叩响时代的节拍，才是社会主义城市文明的深层魅力。

作业单

一、单项选择题

1. 对所有的推销人员都适用的培训方法是（　　）。

A. 内部集中培训　　B. 外部岗位培训
C. 外部集中培训　　D. 自我训练

2. 推销人员绩效评价内容中最基本的指标是（　　）。

A. 销售额　　B. 每周平均访问次数
C. 订货平均批量　　D. 新顾客数

3. 下列（　　）不是推销人员薪酬设计应遵循的原则。

A. 公平原则　　B. 激励原则
C. 创新原则　　D. 控制原则

二、多项选择题

1. 确定推销人员规模的方法有（　　）。

A. 销售百分比法　　B. 销售能力法
C. 工作量法　　D. 因素分析法

2. 对推销人员培训的方法有（　　）。

A. 集中培训法　　B. 实践培训方法
C. 角色扮演法　　D. 自由交流法

3. 选拔推销人员的原则有（　　）。

A. 德才兼备　　B. 不拘一格
C. 知人善任　　D. 重视创新

三、问题思考

1. 选拔推销的原则是什么？
2. 推销人员的培训内容有哪些？
3. 怎样选拔和录用推销人员？
4. 推销人员培训是如何具体实施的？
5. 推销人员培训的方法有哪些？各有哪些特点？
6. 推销人员的薪酬制度的原则是什么？
7. 推销人员薪酬制度包括哪几种类型，对推销人员的激励可采取什么方法？
8. 简述推销人员绩效评估的依据和方法。

四、案例分析

资料1：

日本丰田汽车销售公司认为，同商品的好坏一样，左右销售的另一个关键因素，就是推销员。有人说："丰田不仅出汽车，也出人才。"丰田"销售之神"神谷正太郎曾在东京丰田宠儿汽车销售中心率先录用大学毕业生，把他们送到销售部门。为了迎接家庭用车时代的到来，他迅速描绘出了新推销员做人的态度，并下决心，要培养有文化知识的推销员，来消除汽车销售方面难以预测的阻碍销售的因素。

神谷正太郎的销售理论是“车的需要是创造出来的”。接受这个理论的总经理加藤诚之则主张：推销员是“培养教育出来的”。加藤诚之为把培养推销员的教育加以科学系统化作了很大的努力。当一个访问者说“好宏伟壮观的教学场所呀”时，加藤诚之回答说：“在这里进修和听课的人，是将来要成为一流推销员的，他们即将奔赴推销汽车这种现代化商业战场，让他们在一个狭小的环境里，是涌现不出明快的判断能力和在面临困难的时候所具有的积极精神的。所以，有这种规模的设施是理所当然的。我们对待平时为推销而战斗的人们，不应有失礼貌。”

丰田汽车销售公司进修中心建成于 1974 年，在这里授课的讲师全部都是从汽车销售公司和丰田销售店挑选出来的极具销售经验的人。为了了解新的市场情况，使讲课有新的内容，选任讲师采取两年轮换制。使用的教材是经营管理协会、日本能源协会结合汽车市场的实际情况和需要编制的。

进修的学员，一次 25 人为一班，从全国的销售店招收。从一般推销员到管理人员和经营者，分别听专业性讲座。还有一种以研究学习的形式进行讨论会，即“企业高级管理人员讲习会”，在这里主讲的是某大学的 3 名教授。每年陆续招收销售店的高级管理人员 24 名，采取 4 天的集中训练，用案例研究法进行学习。在一年之内，有 1.5 万名左右的管理人员轮流在这里接受学习教育。

每年 4 月，全国各地的丰田销售店，大约有 3 500 名新的推销员进入公司工作。负责对这些新人进行教育培训的是在进修中心学完了“训练员讲座”的人，称为训练员。他们是工作岗位上的副董事长或股长，兼任这里的业务指导和教育工作。他们一边在工作岗位上从事实际业务，一边积极从事销售技术和销售态度教育的培训。

新参加工作的员工，在进公司之前，首要的是进行基础理论课的学习，要学习销售理论、销售的社会作用、推销员的立场和资格、举止动作的礼仪、商谈的一般规则等销售学的基础讲座。另外，东京丰田宠儿汽车销售中心还有 BS 制度。B 是兄弟（Brother）、S 是姊妹（Sister）的意思，这就是说在同一工作岗位，已参加工作一两年的前辈，要同新参加工作的人结成一对“兄弟”或“姊妹”，不仅在工作上，而且在日常生活上为新参加者做顾问，大体上以一年为期，当然，到期后继续保持这种关系的也不少。

另外，还要教给新员工销售时的顺序：

（1）推销员首先推销自己的人品，取得顾客的信任，从而创造一种能够亲切交谈的气氛。

（2）为了使顾客对车感兴趣，推销员要说明车的效用，大力宣传商品的优越性。

（3）推销出售价格。

如果前两个重要条件能很好地被理解，那么，按适当的价格出售则是能够做到的。丰田公司把以上三点叫作“销售三原则”，规定为销售的基本态度。

销售汽车在日本以访问为主。通过访问活动，对不太想买车的人，积极地说明车的使用效能，以使他感到有买车的必要。这种活动叫作“访问销售”。因此，访问技术是训练的第一步。作为进公司前教育的一部分，员工还通过扮演角色的方法，更好地学习说话技巧和做买卖的态度。

思考：

1. 对推销人员的培训是否必要？为什么？

2. 如果需要对推销人员进行培训，我们应怎样安排培训？

资料 2：

顾问：早上好，张经理。我是××公司的顾问小王，愿意为您效劳。

经理：我想你会的。需要咖啡吗？

顾问：哦，不，谢谢！如果您愿意，我想和您谈点公事。您如果能告诉我一点关于您工作的事，我将非常荣幸。

经理：好的，主要是我们对推销人员的薪酬支付方式不太满意。我们感到，现在的薪酬制度没有真正发挥作用。

顾问：您能告诉我，你们希望推销人员能完成的任务是什么吗？

经理：嗯。首先，我们希望他们在自己负责的销售地区内能够保持和增加销售量……

顾问：请原谅，那是否意味着，他们将不得不为了新的零售顾客而做大量的拜访？

经理：不，拜访是不需要花大量时间的，不过我们确实希望我们的推销人员能够在新五金店开张时去拜访他们。

顾问：那么，你们是通过现有顾客实现销售量的吗？

经理：是的。

顾问：在销售的过程中，推销人员是怎么获得帮助的？

经理：我们的割草机已在电视和报纸上做了大量的广告宣传，这就能确保商人们知道我们进行的特殊销售。尤其是通过报纸广告，我想让商人们参与合作广告计划。我们的推销人员必须向商人们解释这一计划的有利之处。

顾问：还有其他的吗？

经理：有。当我们开发出新产品时，我们依靠推销人员将其推销给商人，并确保他们有存货。当出现问题时，我们也依靠推销人员处理这些问题。我们为我们与商人之间的关系而自豪。噢，以同样的方式，我们的推销人员还要负责对零售人员的培训工作。正因为如此，商人们也需要依赖我们。

顾问：那么，你们的销售人员在服务方面也起了很大的作用，是吗？

经理：是的。不过，最重要的还是有一些激励措施，使他们愿意出门，做好我们希望他们做好的事情。

思考：

1. 如果你是这位管理顾问，你推荐哪种激励方法？

2. 实行这种激励制度有什么好处？

综合模拟演练

【训练目的】

（1）通过综合性任务，让学生熟悉推销的每一个环节，熟练掌握推销的方法和技巧。

（2）培养营销专业学生的推销能力，提高职业素质。

【训练内容和要求】

（1）将本班学生分为5个小组（6～8人一组），由小组组长负责。

（2）每组实施综合实训前，制定综合方案。

（3）各小组展示综合方案，选出最优方案。

（4）实施最优方案。

【训练步骤】

一、任务准备阶段

（1）各推销团队（6～8人一组）分别选择所在城市具有代表性的产品（服务），完成产品推销的相关训练。

（2）小组实训任务的设计前提是向中间商或企业用户推销。实训任务应设计到推销的每个环节。

二、各组撰写任务实施方案

在各组撰写的方案中，应包括这几方面的内容：由推销准备开始，设计推销思路，制订推销计划，以确定和寻找目标顾客为入手点，进行推销接近、洽谈、处理顾客异议、成交、拟订合同和售后服务等环节。该综合实训任务要求将产品推销给该地各大百货商场。

（一）推销产品、销售工具准备

1. 分析产品

（1）推销品的基本情况：产地、品牌、主要功能、主要特点或优点。

（2）推销品的主要顾客群体情况。

（3）推销品的主要销售渠道和价格。

（4）推销品在本地区的市场占有情况和主要竞争对手。

（5）了解一些竞争对手的情况。

2. 销售工具准备

（1）名片。

（2）样品。

（3）图片。

（4）推销证明材料。

（5）录音、录像资料。

（6）其他：介绍信、订购单、合同书、笔记用具、商品价目表、各企业同类产品比较表、买主名单一览表等。

（二）推销礼仪准备——仪表、服饰、礼仪

（1）在小组中选出至少两个人，分别作为推销员和商场相关部门的负责人。

（2）选择某一特定的工作场景。

（3）了解推销员着装的基本要求和仪表规范的主要内容。

（4）根据工作场景确定推销员个人形象设计的突出特点。

（5）学习女士套裙、男士西装穿着要点。

（三）目标顾客寻找与确定

（1）小组要根据产品特点确定寻找顾客的具体方法。

（2）进行顾客资格审查。根据顾客资格审查要求，分析整理顾客的支付能力、需求状况、购买资格等信息。

（3）制作本地区各大商场的资料卡片。卡片内容应包括：

1）商场名称；

2）地理位置；

3）商场的规模；

4）商场的联系方式；

5）该商场的同类产品的种类数；

6）商场相关部门的负责人情况。

（四）顾客接近

1. 约见商场相关部门负责人

（1）小组成员共同决定最佳的约见方法以及约见的内容。

（2）准备商场负责人的主要资料，制作商场引进产品的负责人的资料卡片，包括姓名、性别、年龄、兴趣爱好、经历等，为顺利地接近顾客和与顾客洽谈做准备。

（3）小组的推销员用最佳的约见方法，约见商场负责人。如果约见成功则要讲清约见的时间、地点和事由。

2. 顾客接近

（1）小组讨论，列出准备接近的顾客名单，并整理顾客的资料。

（2）根据了解的顾客的背景资料，总结出顾客的类型和主要特点。

（3）小组讨论，根据顾客类型准备见面语。

（4）每组设计10句接近顾客的语句。要求语言精炼、经典、重点突出。

（5）每组根据产品与顾客特点，设计出最佳的接近方法。

（五）推销洽谈

（1）通过网络、实地调查等方式掌握洽谈产品的特点、定位，该产品的市场地位及主要竞争者的相关信息。

（2）推销洽谈的主体内容，应涵盖以下内容：

1）推销洽谈的目标；

2）洽谈时的准备工具；

3）洽谈的具体内容；

4）根据产品的特点与顾客的情况选择推销洽谈的方法，且洽谈方案中至少要准备三种方法；

5）设计洽谈的程序。

（3）处理顾客异议。

1）小组商讨提出顾客可能存在的异议类型；

2）根据异议类型的特点，分别列出解决方案。

（六）成交

（1）确定成交方法，推销人员与商场负责人达成交易意向。

（2）买卖合同拟订。

1）小组成员通过上网、去图书馆等方式查询合同的样本；

2）将合同样本复印，进行小组组内讨论，提炼出购买合同的关键条款；

3）小组成员集思广益，补充买卖合同的关键条款的细节部分。

（3）合同签订。

（七）售后服务

（1）根据本产品的特点，确定售后服务的种类。

（2）确定售后服务的频次。
（3）对售后服务进行抽检，增加顾客对企业及产品的满意度。

三、论证各组的综合实训方案，评出最优方案

（1）各组的综合任务实施方案撰写完毕后，制作成 PPT。
（2）由各组组长抽签决定各组的展示顺序。
（3）第一组展示完毕后，由教师以及各小组打分，得出小组成绩。
（4）以此类推，方案展示完毕，得出各小组成绩。
（5）获得最高分的小组要展示该组的综合任务的执行过程。

四、展示最优方案的实施过程

（1）小组内选出推销员与商场的相关负责人。
（2）推销员着装。
（3）布置推销员与商场的相关负责人的见面场景。
（4）按照方案，进行推销接近、推销洽谈和处理顾客异议。
（5）成交，签订买卖合同。
（6）展示售后服务。

五、小组评价与教师点评

（1）任务实施完毕，学生可以对实施过程进行点评与打分。
（2）教师进行综合点评与打分（见下表）。
1）检查与评价各组所写综合实训方案。
2）对最优方案的实施进行评价。

推销综合评价表

项目	模拟推销考核指标	分值	得分			
			1.0（好）	0.8（较好）	0.6（中）	0.4（差）
组织、设计	场景设置、氛围、道具安排与摆放	4				
	参加人员占组员人数 50%以上	2				
	角色分配合理、均衡	2				
推销品	推销品的选择是否有代表性、有特点、有样品	5				

续表

项目	模拟推销考核指标	分值	得分			
			1.0（好）	0.8（较好）	0.6（中）	0.4（差）
顾客寻找	潜在顾客的确定方法恰当，准顾客符合条件（根据推销品的特点）	10				
推销接近	接近顾客的方法和技巧的实施情况	10				
推销洽谈	洽谈的导入、技巧和方法适当；产品特性、效用或优势，对顾客的好处或利益表达有条理、流畅，顾客容易理解；演示证明得当、完整	20				
异议处理	处理异议的方法、技巧得当	15				
交易达成	把握有效的成交时机，成交策略和方法运用得当；买卖合同内容详细、完整	15				
推销现场表现	仪态衣着得体；肢体语言得体，具有良好的职业形象；谈吐大方，语速、语调合适及握手、接（打）电话、递（接）名片、面谈的礼节	7				
	营销理论的运用情况	5				
综合印象		5				
合计		100				

参考文献

1. 吴健安 . 现代推销理论与技巧［M］. 5 版 . 北京：高等教育出版社，2023.

2. 张烜搏 . 精准电话销售：转化率倍增的实战技巧与口才训练［M］. 北京：人民邮电出版社，2020.

3. 李源快 . 电话销售圣经：电话营销人员必备的 7 个秘密武器［M］. 北京：中华工商联合出版社，2011.

4. 周朗天 . 现代推销技术［M］. 苏州：苏州大学出版社，2025.

5. 王方，韩军 . 推销实务［M］. 大连：东北财经大学出版社，2022.

6. 宋素红，李学芝 . 推销理论与实务 . 2 版［M］. 北京：化学工业出版社，2025.